跨境电子商务案例

刘 婷 陈 奇 **主 编**
樊 琼 周 娜 唐 彬 刘芸汐 **副主编**

东南大学出版社
SOUTHEAST UNIVERSITY PRESS
·南京·

图书在版编目(CIP)数据

跨境电子商务案例 / 刘婷，陈奇主编. -- 南京：东南大学出版社，2025.1. -- ISBN 978-7-5766-1884-6

Ⅰ.F724.6

中国国家版本馆 CIP 数据核字第 2025F7F691 号

责任编辑：褚 婧　　责任校对：子雪莲　　封面设计：顾晓阳　　责任印制：周荣虎

跨境电子商务案例

Kuajing Dianzi Shangwu Anli

主　　编	刘　婷　陈　奇
出版发行	东南大学出版社
出 版 人	白云飞
社　　址	南京市四牌楼 2 号（邮编：210096　电话：025-83793330）
网　　址	http://www.seupress.com
电子邮箱	press@seupress.com
经　　销	全国各地新华书店
印　　刷	江苏凤凰数码印务有限公司
开　　本	787 mm×1092 mm　1/16
印　　张	17.75
字　　数	520 千字
版 印 次	2025 年 1 月第 1 版第 1 次印刷
书　　号	ISBN 978-7-5766-1884-6
定　　价	52.00 元

本社图书若有印装质量问题，请直接与营销部联系，电话：025-83791830。

序言 preface

新发展格局下我国跨境电子商务(简称跨境电商)的快速发展凸显了其在推动全球贸易发展、链接国内国际市场、促进全球资源优化配置中的作用,跨境电商成为潜力最大、发展速度最快、拉动效应最强的外贸新业态,是推动我国外贸高质量发展的重要着力点。全球经贸格局演变、数字技术创新进一步推动了跨境电商的持续发展,为我国企业从"中国制造"向"中国智造""中国创造"的加速转变提供了现实途径,也为全球网络消费市场提供了更为灵活的供给渠道。

本书梳理近年来中国跨境电商和全球跨境电商发展情况,选择具有典型性和代表性的跨境电商实例,较翔实地阐述了跨境电商企业及跨境电商运营等方面的具体内容。

全书共24个案例,按内容分为五篇:

第一篇:中国跨境电商企业篇。案例1至案例4,以中国跨境电商企业为对象,介绍并分析其总体情况及跨境电商的业务特征。

第二篇:跨境电商平台篇。案例5至案例9,以跨境电商平台企业为对象,介绍并分析平台企业的现状及发展特色。

第三篇:跨境电商选品篇。案例10至案例15,以跨境电商选品为主要内容,从特定时间点、平台、企业、流程等不同角度,阐述选品的要点及成败原因。

第四篇:跨境电商运营篇。案例16至案例21,从营销、物流、规则等不同角度分析跨境电商企业运营环节的主要问题。

第五篇：跨境电商沟通篇。案例22至案例24，按照跨境电商交易流程探讨业务活动中的常见沟通事宜。

本书的编写亮点包括：

第一，根据跨境电商案例内容分篇探讨，明晰分析视角，丰富跨境电商具体经营业务中的具体内容。本书案例既涵盖了不同类型跨境电商企业和平台的发展演变历程，又涉及跨境电商选品、运营及沟通的全流程业务操作，理论、政策与实践有机结合，内容丰富，视角明晰，为学生全面认识跨境电商发展提供有益启示。

第二，强化跨境电商人才应用能力培养，以深入写实的具体案例剖析，为学生较为全面地认识跨境电商业务提供参考，有利于帮助学生提高分析问题和解决问题的能力。

第三，基于跨境电商具体个例，以中国视角进行案例小结，融入育人元素，强化学生心怀家国的责任担当和经世济民的使命担当的意识，教会学生诚信为人、刻苦善思、务实求真。

本书为校企合作编写的应用型教材，由刘婷负责搭建逻辑框架，确定案例的编写风格，刘婷和陈奇统稿和定稿，深圳市微微玛科技有限公司汪新兵提供部分案例素材。按照案例先后顺序，参与案例编写工作的成员包括：案例1至案例3，刘婷；案例5、案例7、案例9，陈奇；案例11至案例15，樊琼；案例8、案例17至案例20，周娜；案例16、案例22至案例24，唐彬；案例4、案例6、案例10、案例21，刘芸汐。

感谢湖南涉外经济学院为本书编写提供的支持，感谢东南大学出版社对本书顺利出版付出的辛勤劳动和提供的大力帮助。

本书可为跨境电子商务课程提供教学案例，也可为相关从业人员和对跨境电商有兴趣的读者提供参考。由于作者水平有限，部分细节有不妥之处，恳请读者批评指正。

在本书的编写过程中，我们使用了一些案例，由于其中部分作品的作者相关信息不详，我们尚未能与其取得联系，敬请看到本书的作者联系我们。

编　者
2023年10月12日于湖南长沙

目 录

第一篇　中国跨境电商企业篇

案例1　乐歌股份:线性驱动技术创新与海外仓"双引擎"拓展国际市场 / 003
　　一、引言 ………………………………………………………………………… 003
　　二、乐歌发展概况 ……………………………………………………………… 003
　　三、乐歌经营模式分析 ………………………………………………………… 011
　　四、乐歌拓展国际市场分析 …………………………………………………… 013

案例2　遨森电商:致力于"走进每个家庭"的家居户外产品出口商 / 017
　　一、引言 ………………………………………………………………………… 017
　　二、遨森的发展历程 …………………………………………………………… 018
　　三、遨森电商的运营模式分析 ………………………………………………… 020
　　四、遨森竞争优势分析 ………………………………………………………… 033

案例3　子不语:实施多品牌策略的鞋服产品运营商 / 037
　　一、引言 ………………………………………………………………………… 037
　　二、子不语的发展概况 ………………………………………………………… 038
　　三、业务运营分析 ……………………………………………………………… 044
　　四、业务特色与竞争力提升 …………………………………………………… 047

案例4　安克创新:弘扬中国智造之美 / 051
　　一、引言 ………………………………………………………………………… 051
　　二、安克创新发展历程 ………………………………………………………… 051
　　三、做消费者需要的产品 ……………………………………………………… 052
　　四、关注长期价值创造 ………………………………………………………… 056
　　五、"成绩可观"的经营业绩 …………………………………………………… 059

第二篇　跨境电商平台篇

案例5　阿里巴巴国际站:全球数字化出海服务平台 / 065
　　一、阿里巴巴国际站发展历程 ………………………………………………… 065
　　二、阿里巴巴国际站智能化开店操作链路 …………………………………… 066
　　三、阿里巴巴国际站数字化运营 ……………………………………………… 068

案例 6　国际版淘宝：速卖通平台 / 077

一、引言 ··· 077
二、速卖通平台简介 ··· 077
三、速卖通的流量获取 ··· 079
四、速卖通的特点与竞争优势 ·· 081
五、速卖通面对的挑战与展望 ·· 082

案例 7　敦煌网：创新成就数字丝绸之路 / 087

一、敦煌网的发展历程 ··· 087
二、敦煌网的创新之路分析 ·· 088
三、助力中国企业踏上网上丝绸之路 ······························· 092

案例 8　从辉煌走向破产的"环球易购" / 097

一、引言 ··· 097
二、环球易购的发展历程 ·· 097
三、环球易购成功的商业模式 ·· 098
四、"环球易购"破产的原因分析 ······································· 101

案例 9　一达通：数智化外贸综合服务平台 / 106

一、一达通发展历程 ·· 106
二、一站式服务模式 ·· 108
三、外贸综合服务平台面临的风险 ··································· 110
四、一达通的风险防控措施 ·· 110

第三篇　跨境电商选品篇

案例 10　人人尽享时尚之美：Shein"快时尚3.0"选品之道 / 115

一、引言 ··· 115
二、SHEIN 的发展概况 ·· 115
三、SHEIN 选品的底层逻辑 ··· 117
四、利用大数据捕捉当下潮流 ·· 119

案例 11　UR 品牌入局兴趣电商的选品策略创新 / 122

一、引言 ··· 122
二、UR 品牌的发展历程 ·· 122
三、UR 品牌跨境选品策略 ··· 124
四、UR 品牌跨境电商选品策略创新 ································· 127

案例 12　为什么站在风口依旧"吹不上" / 132

一、引言 ··· 132
二、魔术胶带选品失败案例 ·· 132

三、宠物电热毯选品失败案例 ················· 135
　　四、发动机启停按钮盖选品失败案例 ············ 137

案例 13　将流量转化为销量的 TikTok 平台 / 142
　　一、引言 ······································· 142
　　二、"后来居上"的 TikTok 平台 ··············· 142
　　三、TikTok 平台选品策略 ····················· 144
　　四、TikTok 平台选品爆款案例 ················· 149

案例 14　节庆日爆品打造攻略 / 152
　　一、引言 ······································· 152
　　二、导入案例 ···································· 152
　　三、跨境电商节庆日选品策略 ··················· 153
　　四、全球主要节庆日介绍及选品推荐 ············· 156

案例 15　"小生意中的大学问"：解密绿联科技选品 / 161
　　一、引言 ······································· 161
　　二、绿联的创业历程 ···························· 161
　　三、从仅生产数据线到成为 Amazon 销冠的产品策略 ··· 163
　　四、消费电子品类跨境选品的机遇和挑战 ········· 168

第四篇　跨境电商运营篇

案例 16　电子邮件营销：家居品牌 Brooklinen 的获客之道 / 175
　　一、引言 ······································· 175
　　二、Brooklinen 成长史 ························ 175
　　三、Brooklinen 的电子邮件营销 ················ 177
　　四、EDM 营销沟通技巧 ························ 181

案例 17　解密跨境电商中的广告投放策略 / 188
　　一、引言 ······································· 188
　　二、站内广告投放——以亚马逊为例 ············· 188
　　三、搜索引擎营销 ······························ 195
　　四、EDM 营销 ································· 196
　　五、社交媒体营销——以 KOL（网红）营销为例 ··· 197

案例 18　跨境电商不可触碰的侵权红线——知识产权 / 201
　　一、引言 ······································· 201
　　二、跨境电商中知识产权侵权的主要类型 ········· 201
　　三、跨境电商中常见的知识产权侵权行为 ········· 202
　　四、跨境电商应对知识产权侵权的方法 ··········· 203

五、知识产权侵权典型案例分析 ·················· 204

案例 19　跨境电商出海模式的选择：第三方平台 vs 独立站 / 211

一、引言 ·················· 211

二、跨境电商第三方平台的销售模式——以亚马逊为例 ·················· 211

三、独立站的销售模式 ·················· 215

四、跨境电商第三方平台与独立站的比较 ·················· 217

五、独立站发展的痛点 ·················· 219

案例 20　跨境电商物流通四海——智慧物流变革 / 221

一、引言 ·················· 221

二、智慧物流变革提速在即 ·················· 222

三、智慧物流的变革之路分析 ·················· 222

四、智慧物流发展面临的挑战 ·················· 227

案例 21　数字化技术赋能跨境电商 / 230

一、引言 ·················· 230

二、数字化赋能跨境电商业务 ·················· 231

三、数字化技术赋能跨境电商行业的展望 ·················· 236

第五篇　跨境电商沟通篇

案例 22　跨境电商直播助力东海水晶走向海外 / 241

一、引言 ·················· 241

二、东海水晶跨境直播生态圈 ·················· 242

三、东海水晶跨境直播沟通 ·················· 246

四、东海水晶跨境直播面临的挑战 ·················· 248

案例 23　Shopee 平台售后纠纷处理 / 251

一、引言 ·················· 251

二、Shopee 的简介 ·················· 251

三、Shopee 售后纠纷处理规则 ·················· 255

四、Shopee 商家售后纠纷沟通技巧 ·················· 257

案例 24　亚马逊平台卖家应对差评之道 / 263

一、引言 ·················· 263

二、亚马逊售后评论规则 ·················· 263

三、Feedback 和 Review 的区别 ·················· 267

四、卖家应对 Feedback 和 Review 差评 ·················· 268

第一篇 01

中国跨境电商企业篇

案例1　乐歌股份：线性驱动技术创新与海外仓"双引擎"拓展国际市场

一、引言

乐歌人体工学科技股份有限公司(简称"乐歌")成立于2002年,总部位于浙江宁波。经过多年的发展,目前已经形成智能升降家居与公共海外仓两大成熟产业,是全球知名的健康办公、智能家居产品的研发、制造、销售商,也是国内跨境电商行业的知名标杆企业。乐歌于2017年12月在深交所创业板挂牌上市,是大健康人体工学行业首家A股上市公司。乐歌主营产品主要利用线性驱动技术,围绕人体工学理念,结合物联网和传感技术为用户构建智能家居场景和健康办公场景下的各类创新型应用,成功打造了各类智慧办公升降桌、智能家居桌、电动儿童学习桌等人体工学产品。当前,乐歌的业务模式为跨境电商,随着近年来业务规模的不断扩大,为赋能自身跨境电商业务,乐歌延伸布局跨境电商公共海外仓创新服务综合体项目,成为线性驱动技术创新与海外仓服务"双轮"开拓国际市场的跨境电商企业。

二、乐歌发展概况

从创立之初,乐歌就不断探索国际化发展道路,从工贸一体、贴牌代工,到品牌出海,乐歌逐步打造了贯穿外贸企业上下游的全球化产业链条。当前,乐歌主要以线性驱动技术为核心,研发、生产并销售人体工学产品及线性驱动部件,在跨境电商业务快速发展的同时,为其他企业提供物流、仓储服务。截至2023年年末,乐歌已在全球建有宁波滨海制造基地、宁波姜山制造基地、越南制造基地和广西制造基地等4个制造基地,在中国、美国、德国、英国、日本、越南、菲律宾等地拥有3 000余名员工,全球共布局12个自营海外仓,总面积近28.96万平方米。乐歌股份2023年度实现营收39.02亿元,比2022年增长21.61%;2023年度跨境电商销售收入17.7亿元,同比增长12.59%;2023年,乐歌独立站销售收入6.71亿元,同比增长16.72%。

乐歌的主要业务包括两大部分:一部分为聚焦以线性驱动技术为核心的健康办公、智能家居产品,并以人体工学为依托,搭载核心技术和符合潮流的产品设计,为消费者提供健康办公、智能家居的整体方案,主要产品有线性驱动智能办公升降桌、各类智能升降家居桌、智能升降学习桌、健身办公椅、智能电动床等;另一部分为跨境电商公共海外仓创新服务综合体项目,为自身跨境电商业务赋能的同时,已经为超过500家中小型外贸企业提供了包括头程海运、海外仓储、尾程派送、反向物流等跨境电商物流一站式服务。

(一)乐歌业务发展现状

1. 线性驱动技术创新应用产品业务

(1)业务发展历程(表1)

乐歌以电视机支架配件的代工业务起家,为海外企业代加工,工贸一体业务主要包括舞台设备支架、三脚架、音响电缆等视听设备金属结构件的加工出口。2005年,乐歌开始全面研发、生产、销售大屏显示支架,并逐步生产销售电脑支架,提升产品附加值。2008年,金融危机席卷全球,导致乐歌的海外贴牌代工订单大幅下降,乐歌创始人项乐宏认识到贴牌代工不能作为企业发展的长期业务。2009年,乐歌注册了商标,开启品牌建设,并于2010年开创自主品牌的M2C(生产厂家对消费者)直营销售模式。

2011年,乐歌开始从贴牌代工转型为跨境电商。起初,乐歌以多品牌、多品类的铺货模式为主。随着我国跨境电商的快速发展,乐歌跨境电商业务模式也在进一步转型升级。与此同时,在探索优势产品过程中,项乐宏发现以"健康、舒适、安全、高效"为关键词的人体工学产品具有广阔市场前景。此后,乐歌便以人体工学、空间优化等产品理念为导向,进行开发与拓展,进军健康办公、智能家居领域。

2013年,乐歌研发线性驱动技术,主营业务逐步转变为人体工学产品及线性驱动部件的研发、生产及销售,并成为国内外的单项销售冠军。同年,乐歌首个海外仓开始运营,并在美国硅谷设立子公司,进一步拓展国际市场。随着制造与销售经验的累积,2016年,乐歌逐渐转向了单品牌的精品模式,专注于垂直品类和打造自有品牌,聚焦人体工学,实施以乐歌(Loctek)为核心的自主品牌发展战略。2017年,乐歌成功在深交所创业板上市。

当前,乐歌的产品已经从显示器支架、电脑支架发展到涵盖智能升降桌、人体工学升降台等多元化产品,旗下品牌FlexiSpot在海外市场稳居行业前列,其独立站在全球线性驱动应用产品垂直类独立电商网站中处于领先梯队。

表1 乐歌发展大事记

年份	重要事件
2002年	公司前身丽晶电子线缆有限公司成立
2004年	第一个制造基地在宁波姜山科技园区落成
2005年	第一台人体工学电脑支架发布
2008年	获"国家级高新技术企业"称号
2009年	第二个制造基地在宁波鄞州经济开发区落成 推出"乐歌"自主品牌
2011年	转型发展跨境电商
2013年	在美国硅谷成立子公司,开始运营第一个海外仓,开启全球布局
2015年	越南制造基地投建 第一台智能升降桌、第一台气动智能升降台发布

续表

年份	重要事件
2016年	首个独立站"flexispot.com"在美国上线
2017年	在深交所创业板成功上市
2019年	智能学习桌发布,乐歌成为首个将电动升降技术应用到学习桌的品牌
2020年	投资1亿多美元,推进公共海外仓创新服务综合体项目 乐歌智慧大健康研究院成立
2021年	李克强总理亲临乐歌考察,肯定乐歌在新动能、新业态上取得的成绩 乐歌智慧大健康产业园项目在广西北海投建 乐歌智能电动床发布
2022年	FlexiSpot荣登"凯度BrandZ中国全球化品牌50强"排行榜
2023年	乐歌首艘1800TEU集装箱船舶顺利交付

资料来源:乐歌官网。

(2) 主要产品类型

乐歌的主要产品为以线性驱动技术为核心的健康办公、智能家居产品;关键部件即线性驱动智慧升降系统,由智慧屏、控制盒、电机以及丝杆组成(图1)。公司拥有多项发明专利技术,以促使主要产品技术的提升以及功能的开发,助力用户实现传统办公向智能物联办公的跨越。

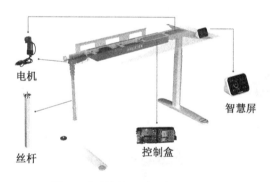

图1 乐歌线性驱动智慧升降系统

(资料来源:乐歌2023年半年度报告)

乐歌的主要产品均应用了线性驱动系统,主要产品的基本功能包括:乐歌AI智能升降桌,利用线性驱动系统的机、电、软一体化,结合物联网和传感技术为消费者提供更加健康、舒适、安全、高效的整体智能解决方案。乐歌智慧办公升降桌、乐歌智能家居升降桌,可精准智能电控升降,一键高度记忆,用于健康办公或居家生活场景,用户可任意调节控制或通过自定义久坐提醒设置,调整到舒适的坐站高度,营造健康、舒适、高效、安全的办公、居家环境。乐歌智能学习桌,可通过智能电控桌板高低升降、倾仰角调节,帮不同年龄段的儿童及青少年找到舒适的高度和角度,根据孩子的身高进行升降,帮助孩子培养正确坐姿习惯,预防因书桌高度不科学造成青少年近视、驼背等进而影响青少年生长发育的问题出现。乐歌多功能升降茶几,升降自如,不同高度满足日常不同需求,它既可以是休闲茶几桌,也可以是工作电脑桌、追剧餐食桌以及儿童娱乐桌。乐歌智能电动床,双电机驱动,缓升缓降,满足不同人群的多种睡眠需求,无线遥控轻松调节角度,为老人、孕妇及睡眠障碍人群提供睡眠保障。乐歌健身办公椅,是集"健身、办公"于一体的人体工学健身办公椅,为职场人群和居家人群创造一种"随时随地享健身"的健康舒适的办公新方式,搭配乐歌智能升降桌,办公与运动可以兼得。乐歌智慧升降工作台,可通过触屏一键快速实现电动升降,将原有的普通非升降式办公桌快速升级为可实现坐站交替的办公桌,减少久坐带来的各类职业病。乐歌多功能健身车,可同时适合于办公环境和居家环境下使用的产品。乐歌5G智慧会议系统,集无线投屏、文档演示、高清放录、视频会议等多功能于一身,帮助解决传统会议单向沟通、设备操作烦琐等问题,有效降低成本,提高会议效率;内置线性驱动升降系统,可方便调节高度以适应不同会议场景(图2)。

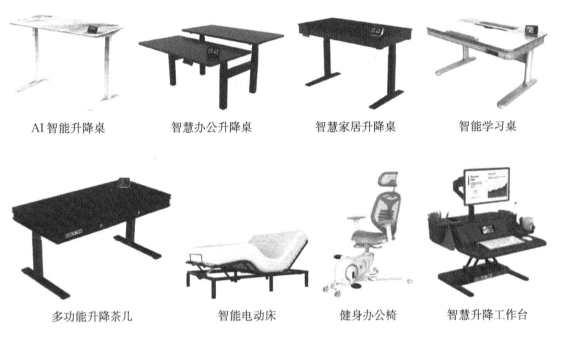

图 2 乐歌主要产品示例图

(资料来源:乐歌2023年半年度报告)

借助线性驱动技术的创新应用,乐歌的主要产品组合应用场景主要包括健康办公领域、智能家居领域以及专业应用领域等。以人体工学为设计理念,依托智能升降技术,提升产品的安全性、便利性、舒适性、艺术性,通过线性驱动智慧办公升降桌、智能升降家居桌、健身办公椅、5G智慧会议系统等产品的单独使用或组合使用,为用户日常工作、居家提供坐、站、动交替整体解决方案,改变传统办公方式,提升办公、居家舒适度及工作效率,从而为更加关注健康生活、追求品质生活的用户提供更完整、可靠的产品与服务(图3)。

组合1　线性驱动智慧办公升降桌＋健身办公椅

组合2　智慧升降工作站＋快插式电脑支架

组合3　双工位办公升降桌＋智能电脑支架＋桌边健身车

组合4　5G智慧会议系统＋带桌板健身车

(a) 健康智慧办公领域

组合1　智能学习桌＋健身办公椅

组合2　智慧家居升降桌＋健身办公椅

组合3　智能学习桌＋儿童学习椅

组合4　智能升降餐桌＋升降导台

(b) 智能家居领域

(c) 系统集成行业领域

图 3　乐歌产品组合应用场景

（资料来源：乐歌 2023 年半年度报告）

2. 海外仓创新服务综合体业务

海外物流成本高昂、运输价格涨幅大、物流时效把控性弱是我国众多跨境电商的痛点。由"乐歌制造"向"乐歌品牌"转型的同时，乐歌已经开始着手建设海外仓。2013 年，乐歌在美国硅谷设立首个海外仓，而后在孟菲斯、休斯敦增设海外仓。2019 年，乐歌系统性筹划跨境电商公共海外仓。2020 年，乐歌加大海外仓布局进度，并将海外仓开放对外提供服务，客户以乐歌产品的周边品类消费者为主，乐歌为卖家提供头程海运、一件代发、FBA（亚马逊物流）转运、海外仓储、售后托管等一站式跨境物流服务。与租用第三方仓库的企业相比，乐歌布局公共海外仓大幅降低了尾程仓储配送成本，保障了配送时效（图 4）。

图 4　乐歌公共海外仓实景图

（资料来源：乐歌 2023 年半年度报告）

随着海外仓服务的拓展，乐歌实现了从跨境电商"销"到海外仓"供"的产业链延伸。2023 年上半年，乐歌海外仓实现营收 3.63 亿元，较 2022 年同期增长 101.13%，海外仓发件数量大幅增加，成为美国 FedEx（联邦快递）全球排名前 100 的客户，海外仓业务增长态势良好。除了在美国核心枢纽港口区域自购海外仓和租赁仓，乐歌在德国、英国、日本等国也设有海外仓。截至 2023 年年末，乐歌海外仓全球累计 12 个，其中美国 9 个核心港口和路基港口枢纽城市的海外仓覆盖美西、美中、美南、美东。凭借多年的跨境电商运营经验,基于自身具备的百万包裹级跨境电商体量,乐歌与 FedEx、UPS(美国联合包裹运送服务公司)、GLS(英国皇家邮政的包裹服务公司)、DHL(敦豪快递公司)等快递服务商的合同级别高,议价能力强。乐歌布局公共海外仓后,在助力本公司跨境电商业务快速发展的同时,也为其他中小型外贸企业提供优惠的高质量服务,因此也大幅提升了乐歌与电商产业链上下游合作者的议价能力,提供包括头程海运、海外仓储、尾程派送、反向物流等在内的跨境电商物流一站式服务,乐歌海外仓连接起了跨境电商的关键"最后一公里"。

在全球供应链极其不稳定的当下,乐歌凭借愈发完善的海外仓储网络与供应服务能力,以及自己的物流渠道和海外仓,创造了驰骋海外的极大优势。乐歌在实现自身海外仓与智能家居业务的生态协同效应的同时,与跨境电商客户共生共荣,为客户提供高效的海外仓储服务,助力越来越多的中国品牌走向全球,实现高质量"出海"。

(二)乐歌所在行业发展现状

1. 健康办公、智能家居产品领域

"健康办公、智能家居"是基于线性驱动、人工智能(AI)和物联网等技术,由各类硬件终端、软件系统、云计算平台构成的家居、办公生态圈,能够为消费者提供更加健康、舒适、安全、高效的居家和办公生活服务。以线性驱动智能办公升降系统为代表的健康办公家居产品能够改变传统办公环境,实现站立办公,解决久坐等导致的颈椎、腰椎疼痛等问题,提高工作效率。

从健康办公、智能家居产品的生产制造来看,全球跨境电商卖家不断加入并参与竞争,行业竞争格局也在发生快速变化。中国及东南亚地区的制造供应链具有规模优势,加之线上品牌企业的竞争力逐步显现,以乐歌为代表的线上品牌迅速崛起。高性价比、普惠款升降桌系列产品的推出,实现了线性驱动升降桌对普通固定桌市场份额的替代。从需求端看,消费者生活水平不断提升,消费升级驱动着健康消费意识崛起,消费者对健康办公、智能家居的要求更高,人体工学相关产品的潜在消费逐渐扩容,健康办公、智能家居行业的市场规模正持续扩大。

GlobeNewswire(环球快讯)预计,2028 年全球升降桌品类规模有望达到 103 亿美元;德国统计公司 Statista 预计,2025 年世界办公家居行业规模有望增长至 1 323 亿美元。

从乐歌主要产品来看,应用线性驱动技术的健康办公、智能家居产品是典型的消费品,产品使用的周期性、季节性不强,主要销售区域集中在对智能健康类产品接受程度高、消费水平高、健康消费理念强的地区,如北美、欧洲及日本等主要国家和地区。从这些地区的消费习惯来看,健康办公、智能家居产品销售具有一定的淡旺季之分,消费旺季多集中在年末,即"黑五"大促和圣诞季。同时,新兴市场对智能健康类产品的接受程度逐渐提高,市场容量及渗透率也在不断提升。总体而言,应用线性驱动的健康办公、智能家居产品市场发展迅速,未来会有更多的使用场景,这类产品将广泛应用于办公及家庭领域,同时市场竞争也将进一步加剧。

2. 跨境电商、公共海外仓行业

跨境电商是国际贸易发展的一大趋势，我国的供应链优势已逐步从成本优势转化为产品、品牌及质量优势。当前，我国加快发展外贸新业态、新模式，跨境电商是传统外贸数字化发展的体现，作为推动外贸转型升级、打造新经济增长点的突破口，跨境电商发展也获得国家政策的大力支持。2020年以来电商企业已经构建了较为完善的供应体系，加之近年来全球线上购物渗透率加速提升，网购已经成为各国消费者普遍习惯的购物方式，我国跨境电商的发展正逐步从粗放的铺货类模式向垂直品类品牌化模式转型。

得益于跨境电商的迅速崛起，我国海外仓在全球布局越来越密集，也成为支撑跨境电商新一轮增长的外贸基础设施。跨境电商中大件商品无法实现低成本的空运直邮，只能采用海运、仓储、快递配送的形式，小件包裹的海外仓配送也将成为趋势。因此，海外仓将成为支撑跨境电商新一轮增长的基础设施，为外贸新业态新模式发展助力。截至2022年末，我国跨境电商海外仓的数量已超过1 500个，总面积超过1 900万平方米。我国海外仓主要集中在美国、英国、德国、日本、澳大利亚等消费水平较高的国家，这些国家也是我国跨境电商主要出口目的地。从海外仓发展趋势来看，具备规模优势、合规经营、运营能力强的企业可持续发展能力较强，发展潜力较大，具备一定实力的企业已经开始重点打造有自主产权仓储资源的海外仓。随着海外仓市场竞争的增强，主要依靠短期租赁运营、无合规的物流账号、管理不规范的中小海外仓极有可能被挤出行业。

3. 乐歌在其所在行业的地位

乐歌在产品细分领域具有技术和品牌优势。乐歌在健康办公、智能家居领域精耕细作多年，积累了品牌知名度和竞争优势，获评国家级高新技术企业、国家制造业单项冠军示范企业、国家级工业设计中心、国家级绿色工厂、国家工业产品绿色设计示范企业、国家级绿色供应链管理企业、浙江省科技小巨人企业、宁波市人民政府质量奖等。

乐歌的研发创新水平处于行业前列，其掌握多项线性驱动全球首创技术，主持起草多项国标、行标，推动着行业进步。乐歌健康办公、智能家居产品均为自主研发和设计，拥有完整的自主知识产权，乐歌对比进行了全球化的专利布局。

乐歌自主品牌战略成功促使业内头部效应显现。乐歌在国内主打LOCTEK品牌，在国外主打FlexiSpot品牌，构建了境内境外、线上线下全方位的销售渠道，且针对不同销售渠道的运营特点设立专业化的销售团队，持续优化渠道建设。截至2023年，乐歌拥在有13年跨境电商运营以及11年海外仓的运营经验，境外线上销售规模领先同行业公司，在Amazon（亚马逊）等电商平台的销量保持优势地位，自建网站"flexispot.com"在全球线性驱动应用产品垂直类独立电商网站中处于第一梯队。2023年上半年，乐歌美国独立站流量首次超过主要竞争对手，在行业内排名第一。乐歌衍生业务——跨境电商公共海外仓创新服务综合体项目，在为自身跨境电商业务赋能的同时，签约超过500家跨境电商客户，其中不乏上市企业，头部效应和规模效应显现，乐歌的行业地位提升。

三、乐歌经营模式分析

乐歌产品聚焦健康办公、智能家居领域,为用户特别是久坐人群、伏案人士提供坐站动交替的健康办公整体解决方案,并为追求更高品质生活及健康生活的人群提供智能家居产品。乐歌在推进自身跨境电商业务的同时,为中小外贸企业提供包括头程海运、海外仓储、尾程派送等跨境电商物流一站式服务。其运营覆盖市场调研、产品企划、研发设计、供应链管理、生产制造、渠道建设、品牌营销、物流配送和售后服务等各个环节,实现了对全价值链的有效控制。

(一)自主品牌产品与ODM贴牌加工并行的生产模式

乐歌产品销售以自主品牌为主,ODM(原始设计制造商)贴牌加工业务并行。对于自主品牌产品,乐歌主要根据市场需求、年度销售计划及现有订单、现有库存等情况自行制订销售计划,并结合安全库存的要求组织生产;对于ODM贴牌加工业务,则基于客户的需求和订单,采用"以销定产"的模式。

乐歌的ODM贴牌加工业务的客户主要是长期合作的欧美品牌商、大型连锁零售商、批发商以及办公集成商等。为长期合作的客户提供ODM贴牌加工服务,有利于维持主要产品业务的稳定性,也有利于拓展自主品牌产品市场。因此,乐歌坚持2C(针对个人)自主品牌产品生产与2B(针对企业)客户贴牌加工并行。2023年1—6月,乐歌自主品牌产品销售收入占主营业务收入(不含海外仓收入)的比例为71.29%。

乐歌持续进行全球化制造的布局,形成了国内浙江宁波、广西北海生产基地核心制造以及海外越南外围制造的模式,构建了"国内核心制造+海外外围制造"的生产系统。在生产流程中,主要零部件的生产工艺自动化程度高,部分产品机、电、软结合,拥有较高的复杂程度和技术含量,乐歌具备多品类制造能力及较好的统筹管理水平。自主生产及多基地生产使得公司在面对市场波动、海内外关税政策变化等不利因素时,有着较强的统筹和适应能力。

乐歌海外的越南生产基地于2016年投产,主要负责各类升降桌、车库架、升降台的生产、加工、出口业务。浙江宁波、广西北海产能为海外产能赋能,广西"线性驱动核心技术智能家居产品智能工厂项目"在原材料、能源、人工方面均具有一定的供应和成本优势,对越南产能形成协同效应。2022年,越南产能已覆盖约80%的对美出口订单,基本规避了对美国出口的关税风险,从而使得免关税后能够给下游提供更有竞争力的价格,同时全产业链的覆盖使得乐歌能够更好地规避风险,体现了对下游渠道保供服务的突出能力。海外供应链布局显著强化了乐歌2B端业务竞争优势,助力其获得更多ODM贴牌加工订单。

(二)线上与线下多渠道、多类型销售模式

乐歌由初始的制造业务,转向跨境电商品牌运营,目前已经形成境内、境外、线上、线下多类型、多渠道的多元化销售模式,从ODM贴牌加工,到境内境外建设自有品牌,多方位开拓销售渠道,实现线上、线下融合。

乐歌境内线下销售客户主要为实体门店、民用家具品牌商、办公家具品牌商、IT/OA集成商和其他行业客户,产品以自主品牌LOCTEK为主,目前已开始设立线下体验店。

乐歌境外线下销售的客户来自零售渠道、超市渠道、批发渠道、工程渠道等,以ODM贴牌加工模式为主。目前,乐歌海外自主品牌FlexiSpot也开启了部分产品的境外线下销售。

乐歌线上销售主要通过自建独立站"flexispot.com"和第三方电商平台销售,境内线上平台主要是天猫旗舰店、京东旗舰店等,境外线上平台包括自建独立站、Amazon、Home Depot(家得宝)、Wayfair(威费尔)、Lotte(乐天)、Walmart(沃尔玛)等。乐歌独立站业务发展迅速,2023年上半年,美国独立站流量首次超过主要竞争对手,排名第一。

乐歌线上销售以M2C直营模式为主,分销模式为辅。在M2C直营模式下,乐歌作为产品制造商通过电商平台面向终端消费者,减少了中间环节,使公司可以有效把控包括市场调研、产品企划、研发设计、供应链管理、生产制造、渠道建设、品牌营销和售后服务在内的全业务价值链,通过纵向一体化既实现了公司效益最大化,也提升了消费者的购买及售后体验。线上M2C直营模式销售流程主要包括:客户通过平台下单购买,并通过网络支付手段进行支付,公司在确认支付后向客户寄送商品并提供售后服务。分销模式为:由乐歌将产品销售给分销商,再由分销商通过自身平台销售给终端消费者并负责寄送商品。

(三)塑造创新服务综合体的海外仓运营模式

随着2020年海外仓布局力度的加大及公共海外仓服务的开发,乐歌结合自身的尾程配送优势,专注于中大件商品的全流程物流供应链管理,赋能跨境电商行业。

近年来,乐歌以打造从工厂到终端消费者的"端到端"全流程跨境物流服务体系为目标,乐歌海外仓提供头程海运、目的港清关、目的港拖车、仓储管理、尾程快递、尾程卡派、反向物流等全流程跨境物流综合服务,并新增供应链金融、代理出口等相关服务(图5)。

仓储设施建设:乐歌海外仓以美国沿海枢纽港口区域为重点发展方向,通过小仓合并成大仓的方式,扩规模,降成本。当前乐歌在美国进行了大量核心港口区域的土地储备,为乐歌可持续发展以及服务更多的外贸企业品牌出海奠定了基础。

物流网络建设:乐歌海外仓积极整合美国本土物流网络资源,主动向上游和下游供应链进行整合,建立了全美9仓所在核心港口的拖卡车队,实现了港口拖柜的运输网络支持,给中小企业提供货柜到港后的"清关—拖柜—仓储—配送"完整解决方案,更加深入地往提供专业化物流解决方案的方向发展。

招商流程建设:公司设有国内和海外两地的海外仓运营部,由招商团队负责客户开发,售后团队负责客户维护,由法务部门负责风险把控。

信息化建设:乐歌拥有由100多名软件工程师组成的IT团队,在原有OMS和WMS的基础上,根据业务需求持续深化物流信息化的建设,自研TMS系统以实现"可视化物流"、尾端配送最优化对接、卡派业务对接,自研BMS系统用以支撑财务自动结算。通过Java微服务的方式,乐歌海外仓信息系统的可用性、并发性更强,系统架构更加健壮,可为未来提供更多客户服务和订单流量做好基础支撑(图6)。

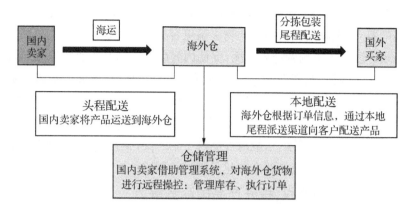

图 5　乐歌海外仓"端到端"全流程服务体系

（资料来源：乐歌 2023 年半年度报告）

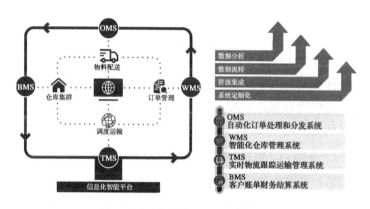

图 6　乐歌海外仓信息化智能平台

（资料来源：乐歌 2023 年半年度报告）

自动化建设：当前业内自动化物流仓储解决方案多以小件商品（15千克以下并且尺寸适应于60厘米×40厘米×35厘米料箱）为主，中大件商品的物流仓储自动化是行业共同痛点。乐歌海外仓积极探索大件物流仓储自动化方案，已进入大件"货到人"拣选机器人、中大件自动码托贴标流水线的项目实施阶段，并自建团队开发适应大件的"AGV（自动导向车）+机械臂取件机器人、卸柜机器人和安防机器人"应用于海外仓。

四、乐歌拓展国际市场分析

乐歌借助线性驱动技术创新应用与海外仓服务，聚焦线性驱动技术，打造自主品牌产品，提升产品技术含量，并布局海外仓服务，形成规模协同效应，拓展国际市场。

（一）发展自主品牌，提高市场知名度

乐歌深耕人体工学产品及线性驱动部件领域，紧密围绕用户需求，拓展线性驱动技术在健康办公、智能家居等场景中的创新应用。在国内市场，乐歌是线性驱动行业中的领先品牌。乐歌海外市场大力发展 flexispot 品牌，该品牌升降桌在 Amazon、Walmart、Lotte 等平

台同类产品中销量排名第一。该品牌当前主要面向市场成熟度比较高的欧美市场,针对市场成熟度较高的特点,乐歌把握新一代购物决策更容易受社交媒体影响的消费趋势,在独立站"flexispot.com"设立了影响者计划页面,促使内容生产者与品牌直接联接,鼓励用户积极参与品牌的内容生态建设,实现双赢。乐歌持续发展自主品牌,把握流量新趋势,通过与知名博主合作、运营官方自媒体等方式持续生产优质内容。通过短视频、社交媒体等互联网平台与电视节目冠名、梯媒广告投放等传统渠道,提高品牌曝光量、知名度及品牌调性。凭借在消费人群中的认知度和美誉度,乐歌海外品牌 FlexiSpot 两度入选"凯度 BrandZ 中国全球化品牌 50 强"排行榜,同时荣获新晋全球化品牌的特别奖。

(二) 拥有多项自主知识产权,提升产品国际竞争力

乐歌研发投入持续增长,创新水平处于行业前列。乐歌掌握着多项线性驱动全球首创技术,其健康办公、智能家居产品均为自主研发和设计。截至 2023 年 6 月 30 日,乐歌拥有有效专利技术 1 291 项,其中已授权发明专利 136 项,覆盖中、美、日、欧等多个国家和地区;乐歌对国内主品牌 LOCTEK 和国外主品牌 FlexiSpot 的 logo(标识)进行升级布局,授权商标 681 个;拥有软件著作权 121 项。乐歌建立常设的研发机构和建康研究院,开展以机械电子、软件一体化的线性驱动为核心的人体工学研发与创新,加大技术专利申请力度的同时进行全球专利布局,从而固化和保护研发与知识产权成果,主要人体工学产品均有专利权覆盖,形成了技术和专利壁垒,从而进一步提升产品国际竞争力。

(三) 建设多个生产基地,凸显规模效应

乐歌在浙江宁波、广西北海和越南拥有生产制造基地,年生产能力在 200 万套以上。工厂布局综合考虑国内市场和出口市场,国内工厂的产品主要供货给本土及美国以外的海外市场;越南工厂的产品目前主要出口美国,形成规模效应。生产制造上的核心部件自制率高,多个生产基地的布局能降低产品原材料成本;工厂自动化程度高,大幅降低人工成本,同时提升制造端的抗风险能力;并且确保在采购上有较高的议价能力以及供应链整合能力。国内工厂为海外产能赋能,其中广西"线性驱动核心技术智能家居产品智能工厂项目"在原材料、能源、人工方面具有一定的供应和成本优势,对越南产能形成协同作用。海外工厂的建立既是乐歌国际化战略的体现,也能借助东道国劳动力成本优势,有效规避出口贸易风险,进一步拓展国际市场。

(四) 通过自有平台与第三方平台,拓宽销售渠道

乐歌通过自有平台与第三方平台同步拓展国际市场,其独立站在全球线性驱动应用产品垂直类独立电商网站中处于第一梯队,并且在 Amazon 等电商平台销量长期位于同类产品头部优势地位,这使其自主经营能力、议价能力进一步提高,并为未来进一步拓展国际市场奠定了基础。第三方平台能大批量销售高性价比商品,提升品牌美誉度和知名度;独立站自建平台能有效满足客户个性化需求,销售高端产品,人均消费金额更高。多渠道销售及各渠道明确定位能促使乐歌在国际市场竞争中在自主品牌、自有平台快速成长的同时增强抗风险能力。

(五) 完善跨境电商综合服务体系，增强海外仓竞争力

乐歌前瞻性地布局了公共海外仓，伴随其自身全球化经营中积累的仓储物流资源与管理经验，已服务超过500家中小企业，提供包括头程海运、海外仓储、尾程派送、反向物流等在内的跨境电商物流一站式服务，连接了跨境电商关键的海外"最后一公里"。通过集合自营及第三方客户的海柜和尾程配送订单，大幅提升了乐歌与电商产业上下游合作者的议价能力，持续整合资源，降低公共海外仓的脱轨和派送成本。乐歌在实现自有产品业务与海外仓的生态协同效应的同时，凭借较为完善的海外仓储网络和运营能力，助力更多中国产品"走出去"。

乐歌持续对现有海外仓规模进行滚动优化，随着"小仓并大仓"战略的实施，通过较低成本购置土地，同时出售小面积仓库，以降低固定投入损耗，提升单位面积产出，在提升海外仓规模的同时加强对海外仓运营成本的控制。乐歌在美国进行了大量的核心港口区域的土地储备，从而提前锁定远期仓储成本。与此同时，乐歌不断加强仓储自动化建设，以节省人力成本，提升运营效率；建设信息化系统，自研TMS系统，实现可视化物流、尾端配送对接、卡派业务对接，自研BMS系统以支撑财务自动结算等业务，提供更多增值服务。乐歌自建的海外大仓库将会陆续投入运营，因前瞻性的低成本土地储备和较高的租售比，海外仓业务运营竞争优势将逐步增强，并形成深厚的竞争壁垒，有效助力乐歌的国际市场拓展。

◇ 案例小结：中国视角

从传统代工起步的外贸公司，到当前中国出海企业第一梯队成员，一路走来，乐歌在国际化市场拓展的道路上稳步前行。在历经贴牌代工、工贸一体、造船建仓、品牌出海后，乐歌的身份也开始多元化——制造商、销售商、服务商，乐歌正在解锁更多角色，其国际化特色也愈加明显。与当前众多加速品牌出海的中国企业不同的是，乐歌还致力于建设跨境电商公共海外仓创新服务综合体项目，以实现核心线性驱动技术的创新应用与海外仓服务"双轮"驱动国际化发展。

梳理乐歌国际化市场拓展历程及业务模式可知，其凭借线性驱动技术奠定产品核心竞争力与海外仓业务赋能跨境电商综合服务的效果显著，形成了多方面优势：

第一，经营模式优势。乐歌积极参与国内国际双循环，形成产品"同质同标同线"路线，凭借核心的产品技术、优秀的产品品质、良好的品牌形象以及海外仓综合服务等特征，在全球七十多个国家和地区的线上渠道销售领先。立足国内市场的同时大力拓展国际市场，紧密跟踪市场消费需求，持续提升品牌溢价，不断创新产品，在研发、生产、销售以及跨境电商综合服务等环节均具备较强的综合竞争力。

第二，科技创新优势。乐歌现有研发人员700多人，在机电一体化、嵌入式软硬件、物联网、5G技术应用、高速低噪线性驱动等领域开展研究；积极联合产业链上下游企业、国内知名高校、研究院所设立智慧大健康研究院，拥有上千件全球专利；自主研发多项全球首创线性驱动技术；多项技术打破了海外技术垄断。乐歌凭借多年科技研发投入，不断创造技术优势，为拓展国际市场奠定科技基础，也在技术国产化方面发挥了示范作用。

第三，智能制造优势。乐歌在浙江宁波、广西北海以及越南布局4个生产基地，配备了由博士团队组成的自动化部门、工艺团队。乐歌生产基地秉持客户第一、绿色制造的核心理念，持续提升自动化水平，满足产品转型升级需求，打造世界先进的线性驱动智能工厂，从而有效地增强了主要产品制造规模效应和主要出口市场开拓力度。

第四，海外仓服务优势。乐歌深耕跨境电商行业13年，拥有11年的海外仓运营经验，在多仓自营基础上，致力于服务中大件产品跨境卖家、提供公共海外仓创新综合服务。凭借优质服务和创新管理模式，乐歌海外仓成为华东地区规模最大、带动性最强的公共海外仓第三方服务综合体，助力中国制造高质量出海。

从最初代工贴牌、品牌输出到海外投资建设配套服务设施，由单一产品出口到海外供应链建设，乐歌是中国传统外贸企业转型发展的缩影。时至今日，中国制造出海已经由单一产品出口到生产出海、品牌出海、服务出海。乐歌的国际化市场开拓与其线性驱动技术创新应用和海外仓服务"双轮"驱动紧密相关，为中国企业国际化发展提供了借鉴。

◇ 思考题

1. 乐歌是如何通过线性驱动技术创新应用与海外仓服务"双轮"拓展国际市场的？
2. 请查找乐歌美国海外仓相关数据资料，分析其海外仓运营模式。
3. 请梳理乐歌专注于垂直品类产品研发与制造的历程，结合其所在行业分析其特征及发展趋势。
4. 请以最新一年乐歌的经营数据，分析其变动趋势。
5. 请结合本案例，探讨中国跨境电商企业由单一产品出口到海外供应链建设需注意的问题。

◇ 参考资料

[1] 乐歌人体工学科技股份有限公司官网。
[2] 乐歌海外仓官网。
[3]《乐歌人体工学科技股份有限公司2023年半年度报告》。
[4]《乐歌人体工学科技股份有限公司2022年年度报告》。
[5] 中国财富网：《乐歌股份：市场、品牌、供应三大核心竞争力驱动 2023上半年营收、净利双增》。
[6] 第一财经，于舰、何啸、李嘉怡：《乐歌：从做没人看得上的支架到造船出海、跨越山海》。
[7] 品牌方舟：《乐歌：从贴牌外贸到造船出海的"单项冠军"》。
[8] 中国宁波网：《宁波跨境电商龙头企业乐歌：建仓造船 架起出海"桥梁"》。
[9] 雨果跨境官网。
[10] 网经社官网。

案例2　遨森电商：致力于"走进每个家庭"的家居户外产品出口商

一、引言

遨森电子商务股份有限公司（简称"遨森"）成立于2013年，是一家主营户外休闲、居家用品、体育健康、宠物用品、办公用品、儿童玩具等产品的跨境电商企业，总部位于浙江宁波，是浙江省知名跨境出口电商企业。遨森英文名为Aosom，与英文单词awesome谐音，寓有"太棒了"之意（图1）。作为专注于跨境电商出口的企业，遨森主要业务是从中国第三方工厂批发或定制产品，通过跨境电商平台销往海外，主要面向欧美地区的个人消费者。遨森经营的产品品类广泛，涵盖了欧美市场需要的大多数家居户外产品种类，并自产品生产紧密跟踪海外消费者的喜好。自2020年起，遨森多次入选中国跨境电商"百强榜"，成立10年时遨森年营业收入达数十亿元。

图1　遨森官网首页（部分）

（资料来源：遨森官网，2023年9月2日）

长期以来，遨森深耕海外市场，作为早期进入欧美市场的中国跨境出口电商之一，坚持"让遨森走进每个家庭"的理念，秉持进取、担当、开放、创新、敏捷的价值观，不断进行内部革新，凭借其优质的产品、本土化的服务和独立站技术等方面的优势，创建了完善的全球销售服务网络、准时可靠的尾程配送及退换货服务售后体系。

在国际经济进入下行周期的背景下，遨森依靠其"海外仓＋独立站＋全产业链"的经营模式，充分发挥自身特色，实现逆市增长，在跨境电商激烈竞争的蓝海中获取一席之地（图2）。

图 2　遨森海外独立站

(资料来源:遨森官网,2024 年 1 月 10 日)

二、遨森的发展历程(图3)

作为一家成立 10 余年的企业,遨森的发展历程大致可分为三个阶段。

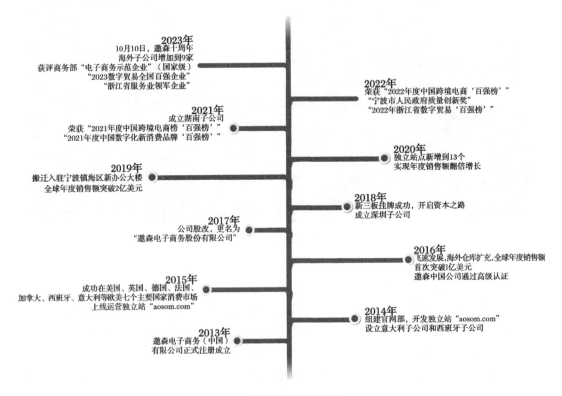

图 3　遨森电商发展历程

(资料来源:遨森官网,2024 年 1 月 10 日)

(一) 国际化起步发展(2013—2017年)

2013年,遨森电子商务(中国)有限公司成立。遨森在创立之初便明确了产品定位、市场定位和经营方式:以室内家居、户外用品为主,专注打造符合欧美市场需求的产品,通过跨境电商平台销售到海外市场。这为遨森后期深耕海外市场奠定了基础。

2014年,遨森分别在意大利和西班牙设立子公司,通过开设海外子公司,熟悉目标市场的需求和消费者偏好,克服文化风俗和消费习惯差异,聘请当地员工,构建本土化渠道,提高本土化运营程度。通过组建官网部,并启动独立站"aosom.com"的开发,带动后续自有平台快速发展。

2015年,遨森致力于独立站建设,成功在美国、英国、德国、法国、加拿大、西班牙、意大利等欧美七个主要消费市场上线运营独立站"aosom.com"。

2016年,遨森快速扩充海外仓,有效提高了海外物流速度,降低了物流成本。通过前期第三方平台经营积累的海外市场认可度和忠实消费者,加之诸多独立站的运营,遨森深入开拓海外市场。遨森中国公司通过AEO(经认证经营者)高级认证,成为获中国海关认可的运营商,从而与其他国家和地区的AEO进行互认,享有良好的通关便利条件。全球年度销售额首次突破1亿美元。

2017年,遨森完成股改,更名为"遨森电子商务股份有限公司"。随着海外业务的顺利开展,遨森收入快速提升,部分子公司开始扭亏为盈,当年实现盈利。

(二) 新三板上市后快速发展阶段(2017—2019年)

2018年,遨森成功挂牌新三板,开启资本之路,这也是公司发展的重要节点,有利于推动其成为更加国际化的电子商务平台和优质服务商。在爱尔兰、波兰、葡萄牙等国家增加"aosom.com"独立站,在深圳成立子公司深圳遨森电子商务有限公司。同年,遨森荣获"2018浙江省电子商务百强企业",被评选为"宁波市跨境电商优秀海外仓"。

2019年,遨森持续深耕海外市场,全球年度销售额突破2亿美元。入围"OutrunBrand 2019中国跨境电商出海品牌最具价值30强"。在英国Amazon全部28万卖家中,遨森英国公司位列第112名。

(三) 紧跟新消费热点突破性发展阶段(2020年至今)

2020年,疫情催生了"宅经济",市场家居类、宠物类用品需求快速上升,占据Amazon、eBay(易趣)两大国际知名电商平台热销榜。遨森精准把握消费新热点,实现突破性增长,营业收入实现翻倍增长,净利润较2019年增长十余倍(表1)。遨森海外独立站站点增加到13个。遨森的行业影响力、社会影响力进一步提升,遨森电商通过GB/T 19001—2016/ISO 9001质量管理体系认证,入选"2020年度中国跨境电商'百强榜'"、宁波"225"外贸最具竞争力品牌",获得亚马逊"有备而来年度卖家"奖,德国独立站"aosom.de"登上欧洲最具影响力的计算机专业杂志 *Computer Bild*,还获得"Trend Shop 2021"大奖。

表 1　遨森 2016—2020 年营业收入及净利润　　　　　　　　　　　　单位:亿元

年份	营业收入	净利润
2016 年	7.55	−0.13
2017 年	9.74	0.17
2018 年	12.59	0.10
2019 年	16.47	0.20
2020 年	34.57	2.84

数据来源:遨森电子商务股份有限公司 2016—2020 年年报。

2021 年,遨森开始寻求在 A 股主板上市,进一步提高融资能力。海外销售方式多样化,除了自有平台已经建立稳定增长的销售渠道,有近 70% 的海外销售收入来自 Amazon、Wayfair、eBay 等第三方平台。在湖南设立子公司长沙遨森电子商务有限公司,国内布局由华东、华南扩大到华中地区。入选"2021 年度中国跨境电商'百强榜'""2021 年度中国数字化新消费品牌'百强榜'"。

截至 2023 年底,遨森海外业务覆盖欧美多个国家,在美国、加拿大、英国、德国、法国、意大利和西班牙等国设立 9 个海外子公司,建有 14 个独立站,30 余个自营海外仓,总面积达 40 多万平方米,拥有完善的全球营销、仓储、物流网络和客服体系。遨森的全球员工总数超过 1 200 人,近 40% 为海外当地员工。遨森除了 Aosom 品牌以外,还建立了 Outsunny、Pawhut、Homcom、Vinsetto、Kleankin、Durhand、Soozier 和 Qaba 等共计 8 个自有品牌,Homcom 和 Outsunny 被评为"2021 年度浙江跨境电商出口知名品牌",遨森电商登上 2022 年度、2023 年中国跨境电商"百强榜"。

当前,遨森正由新三板转战 A 股主板上市,通过借力资本平台,加快国际化步伐,国内以宁波总部为核心,建有深圳和湖南子公司,依托国内优质的制造业和供应链,并持续加大对自有平台"aosom.com"的技术投入,为中国制造和海外消费者之间建立便利的跨境电商交易平台,完成"让生活更便捷"的企业使命。

三、遨森电商的运营模式分析

(一)"直接销售+间接销售"合力拓展海外市场

遨森终端客户主要为欧美地区的个人消费者,销售货款通过第三方平台及支付工具收取,销售方式分为直接销售和间接销售。

直接销售:通过遨森自营网站 Aosom 或者 Amazon、eBay 等第三方电商平台的官方店直接向终端客户销售产品。与常见电商交易方式类似,在各平台开设店铺和相应的虚拟网络账户,客户在平台挑选产品并提交订单,系统后台收到已付款的订单信息,经由仓库人员核对订单信息后,发货出库,通过委托的第三方物流公司将商品配送、交付给客户,从而完成交易。该流程中,遨森的海外子公司和海外仓作用巨大,帮助公司尽可能实现在当地的商品销售和存储。通常海外子公司的商品发出后会在 5 天左右送达客户手中,一般将出库后 5

天作为收入确认时点。该销售方式有效提高了各环节效率,获得海外客户的好评。

间接销售:遨森公司向海外的电商平台批发销售产品,从而间接向终端客户销售产品。通常由大型电商平台向遨森发出采购订单,并委托物流公司前往仓库取货,货物送至平台公司仓库后确认收入。与传统贸易方式类似,在这个过程中,遨森更接近于传统贸易公司,将商品出售给国外的客户但并不参与后续的零售,唯一的不同就是遨森的交易是在线上进行的。间接销售有利于扩大遨森的海外销售市场,尤其是对于不太熟悉的目标市场,借助第三方销售商可提高销售额。

(二)"第三方平台+独立站"多渠道协同发展

遨森依照其产品特征和销售市场特点,协同多平台共同发力,主要方式有在北美、西欧等主要销售市场设立子公司、在其他次要市场通过跨境电商独立站 Aosom 和第三方平台开展销售活动。通过第三方平台加 14 个独立站协同发展的模式,实现目标客户群体的全面覆盖和主要客户群体的精准服务。协同发展有利于其在海外市场扩张中扬长避短、探索前行。

遨森在 Amazon、eBay 等多个全球知名第三方电商平台销售产品,同时通过 Walmart、TESCO(乐购)、Otto(欧图)、Wayfair 等海外本土知名平台销售产品(图 4、图 5)。遨森借助各大平台在目标市场的影响力,扩大消费群体,探寻更多海外市场。2020 年,遨森在海外平台的销售总金额为 24.03 亿元,这意味着有接近 70%的海外销售额来自第三方平台。

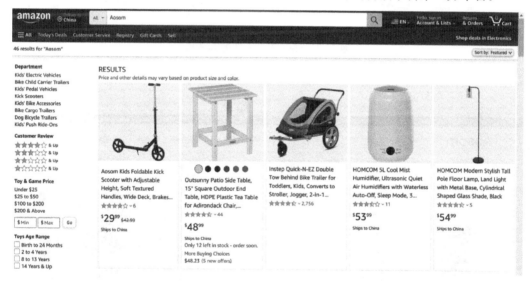

图 4 Amazon 平台上的遨森产品

(资料来源:Amazon 平台,2023 年 5 月 6 日)

遨森自建独立站销售产品同样成绩斐然。遨森从成立之初就很注重独立站的建设,在主要销售市场北美、西欧、南欧等均设立了独立站(图 6)。这有利于巩固主要消费群体,沉淀客户,从而为消费者提供专业化和个性化服务,当吸引的客户足够多并且获得大量目标客户数据后,能有效减少依赖第三方平台导致的未知市场风险。尤其在疫情冲击和 Amazon 封号危机之中,遨森的独立站使其在"宅经济"中脱颖而出,前期在第三方平台积累的客户资源和流量带动了订单增长,独立站客源快速增加,实现了企业净利润的高速增长。

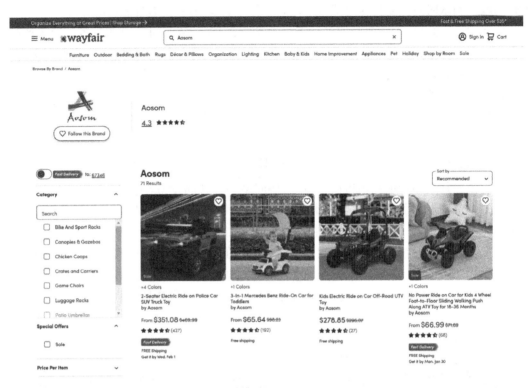

图 5　Wayfair 平台上的遨森产品

（资料来源：Wayfair 平台，2023 年 2 月 6 日）

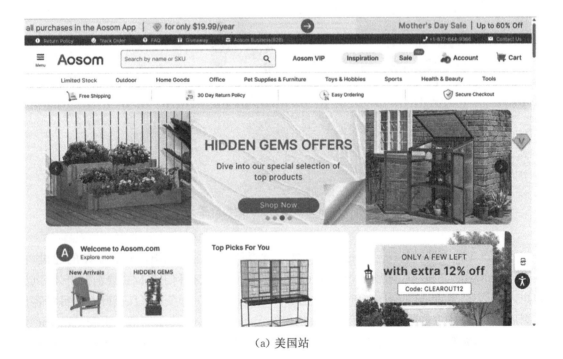

(a) 美国站

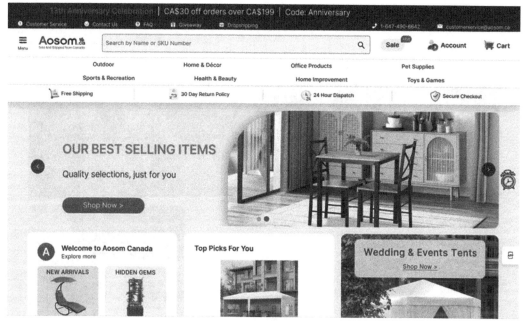

（b）加拿大站

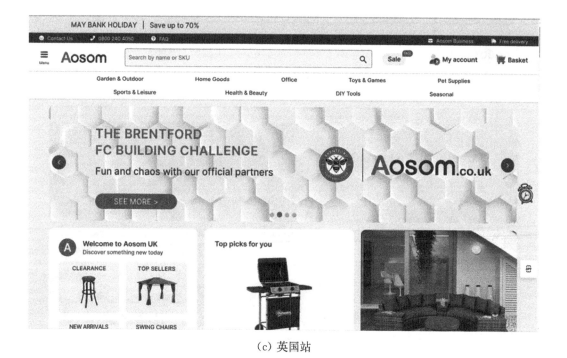

（c）英国站

跨境电子商务案例

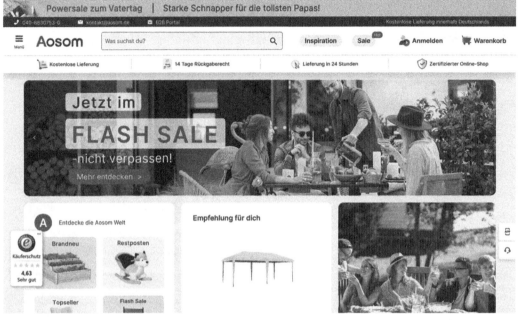

(d) 德国站

(e) 意大利站

(f) 西班牙站

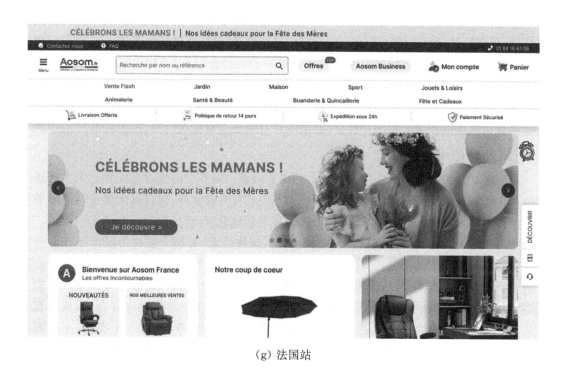

(g) 法国站

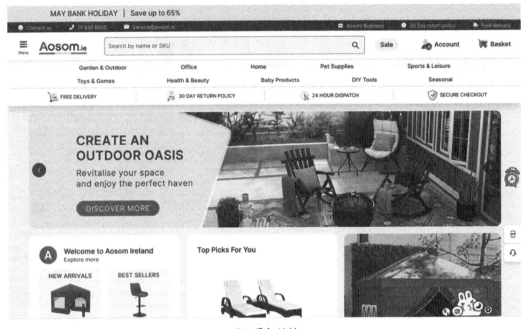

(h) 爱尔兰站

图 6　遨森海外独立站网页

(资料来源：遨森各海外独立站，2024 年 5 月 3 日)

实际运营活动中，第三方平台活跃用户多，客户通常会首选综合性电商平台，这能够最大限度地促使遨森将更多产品推向客户。但是，第三方平台高额的平台费用、平台的促销价格浮动、限制性的条款束缚以及难以培养客户忠诚度等问题，会促使包括遨森在内的积累了一定实力的电商企业更多转向发展独立站自营平台。因此，独立站建设对于遨森而言意义重大：通过自营平台锁定忠实客户群体，极大程度提高了客户黏性；相对封闭的环境有利于遨森降低外部不确定性对产品链、供应链造成的影响，提高对运营风险的防范和处置能力；通过自营平台能够积累大量用户数据，数据信息有利于遨森精准营销、控制成本。

（三）海外仓建设持续推进

物流优势是跨境电商企业提升竞争力的主要因素。海外仓的建设与完善会大大推进跨境电商企业境外物流配送体系的完善，海外仓不但具有时效优势，而且其批量进口可以节省高价值产品的增值税和进口关税，有助于协助客户办理退货，满足日益提高的客户要求。海外仓致力于降低成本、提高配送效率、提供一站式解决方案，有助于解决中国产品在海外市场的"最后一公里"配送问题。

遨森产品品类繁多，且不乏家居产品、户外用品等大件日用品，其通过将大量产品集中运到海外仓，大大降低了单位产品的国际运输费用，并且在主要销售地建立仓库，从而有利于产品的统一化管理。遨森从进军国际市场初期的 9 个海外仓到 2023 年底的 30 个海外仓，面积超过 40 万平方米，极大地降低了物流成本。2022 年，遨森加拿大多伦多海外仓被授予浙江省"省级公共海外仓（第七批）"的荣誉称号。遨森通过在海外建仓，同时与当地主流物流公司合作，解决海外市场配送的"最后一公里"问题。客户从线上下单后，遨森直接从当地仓库发货,提高了送货时效,增强了客户购物体验,也确保了遨森的毛利率(图7)。

图7　遨森电子商务股份有限公司美国海外仓

(资料来源:宁波网 http://daily.cnnb.com.cn/nbrb/html/2019-10/10/content_1189896.htm,2023年2月6日)

(四) 买断式自营提升产品竞争力

遨森采用的是买断式自营方式。具体而言,国内母公司在国内选择供应商合作设计产品,并在国内完成生产,再由供应商直接将产品运输至国内仓库或报关出口,根据不同国家子公司的需求集中运输至各海外子公司的海外仓。存入海外仓的货物再经由不同销售渠道完成销售。虽然没有自己的独立工厂,但遨森位于浙江这一外贸大省和家具行业大省。浙江省拥有家具企业30 000余家,家具行业从业人员50多万人,具有强大的产业优势。2022年浙江省规模以上家具企业完成累计产量2.49亿件,实现工业总产值1 082.46亿元,实现工业销售产值1 068.07亿元,出口交货值519.37亿元。这使得遨森的家居类、户外用品类产品的销售具有得天独厚的供应链优势,在产品设计和选择上,拥有较为广泛的选择权。买断式自营方式有利于遨森提高产品设计的独特性和降低产品的生产成本,采用第三方代工形式并将产品从国内工厂直接运输到海外销售市场,节省了国内仓储成本。

(五) 坚定"多品牌+自有品牌"策略,满足细分市场需求

遨森旗下共有 Aosom、Outsunny、Pawhut、Homcom、Vinsetto、Kleankin、Durhand、Soozier和Qaba等共计9个自有品牌(图8、图9)。

遨森的多品牌策略实施效果较为明显。深度细分目标市场,针对目标顾客群和使用场景,推出不同品类主打商品,充分满足顾客的多种品类需求。

图 8　遨森自有品牌

(a) Aosom 家居户外用品网页展示

(b) Homcom 家居用品网页展示

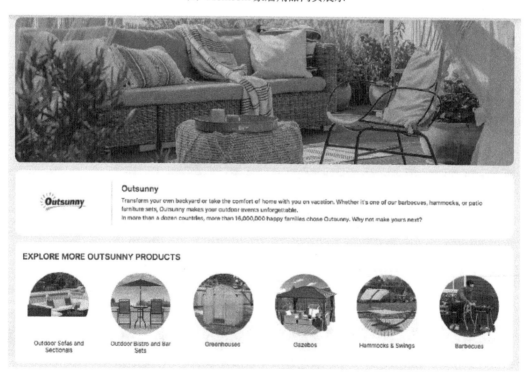

(c) Outsunny 户外用品网页展示

(d) Pawhut 宠物用品网页展示

(e) Vinsetto 办公家具及用品等网页展示

(f) Kleankin 家居用品网页展示

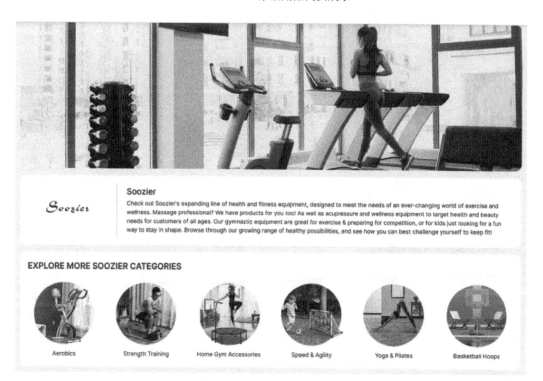

(g) Soozier 健身健康用品网页展示

（h）Durhand DIY 工具网页展示

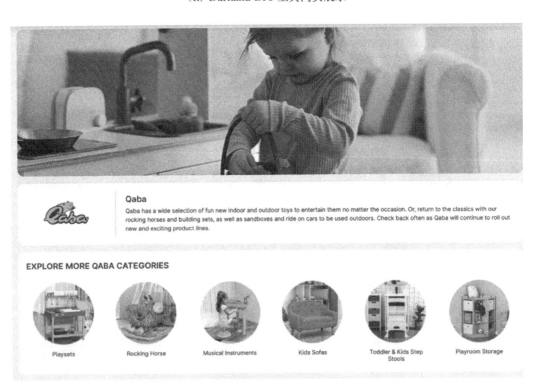

（i）Qaba 儿童玩具及用品网页展示

图 9 遨森旗下自有品牌系列产品

（资料来源：遨森独立站网页，2023 年 2 月 6 日）

(六)"国际化运营+本土化服务"优化客户体验

作为跨境电商企业,遨森在海外的成功运营不仅在于建立了自营平台、自营海外仓,还在于拥有众多海外子公司,方便开展海外本土化管理运营。目前遨森的海外本土化优势体现为拥有海外子公司、海外品牌、海外仓等资产,同时拥有一支强劲的海外团队及优秀的海外客服,这有利于做好产业对接及线下布局。遨森深耕海外市场,在当地广纳贤才,聘用当地员工,使商品和服务更契合国际市场需求(图10)。

图 10　遨森海外服务页面(部分)

(资料来源:遨森独立站网页,2023 年 2 月)

国际化的运营团队在海外市场当地运营,又在各个业务国自建仓库和物流中心,与全球知名快递公司 FedEx、DHL、DPD(德普达快递)建立战略合作关系,以此保证海外快递的时效和售后服务。专业的本土化服务不仅仅是将电商网站上的产品文案翻译成当地语言,而是因地制宜,克服文化差异,提高品牌认可度,满足当地消费者的喜好和提供各国各地需要的服务。国内外客服人员无时差衔接,也为客户提供了愉悦便捷的购物体验。因而,遨森海外运营强化"国际管理团队+中国制造企业+海外本地化运营团队"模式,能进一步优化客户体验,贴合当地客户的需求,从而提升目标市场的业绩。

四、遨森竞争优势分析

(一)精准把握市场消费需求

受到全球疫情影响,"宅经济"爆发式增长,一时间消费形式向线上转移,且家居产品、家用健身产品、宠物用品等产品需求快速增长,宅在家中的消费者通过电商平台囤积物资。遨森精准把握了市场消费需求热点,获得了营收和净利润的突破性增长。居家办公用品、室内运动器材、宠物用品等成为人们大量采购的产品,这恰好是遨森的主要产品系列。阿里巴巴数据显示,2020 年 3 月份期间,居家办公家具的搜索量增长幅度达 50%,健身器材搜索等相关流量增长了 142%,宠物相关用品销售持续增长。以 eBay 美国站健身用品为例,2020 年哑铃销量同比增长 1980%。根据遨森公司年报,2020 年实现营业收入 34.57 亿元,较上年同期增长 109.79%,其健康休闲系列、居家系列、户外系列产品的营收相比上年同期分别增长了 147.46%、110.89%和 89.33%,占公司总营收 90.9%。

由此可见,疫情冲击下的"宅经济"为遨森带来了市场需求快速增长的新机遇,遨森站在风口,精准把握市场变化,实现了营收和利润的突破性增长。作为跨境电商 B2C 出口企业,必须准确掌握行业趋势和发展方向,尤其是在海外消费群体和消费方式快速变化的背景下,符合市场需求,才能更为高效地应对机遇与挑战。稳定的供应能力是前提条件,否则,即便迎来突然增长的需求也只能望"机"兴叹。依托浙江家居产业供应链优势,遨森的买断式自营模式确保了产品设计特性和产品供给的稳定性,"第三方+独立站平台"的模式确保了产品在目标市场销售渠道的畅通,众多海外仓确保了产品到达客户手中的时效性。如果缺少稳定的设计、制造、销售、物流各个环节的严密保障,遨森亦难以在迅速扩大的市场需求中提供被消费者青睐的产品。

(二) 突出自有独立站平台优势

由于独立站建设成本高昂,且对技术要求高,众多跨境电商企业在发展初期多依靠第三方平台拓展市场,随着流量和客源的逐渐增加,再通过引流将主要目标客户吸引到独立站。遨森在企业发展初期就同步拓展第三方平台和独立站平台。"跨境电商过多依赖第三方平台运作业务是危险且不健康的,"对此,遨森创始人王春华早有意识,"小草要长成大树,必须组建自己的'船队'。"遨森自2014年试水独立站建设,到2022年已建成14个独立站,覆盖北美、西欧、南欧等地区的主要市场。独立站几乎包括了遨森全部的商品类别,自建平台流量带动了订单的增长,增加了遨森的客户黏性,减少了对第三方平台的依赖,可提高抗风险能力,提升客户体验,有效应对第三方平台的政策变化。2021年,遨森独立站在全球家居和园艺类网站中排第514位。创始人的远见使得遨森独立站在"宅经济"中爆发,积累的客户资源和流量带来大量订单,实现了净利润高增长,在亚马逊封号风波中也未受影响。

由此可见,遨森通过自有独立站平台确立了突出的优势,成为独立站大卖家。但目前遨森仍有近七成业务依靠Amazon、Wayfair等第三方平台,受限较多,需承担昂贵的平台费用和营运成本,并面临诸多不确定性因素。因此,未来独立站仍将是遨森海外布局的重点,通过第三方平台客户转入、搜索推广、社交媒体宣传等多种渠道,遨森将逐步降低对第三方平台的依赖,精准定位,将目标客户引流至独立站,持续推进独立站的建设。

(三) 完善全球海外仓布局

遨森在全球布局的30余个海外仓是其近几年跨境电商成绩亮眼的重要保障。众多海外仓的建立和完善的海外仓布局确保了遨森在主要消费市场的仓储能力,尤其对于以家居产品、办公用品、健康器材等"大件"商品为主要产品的企业而言,海运与海外仓的模式极大地降低了物流成本,确保了毛利率。"物流是优化遨森这艘'船'出海效率的关键。"近年来的疫情冲击、俄乌冲突等"黑天鹅"事件,导致国际市场需求波动不定,对全球物流的要求进一步提高。遨森在海外建仓,大大提高了国际物流效率和企业对客户订单的响应速度,遨森收到客户订单后直接安排仓库就近发货,及时反馈物流信息和仓储货物数据,高效的发货和送达体验极大地增强了海外客户的黏性。

由此可见,物流是跨境电商发展中至关重要的环节,尤其对于跨境出口采用B2C模式的企业而言,对客户体验有着最为直接的影响。当面临国际环境不确定、国际物流运输时效和费用不稳定以及自身产品"大件"特性时,遨森在主要消费市场完善了海外仓布局,从而获得了海外"最后一公里"运输的主动权,为其产品的高效送达提供了保障。

(四)强化品牌形象

遨森注重品牌战略,核心品牌 Aosom、主要品牌 Outsunny、Homcom 具有较高的市场知名度,Aosom 入围"OutrunBrand 2019 中国跨境电商出海品牌最具价值 30 强",Outsunny 和 Homcom 两大品牌均获得"2021 年度浙江跨境电商出口知名品牌"的荣誉称号,此外还有针对不同类别产品而建立的 Pawhut、Vinsetto、Kleankin、Durhand、Soozier、Qaba 等多个品牌。遨森坚持使用自有商标和品牌,在多个国家和地区注册了商标,在欧美市场的主流跨境电商平台推出自有品牌商品,并逐渐进入大众视野,同时通过完善独立站"Aosom",实现自有平台覆盖全部品牌,进一步强化稳定品牌形象。遨森在品牌宣传上突出新颖性、独特性和针对性,紧密追踪数字经济潮流,加大品牌投入。近年来更加重视社交媒体宣传,通过社交媒体投放广告宣传引流。例如,2021 年圣诞期间,遨森在 YouTube(优兔)投放品牌广告,以分段叙事手法传递遨森为家庭提供关怀的温情品牌故事,视频在超过 10 个国家和地区上线,2 周获得了 500 万次观看,提升了品牌认知度。

毫无疑问,品牌建设能够为跨境电商带来源源不断的生命力,通过品牌故事打造、品牌形象呈现、品牌传播,让客户看到产品和服务,同时加深对品牌的信任,提高对品牌文化的认同感。跨境电商企业在面对海外客户打造品牌故事时存在语言文化、消费习惯等方面的诸多差异,可以借助突出产品的功能性价值来构建品牌故事,主打"实践"的属性;围绕产品应用场景和人群来讲故事,让客户看到"景",从而联想到品牌的精神内核。品牌形象可通过官网、独立站平台等多渠道呈现,提升产品和品牌认知度。同时借助效果营销及品牌营销的组合方式开展品牌传播。在品牌建设上,遨森在当地具有影响力的节日开展具有针对性的品牌营销,并结合当地客户关注的热点,加大品牌呈现和传播力度,以快速适应当地市场,提供符合当地客户需求的产品。由此进一步强化遨森的系列品牌形象,从而为走得更远奠定基础。

◇ 案例小结:中国视角

遨森通过"直接销售+间接销售"拓展海外市场,通过"第三方平台+独立站"多渠道协同发展,持续推进海外仓建设,通过买断式自营提升产品竞争力,"多品牌+自有品牌"共同发力,通过"国际化运营+本土化服务"增强客户体验,精准把握市场发展趋势以满足客户需求,发挥"独立站+海外仓"有站有仓的服务优势,构建中国制造与海外消费者的连接通道,促使中国品牌通过跨境贸易走向海外市场,为海外消费者提供愉悦的购物体验,"让生活更便捷"。

全球数字经济蓬勃发展的大背景下,遨森的发展之路也为中国跨境电商出口企业带来了一些启示:第一,持续深耕供应链。背靠中国完整的工业布局,依托成熟的外贸产业体系,跨境电商出口企业应充分发挥供应链优势,加强供应链的精细化耕作,充分预估市场需求,把握海外市场消费趋势,提高自身的全球竞争力。第二,持续打造品牌。跨境电商为消费者提供了更多的选择渠道,这有利于消费者尝试更多新颖品牌的产品。中国跨境电商企业出海需充分注重品牌的打造,结合自身产品特点,与目标市场文化紧密结合,为消费者画像,在品牌形象呈现和品牌传播中持续传递品牌定位信息和理念,提高海外市场上品牌的认知度。第三,持续创新服务。近年来国内电商行业快速发展,跨境电商企业可以充分参考国内市场发展中的运营技巧和经验,实现互联网时代服务的迭代更新,提高自身在海外市场中的竞争力。第四,积极拓展新兴市场。欧美市场目前仍是诸多跨境电商企业的主要市场,主要产品出口市场发生变动将会给跨境电商企业带来极大风险。而新兴市场的增长速度快于传统发达国家市场,随着跨境电商政策红利的释放,新兴市场将成为潜在的增长点。中国跨境电商企业应积极参与"一带一路"建设,抢抓 RCEP(《区域全面经济伙伴关系协定》)机遇扩大新兴市场,增加以新兴经济体为主要市场的第三方电商平台的使用,依靠新兴市场探寻生机,化解可能面临的经济风险,挖掘新的市场消费潜力。

◇ **思考题**

1. 如何评价遨森的国际化运营方式?
2. 如何评价遨森的多品牌策略?
3. 请任选一个遨森的第三方平台店或独立站,分析其线上运营模式。
4. 请选择致欧家居或有家居类产品的跨境电商出口企业作为比较对象,分析其与遨森在海外市场拓展方面的异同。
5. 请根据近 5 年遨森的经营数据,分析其发展趋势。

◇ **参考资料**

[1] 遨森电子商务股份有限公司官网。
[2] 《遨森电子商务股份有限公司 2020 年年度报告》。
[3] 浙江省家具行业协会:《2022 年 1—12 月浙江家具行业经济运行数据快报》。
[4] 百利来:《持续火热!海外市场"宅经济"全面爆发下,跨境电商争相抢红利》。
[5] Ueeshop 独立站:《遨森出海标杆启示录——家居类产品如何出海淘金?》。
[6] BrandArk:《一年赚 60 亿!这家华东大卖靠独立站引爆海外市场》。
[7] 雨果跨境官网。
[8] 网经社官网。

案例3 子不语：实施多品牌策略的鞋服产品运营商

一、引言

随着互联网技术的飞速发展和全球消费者消费习惯向线上消费转变，全球电商持续发展。依托传统贸易的多年积淀和制造业的雄厚基础，我国供应链优势明显，加之国内电商发展经验的积累，我国跨境电商行业迅猛发展。2020年受疫情影响，线上消费进一步快速发展，跨境电商规模持续高速增长。国家也加快发展外贸新业态、新模式，不断完善跨境电商发展支持政策，推进我国跨境电商的进一步发展。从子不语集团有限公司（简称"子不语"）所处的跨境电商B2C出口服饰鞋履行业来看，其不仅得益于我国跨境电商的整体红利，还受益于消费者对服饰鞋履消费的个性化、多元化、时尚化需求，同时，消费者的购买行为深受数字化影响，越来越多的消费者习惯于线上购物及享受便利的购物体验，从而提高了相关产品的购买频率和客单价，行业也获得了快速发展。我国跨境电商出口B2C服饰鞋履市场近年来显著增长，并预期在未来几年仍将保持增长趋势。

据弗若斯特沙利文的资料，中国跨境电商B2C出口服饰行业的市场规模由2016年的791亿元增加到2020年的4 620亿元，并预测2025年前达到10 916亿元，2020—2025年年复合增长率为18.8%；中国跨境电商B2C出口鞋履行业的市场规模由2016年的213亿元增大到2020年的1 143亿元，并预测2025年前达到2 787亿元，2020—2025年年复合增长率为19.5%。美国、加拿大、德国、法国、英国、意大利及西班牙一直是中国跨境电商B2C出口服饰鞋履行业的主要市场，2016—2020年，通过电商渠道销售到这些主要市场的服饰产品零售额由821亿美元增加到1 449亿美元，鞋履产品零售额由201亿美元增加到346亿美元。

子不语是一家创立于2011年，总部位于浙江省杭州市的跨境电商服饰鞋履企业。根据弗若斯特沙利文的数据，2021年子不语在中国跨境电商B2C出口服饰及鞋履市场的所有平台卖家GMV[①]统计中排名第三，该市场规模约为5 965亿元，子不语占据0.4%的市场份额。同期，子不语在北美地区中国跨境电商B2C出口服饰及鞋履市场的所有平台卖家当中排名第一，市场份额约为0.7%，市场规模总量为3 030亿元。

---

① GMV(gross merchandise volume)，即一定时间内的成交金额。多用于电商网站成交金额，实际指的是拍下订单金额，包含付款和未付款的部分。

经过十余年的发展,子不语已成长为中国最大的服饰及鞋履跨境电商之一、北美市场第三方服饰类平台龙头卖家,并于 2022 年 11 月 11 日在港交所上市,成为"跨境鞋服电商第一股"。子不语以多品牌策略销售服饰鞋履产品,洞察市场消费趋势后,实行"自主设计+外包生产"的轻资产运营模式,最后在第三方平台或自营网站上销售服饰鞋履等产品。子不语将"致力于让全球用户及时便捷地获得满意的服饰及鞋履产品"作为公司的使命,并致力于"成为一家国际知名的时尚服饰及鞋履产品运营商"。毫无疑问,子不语正在通往成功的道路上奔跑。

二、子不语的发展概况

子不语在 2019 年、2020 年、2021 年以及 2022 年上半年分别实现营业收入 14.29 亿元、18.98 亿元、23.47 亿元以及 12.78 亿元,净利润分别为 8 111 万元、1.14 亿元、2.01 亿元以及 6 131 万元,2019—2021 年营业收入复合增长率为 28.2%。销售主要依赖第三方平台,其中以 Amazon 为主,同时战略性发展自营网站。目前销售市场已覆盖全球超 80% 的国家和地区,其中北美市场为最主的要市场。2022 年,子不语在 Amazon 鞋服类中国跨境电商中排名第一。

(一)发展历程(图 1)

从 2011 年创立到 2022 年敲锣上市,子不语深耕跨境电商鞋服行业十余年,跻身中国跨境电商行业第一梯队。纵观其发展历程,大致分为以下三个阶段:

1. 国内电商卖家初创期(2011—2013 年)

子不语创始人华丙如在学生时代就在淘宝上开设女装店铺,2011 年在杭州创立浙江子不语。2012 年在子不语天猫开设 Youchu 旗舰店,且女装周交易量在天猫同类商家中排名前十,子不语的店铺在天猫平台脱颖而出。

2. 跨境电商卖家转型发展期(2014——2018 年)

随着国内服饰电商竞争日益激烈,子不语投身跨境电商蓝海,实现业务转型。子不语 2014 年在 Amazon 设立网店,2015 年开始在 Wish(购物趣)、AliExpress(全球速卖通)、eBay 等平台开设店铺,2018 年开设自营网站,进行多渠道布局,规模迅速扩大。2016 年首次获浙江省商务厅及浙江日报社颁发的"最佳跨境电商品牌"奖,此后又连续 3 年后获得该奖项。

3. Amazon 渠道及自营网站的发展期(2019 年至今)

找准定位厚积薄发,2019 年子不语将渠道重心转移至 Amazon 平台及自营网站。2020 年子不语在中国跨境电商 B2C 出口服饰类目中位于市场前列,其中在北美市场成为行业第一。Amazon 平台销量实现高速增长,2021 年 Amazon 平台 GMV 达到 20 亿元人民币,公司实现了报告期内毛利率提升、营收增幅扩大,业务进入增长通道。2022 年子不语在港交所成功上市。

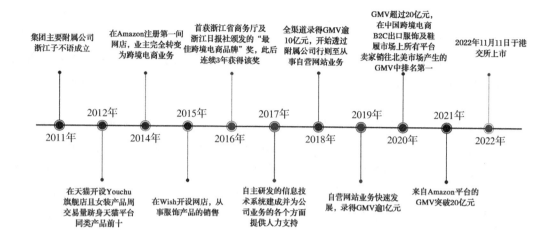

图 1　子不语发展历程

(资料来源:子不语官网)

(二) 销售产品品类(表1)

子不语销售的产品主要包括服饰产品、鞋履产品和其他产品,旗下包括毛衣品牌 Imily Bela、运动品牌 Aurgelmir、休闲男装品牌 Runcati、鞋履品牌 Tinstree 等。服饰产品是子不语的主要品类,其营业收入占总营业收入的比重超过七成,鞋履品类增长迅速,在驱动收入增长上,服饰以均价提升驱动为主,鞋履以销量提升驱动为主。2022 上半年,服饰、鞋履营业收入同比增速分别为 23.3%、12.5%,销量分别为 638 万件、90.8 万件,同比降低 8.5%、11.1%;2022 年上半年,服饰鞋履产品单价分别为 159 元、284 元,同比增长 34.7%、26.2%,收入增长以价格驱动为主。

表1　子不语产品类别及营业收入

产品类别	2019 年		2020 年		2021 年		2022 年上半年	
	收入/万元	占总收入百分比/%	收入/万元	占总收入百分比/%	收入/万元	占总收入百分比/%	收入/万元	占总收入百分比/%
服饰产品(女装、男装、童装、瑜伽服、滑雪服)	114 689.2	80.27	133 841.5	70.51	183 367.7	78.14	101 665.8	79.58
鞋履产品(以女鞋为主)	25 640.9	17.94	40 113.0	21.14	45 361.5	19.33	25 808.7	20.20
其他产品(电子设备、文具及体育用品等)	2 555.3	1.79	15 856.4	8.35	5 925.1	2.53	278.2	0.22
合计	142 885.4	100	189 810.9	100	234 654.3	100	127 752.7	100

资料来源:子不语招股说明书。

(三) 销售渠道(表2)

子不语建立了涵盖与第三方平台合作和自营独立站的多渠道销售模式。2012年开始通过第三方平台销售产品,2018年通过子公司"行则至"在自营网站销售产品。主要的第三方平台包括Amazon、Wish、eBay、AliExpress等。2018年建立的自营网站Jolimall,主要从事时装鞋履的销售,自2021年下半年起为新品牌Tinstree所取代。

近年来,子不语的主要营收渠道由Wish向Amazon平台转移,自营网站正处于战略发展阶段。2022年上半年,子不语Amazon平台销售收入为11.6亿元,同比增长84%,占总收入的比例超过90%,渠道集中度较高。销量方面,Amazon订单快速增长,2021年Amazon销售量为1 110万件,高于同期Wish的409万件、自营网站的76万件。客单价方面,2021年Amazon、Wish、自营网站客单价分别为189.4元、74.5元、363元,整体客单价稳中微升,自营网站客单价最高。

表2 子不语各销售渠道营业收入

渠道		2019年		2020年		2021年		2022年上半年	
		收入/万元	占总收入百分比/%	收入/万元	占总收入百分比/%	收入/万元	占总收入百分比/%	收入/万元	占总收入百分比/%
第三方平台	Amazon	45 015.2	31.50	61 511.7	32.41	167 234.9	71.27	115 746.3	90.60
	Wish	77 848.2	54.48	84 110.8	44.31	30 412.5	12.96	2 174.5	1.70
	其他(主要包括eBay及AliExpress)	8 401.9	5.88	4 966.3	2.62	7 580.5	3.23	2 109.5	1.65
	小计	131 265.3	91.86	150 588.8	79.34	205 227.9	87.46	120 030.3	93.95
自营网站		10 970.8	7.68	36 260.1	19.10	25 731.9	10.97	7 475.6	5.85
其他		649.3	0.45	2 962.0	1.56	3 694.5	1.57	246.8	0.19
总计		142 885.4	100	189 810.9	100	234 654.3	100	127 752.7	100

资料来源:子不语招股说明书。

(四) 爆款品牌及产品(表3、表4)

凭借丰富的设计经验、研发优势以及品牌培育能力,子不语针对不同类型产品建立了品牌矩阵,累计培育了300多个品牌,持续推出优质产品。其中87个是年销售额超过1 000万元的爆款品牌,品牌爆款率高达29%。

表3 子不语部分爆款品牌

爆款品牌	品牌标志	产品类别	主要销售平台	示例图
Imily Bela	Imily Bela	女装及童装	Amazon	

续表

爆款品牌	品牌标志	产品类别	主要销售平台	示例图
Saodimallsu		女装	Amazon	
Dellytop		女装	Amazon	
Tutorutor		女装及泳装	Amazon	
Farktop		女装	Amazon	
Runcati		男装	Amazon	
Cicy Bell		女士套装	Amazon	
Jolimall		鞋履	自营网站、Wish	
Aurgelmir		女士运动服	Amazon	

资料来源:子不语招股说明书。

凭借多年的服饰行业营销经济及多品牌发展经验,伴随着海外市场的开拓,子不语进一步扩大了本土化业务的范围,打造了众多销量超过2 000件的热销产品。截至2022年6月30日,子不语设计销售了逾6 473款热销产品。热销产品具备较高销售量以及较长的生命周期,一般推出以后拥有3~4年的稳定销量,生命周期维持在5年以上。

表 4　子不语十大热销产品

产品图片	品牌	产品类别	推出年份	平台	销量/万件			
					2019 年	2020 年	2021 年	2022 年上半年
	Cicy Bell	女士套装	2019 年	Amazon	0.08	2.17	20.81	24.27
	Langwyqu	女士上衣	2021 年	Amazon	—	—	3.93	8.81
	Makkrom	男士衬衣	2018 年	Amazon	1.06	2.77	10.97	7.76
	Yobecho	女士连衣裙	2019 年	Amazon	1.97	4.87	14.96	7.64
	Runcati	女士衬衣	2018 年	Amazon	2.43	3.67	12.28	7.60
	Wenrine	女士上衣	2019 年	Amazon	1.39	2.06	7.81	6.74

续表

产品图片	品牌	产品类别	推出年份	平台	销量/万件			
					2019年	2020年	2021年	2022年上半年
	Hestenve	男士衬衣	2020年	Amazon	—	0.38	5.29	5.17
	Jeanewpole	女士连衣裙	2019年	Amazon	—	1.17	8.62	4.94
	Beautife	女士上衣	2020年	Amazon	—	—	6.05	4.87
	Langwyqu	女士上衣	2021年	Amazon	—	—	0.09	4.61

资料来源:子不语招股说明书。

(五)子不语主要销售市场(表5)

从销售市场看,按GMV计美国、德国、法国、英国、意大利及西班牙一直是中国跨境电商B2C出口服饰鞋履行业的主要市场,其中通过跨境电商销往美国的服饰产品的销售额已由2017年的576亿美元增加至2021年的877亿美元。子不语以北美市场为主,并在德国、法国、日本、澳大利亚等市场开展业务,积极拓展欧洲、东南亚市场。子不语在北美地区的营收占总营收的比重由2018年的54.2%,增长到2022年上半年的95.5%。欧洲市场营收占比有所下降,主要是业务全面转向Amazon平台所致。子不语将以营销团队建设、与新的第三方平台[如TikTok(字节跳动)]合作为重心,以意大利、英国、西班牙等为重点开拓欧洲市场。

表 5　子不语分地区营业收入

地区		2019 年		2020 年		2021 年		2022 年上半年	
		收入/万元	占总收入百分比/%	收入/万元	占总收入百分比/%	收入/万元	占总收入百分比/%	收入/万元	占总收入百分比/%
北美洲	美国	84 017.3	58.8	130 995.5	69.0	200 719.1	85.5	121 316.3	95.0
	其他	5 962.1	4.2	6 834.7	3.6	2 219.0	1.0	693.1	0.5
	小计	89 979.4	63	137 830.2	72.6	202 938.1	86.5	122 009.4	95.5
欧洲	德国	9 375.1	6.6	8 074.4	4.3	7 102.1	3.0	1 945.9	1.5
	法国	8 052.6	5.6	5 515.5	2.9	2 081.5	0.9	273.0	0.2
	英国	4 845.3	3.4	6 742.5	3.6	4 220.7	1.8	1 012.9	0.8
	意大利	2 410.8	1.7	2 143.4	1.1	703.5	0.3	160.1	0.1
	其他	16 782.0	11.7	15 684.9	8.2	9 649.8	4.1	1 256.7	1.0
	小计	41 465.8	29.0	38 160.7	20.1	23 757.6	10.1	4 648.6	3.6
亚洲	日本	1 675.5	1.2	3 987.9	2.1	1 975.1	0.8	47.8	0.0
	以色列	475.2	0.3	477.1	0.3	441.2	0.2	140.3	0.1
	其他	1 629.2	1.1	1 188.7	0.6	2 593.7	1.1	213.8	0.2
	小计	3 779.9	2.6	5 653.7	3.0	5 010.0	2.1	401.9	0.3
其他地区		7 660.3	5.4	8 166.3	4.3	2 948.6	1.3	692.8	0.6
总计		142 885.4	100.0	189 810.9	100.0	234 654.3	100.0	127 752.7	100.0

资料来源:子不语招股书。

三、业务运营分析

(一) 数字赋能业务模式(图 2)

子不语通过数字赋能业务管理,凭借数据驱动产品的设计,数字化管理整合供应链和丰富的供应商资源,以具有竞争力的价格为全球客户提供时尚服饰鞋履产品。子不语的业务模式体现为:

数据驱动设计:子不语为把握市场增长趋势,将相关时尚元素融入新产品的设计,对不同平台上的销售数据及消费者偏好数据进行深入研究和分析。通过智能选品和设计辅助系统实现快速设计,最短 7 天内可以完成设计及试生产,并在 15 天内交付令客户满意的产品。

数字化供应链管理:子不语构建了全数字化供应链体系,协同各类供应商,从销售计划到备货计划、从库存中心到物流配送、从上游采购到下游履约等核心业务都实现了数据驱动和高度的自动化流转。可实时分析销售及库存变动,优化库存管理水平,力求做到高效率、低风险。

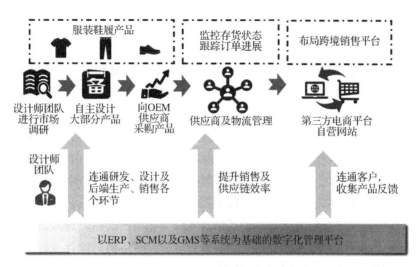

图 2　子不语的业务模式

(资料来源：子不语官网，2023 年 10 月 6 日)

全渠道电商销售渠道：子不语专注于自主设计的时尚服饰鞋履产品的全渠道电商销售模式，在第三方平台及自营网站的销售运营上，通过自主研发的数字化运营系统实现了一站式商品刊登、测款、精准投放、库存调拨和智能客服，在提升运营效率的同时最大限度提升客户的满意度。

(二) 业务流程分析

具体来看，子不语的业务流程包括商品企划、设计、供应链管理、销售及营销、交付、售后服务等环节(图 3)。

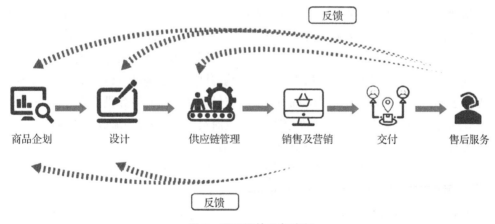

图 3　子不语的业务流程

(资料来源：子不语官网，2023 年 10 月 6 日)

想要快速推出紧跟潮流的产品并迅速扩大市场，有效对产品进行设计及营销，商品企划是关键。子不语的产品规划部门包括设计师总监、运营总监以及供应链总监。商品企划包括新产品的规划与开发及热销产品的培育。子不语一般在新一季来临前确定当季主要产品、产品产量、主要产品款式和规格、产品上市时间,同时对热销产品进行培育,分析市场表现以及确保产品供应。通过跟踪市场变化和时尚潮流,确保子不语能有效应对市场需求。

子不语在多年运营中积累了包含消费者偏好、产品款式、面辅料、数字图案和时尚元素等数据,并据此建立了设计数据库。截至2022年6月30日,数据库包括6.3万款服饰版型、6.0万款面辅料样板。数据库的建立有效提高了子不语以数据为导向的设计能力,并有利于公司通过大数据分析来针对当季流行趋势和消费者偏好进行创新。子不语重视团队建设,设计师人数持续增加,截至2022年6月30日,子不语拥有344名设计师,其中:具有3年以上经验的设计师有103名,占总设计师数量的29.9%;具有丰富的数字运营经验和坚实的行业背景的设计师有107名,总设计师数量的占31.1%。这更有利于设计师精准定位用户需求,紧跟市场潮流打造畅销产品。子不语建有较为规范的产品设计及培训模式,从而进一步提升设计师的设计能力,提高公司的产品开发能力。子不语的设计流程包括市场研究、初样生产、试生产及市场接受程度测试、数据反馈及产品改进、大批量生产、持续丰富SKU(最小存货单位)设计等六个环节。具体设计过程中,公司将数据分析与市场洞察、产品设计相结合,从而较好地迎合消费者偏好和最新的流行趋势。数据导向大大提升了子不语的设计能力,2022年上半年子不语设计开发的新品数量超过9 000款,热销产品销售额占2022年上半年总销售额的79%。

在供应链管理中应用大数据分析,涵盖原材料采购、物流、交付给第三方物流及客户。子不语开发了ERP(企业资源计划)系统、SCM(供应链管理)系统,将采购订单、生产、运输和包装、物流跟踪及存货等环节联系起来,实现了供应链管理数字化。ERP系统用于跟踪产品入库及出库情况,系统收到订单后立即自动查看存货状态,从而保持最佳存货水平。SCM系统从在线下单开始跟踪每个步骤,包括采购定制服装款式、面辅料、监控生产过程及验收货物,收集大量相关数据及有关供货商表现的数据。ERP系统生成的订单同步到SCM系统供供应商查询,供应商终端的生产过程中的订单状态也会同步回ERP系统以便跟进。子不语的供应商主要包括第三方OEM供应商和物流服务供应商,大部分供应商位于中国。2022年上半年,子不语向238名OEM供应商采购,其中37家为独家供应商,独家供应商有利于保障子不语的产品快速响应市场需求,及时交付产品。物流服务供应商方面,截至2022年6月30日,子不语拥有62家国内物流服务供应商及19家海外物流服务供应商。

销售及营销方面,如前所述,子不语主要通过第三方电商平台和自营网站将产品售予全球超过80%的国家和地区的消费者。在营销推广方面,主要通过社交媒体、电商平台投放广告和引流,并定期提供产品特价优惠及促销折扣。

子不语主要采用两类交付安排。一类是使用合作的第三方平台提供的物流服务,子不语大量产品是通过Amazon平台销售,使用FBA(亚马逊物流)服务,将产品通过物流服务商从国内仓库运输至海外Amazon仓库,并存储在Amazon仓库中,客户下订单后再由Amazon根据订单将产品运送给客户。另一类是由第三方物流服务商提供送货服务,第三方运输公司按订单从国内仓库直接向客户发货。

对于包括产品退换等电商平台消费者关注的系列售后政策,子不语有具体的措施及要求,以提供全面的售后服务。子不语借助数字化系统提高售后服务的速度和效率,使用关键词搜索及监督来收集客户反馈信息。针对第三方电商平台的客户服务,提供服务的途径主要有两种:一是由第三方电商平台自有客服提供服务并响应客户的投诉要求;二是在第三方电商平台运营的店铺由自有客服提供服务,主要是对平台无法解决的服务需求和投诉进行跟进处理。自营网站则设立独立的客服部门,全天候回复客户咨询及处理投诉。

四、业务特色与竞争力提升

子不语拥有较强的数字化能力,凭借多品牌爆款产品、全流程供应链以及成熟的运营能力等优势,成功把握住市场机遇,成为中国跨境电商鞋服出口行业的知名公司。

(一) 业务特色分析

1. 持续打造爆款产品,提升多品牌孵化能力

子不语根据其"引领服饰鞋履产品快时尚"的定位,精准把握时尚趋势,以微创新基本款为主,持续打造爆款产品,提升多品牌孵化能力。坚持数据导向驱动,凭借数据收集和分析能力,充分研究市场和销售,准确把握消费者需求;基于多年运营累积的产品数据建成设计数据库,助力产品的自主设计与创新,为持续打造爆款产品、每年设计新款产品万款以上、迭代快速推新奠定了基础;拥有成熟的设计团队,与销售团队联系密切,设计师参与销售流程,及时获取有助于完善设计的数据,提高市场反应的敏感度,洞悉消费者瞬息万变的需求,高效地丰富产品设计;通过持续的精准广告投入与爆款设计优化,极大延长了爆款产品的盈利周期;坚持多品牌运营,持续孵化热销品牌,发挥丰富款式和高性价比产品的优势。

2. 数字赋能供应链,快速响应市场需求

子不语实现了数字化赋能供应链,采取全流程供应链管理,除了 ERP 系统和 SCM 系统,还包括 GMS(商品管理系统)、仓储系统以及电邮管理系统,构建了柔性供应链,有助于快速响应市场需求,提高库存管理和运输效率。首次下单产量可以从几十件到上千件不等,产品从设计到试生产只需 7 天,最短 15 天内可交付,最快速度推新上市。同时与供应商建立深度长久稳定的合作关系,依就近原则建立的供应链网络能快速响应订单需求。通过高效整合供应链,持续优化"新款小单快返"和"爆品大规模生产降低成本"模式,使得快时尚产品迅速进入和获得市场。

3. 深耕细作,提高运营能力

子不语从全渠道销售平台开拓市场,并以第三方电商平台作为核心销售渠道,凭借多年深耕国内外电商平台积累的运营经验及对电商生态系统的深刻理解,在选品、营销和发布热销产品等方面确立了优势。随着成功由 Wish 转向 Amazon 平台,管理团队敏锐捕捉不同平台的机会,充分利用转换为 Amazon 平台带来的稳定流量输入和客群消费能力,迅速调整销售体系和转换供应链体系,成为中国电商在 Amazon 同类产品的头部卖家。子不语在电商平台的深耕细作进一步提高了其运营能力,它深谙流量运营特点,在 Amazon 通过爆款产品

的打造建立了先发流量壁垒,确保其热销产品生命周期在4年以上;在知名社交媒体平台投放广告推广自营网站,在电商平台投放广告和发布特价促销折扣信息等吸引流量,锁定潜在客户,运营能力不断提高。

(二) 竞争力提升分析

1. 增强品牌影响力

子不语拥有数百个品牌,且有近百个年销售额超过千万元的爆款品牌,但单一品牌销售额总体偏小,这固然与服饰鞋履产品长尾属性强、品牌集中地的品类特征有关。但相比于同类国内卖家旗下已有多个销售额过亿元的品牌,或拥有10个左右主打品牌,子不语现有的品牌过多且主力品牌不突出,这导致其对每个品牌的营销和运营力度有所降低,缺少突出单一品牌也导致其品牌影响力有所削弱。虽然目前主要平台Amazon的流量分配逻辑是基于SKU而非品牌,这意味着基础款更受北美市场消费者的青睐,但随着子不语的进一步发展,提升品牌影响力,增大对主打品牌的投入,形成单一品牌规模效应和客户黏性,将极大促进子不语海外竞争力的增强。此外,还应对目标客户进行进一步细分,以满足不同的消费需求,着力推动品牌升级,建立品牌矩阵;对主要目标市场加强本土化运营,通过品牌差异化和本地化塑造,提升品牌影响力。

2. 销售和市场多元化

子不语面临着市场和销售渠道集中度过高的问题。依托于Amazon强大的影响力和完备的配套服务,子不语整体以Amazon为主要销售渠道,以其主导的北美地区作为核心销售市场,2022年上半年,子不语在Amazon平台的销售额占其销售总额的九成以上。这与其主要第三方平台由Wish转向Amazon有关。2020年,子不语在Wish上的销售额高于Amazon,但由于Wish平台爆雷,包括子不语在内的诸多中国卖家转向体量更大、体系更完善的Amazon平台。但这同样使子不语面临着一系列风险,如服务费更高、竞争更激烈带来的营销费用投入持续增加等。因此,子不语在巩固原先优势地位的同时,还需加强独立站的建设,提高产品复购率和培育忠实消费群体。同时,通过拓展更多的第三方平台来拓展欧洲市场,拓宽业务覆盖范围,从而降低对北美市场的依赖。还应持续推进销售和市场多元化,从而进一步提高在海外市场的竞争力。

3. 深化供应链管理

子不语在2019年、2020年、2021年、2021年1—6月,存货周转天数分别为175天、177天、304天、442天,远高于中国同类卖家。子不语从设计到生产可以在7天内完成,产品制造受益于中国纺织服装产业链的红利,其存货过高则与自身备货能力有待提升有关。子不语目前主要依靠的是FBA模式,这有利于快速完成客户订单,但存在较大的库存压力。产品热销需快速补货,快时尚产品又易面临过季问题,子不语的"小单快返"下单数量难以确定,对供应链把控不精准,加之退货率上升,容易导致库存积压。针对FBA库存压力,子不语通过建立中转仓,将未能达到销售预期的库存产品分散到中转仓以减轻压力。子不语应进一步数字化赋能产品设计、生产制造、物流运输等环节管理,差异化、动态化资源分配与储备,持续整合供应链,加强供应链的柔性,提高运营效率。同时,应根据业务经营情况适时调整海外仓储、物流方式,减少对 FBA 模式的依赖,还可寻求机遇布局海外供应链,通过一系列措施深化供应链管理,持续提升国际竞争力。

◇ 案例小结:中国视角

为支持跨境电子商务等外贸新业态新模式的发展,从国家层面到地方层面,各项跨境电商相关政策密集出台,并在各个环节不断完善配套措施以促进跨境电商行业的发展。多年发展累积的产业工业基础和制造能力,基于完整的服饰鞋履生产体系确立的规模经济,使得中国服饰鞋履出口国际市场具有明显的成本优势,为包括子不语在内的众多中国服饰鞋履企业通过跨境电商方式出海奠定了坚实的基础。第一,长三角、粤港澳大湾区等地区的服饰鞋履产业集群提高了中国卖家的国际竞争力,有利于具有一定规模、出货量稳定的卖家建立先发优势,与产业带工厂建立长久合作关系,以国内稳定的产品供应为前提,确立中国卖家参与国际竞争的"先天"优势。第二,包括子不语在内的服饰鞋履卖家柔性供应链的建立与实践,有助于中国服饰鞋履产业供应链数字化水平的提升。柔性供应链将众多供应商联系起来,提高各环节的生产效率和信息化水平,为传统服装产业数字化发展注入新动能,促进时尚产业可持续发展。从得益于中国服饰鞋履产业发展红利到促进产业升级,中国卖家的出海竞争进一步助力国内相关产业的发展。第三,子不语等中国诸多鞋服卖家孵化创建了诸多新品牌,这一方面得益于众多新兴电商平台的快速崛起和迭代,另一方面也是中国企业在品牌建设方面持续修炼内功、充分把握产品内涵树立潮流时尚特性、加快品牌孵化推广的结果,为消费品领域内中国制造品牌的建设提振了信心,也有助于中国企业获得品牌红利,提升产业附加值。第四,相比其他制造业,服饰鞋履等时尚产品部门的特殊之处在于,即便国内拥有完善的供应链、高效的制造能力,国际服装潮流多受欧美影响,中国制造难以形成自身的风格和品牌特征。近年来,包括子不语在内的服饰鞋履卖家带动了大量中国品牌的产品出口,实现了产品输出到品牌输出,进而推动价值输出,这为传统产业由中国制造到中国创造提供了借鉴。

◇ 思考题

1. 请根据最近 3 年子不语的经营数据,分析其变动趋势。
2. 请以子不语旗下某一品牌为研究对象,分析其在 Amazon 平台的运营。
3. 请深度分析子不语的供应链管理。
4. 请选择 SHEIN(希音)或某一同类企业作为比较对象,分析其与子不语海外运营的异同以及给你带来的启示。
5. 请结合本案例,探讨子不语从"产品输出"到"品牌输出"的变化。

◇ 参考资料

[1] 子不语集团有限公司官网。

[2] 子不语集团有限公司招股说明书。
[3] 浙江新闻客户端,王逸群、郭帅、费彪:《"子不语"上市 跨境鞋服第一股的背后是什么?》。
[4] 雪球,金珊:《与SHEIN争夺"中国版ZARA",子不语值得投资吗?》。
[5] 腾讯网,白鲸跨境:《IPO成功的子不语,能否摆脱亚马逊"寄生症"》。
[6] 腾讯网,IPO早知道:《子不语集团招股进行中,多家知名机构为基石:将成跨境鞋服第一股》。
[7] 腾讯网,广东省网商协会:《跨境鞋服第一股——复盘子不语的成长路径》。
[8] 雨果跨境官网。
[9] 网经社官网。

案例4　安克创新：弘扬中国智造之美

一、引言

2020年10月，苹果公司（Apple）CEO库克在iPhone12新品发布会上公开宣布：为了环保，将取消以往随手机附赠的标配充电器和有线耳机，并将同步推出了一款售价329元人民币起步的无线快充MagSafe供用户选择。

苹果公司此番动作带来了示范效应，其他手机厂商纷纷效仿。同年12月，小米公司便在手机发布会上同时推出价格相同的标配快充和非标配快充两个版本的充电器。

手机厂商嗅到新商机，以苹果公司此次取消标配充电器为引子，开始布局充电器市场，以期获取高额利润。在跨境电商平台Amazon上"赫赫有名"的品牌——安克创新一举出圈，同时也成为国内数码充电领域除官配外的主要选择之一。

"国外高调"的安克创新，走入更多国人的视野（图1）。

图1　安克创新官网（部分）

（资料来源：安克创新官网，2023年10月）

二、安克创新发展历程（表1）

安克创新科技股份有限公司（简称"安克创新"），由曾任Google（谷歌）高级软件工程师的阳萌创立于2011年，是国内营收规模最大的全球化消费电子品牌企业之一。安克创新致力于在全球市场塑造中国消费电子品牌,通过不断创新,将富有科技魅力的领先产品带向全球消费者,弘扬中国智造之美。安克创新通过自主研发、产品设计、品牌打造、渠道销售等方式塑造享誉全球的智能硬件品牌,目前已经成功打造 Anker、Soundcore、eufy、Nebula 等全球化品牌,主要覆盖充电类、智能创新类、无线音频类等多个产品品类。在 AIoT、智能家居、智能声学、智能安防等领域均有出色表现,拥有全球 100 多个国家与地区的超 1 亿用户。安克创新简要发展史见表1。

表1 安克创新科技股份有限公司发展史

年份	发展历程
2011年	Anker 品牌在美国加州注册,并成为全球注册品牌;通过 Amazon 进入美国、英国、德国、法国、意大利等欧美市场
2012年	集团深圳研发中心(PDC)成立;获 Amazon 颁发的"2012 年度假日销量冠军"
2013年	首创 PowerIQ™ 技术,引领行业走向技术升级的新里程碑
2014年	Anker 多款产品在 Amazon 北美、欧洲、日本等市场获移动电源品类 Best seller(畅销品)
2015年	获 Amazon 颁发的"杰出中国制造奖";国内京东旗舰店、天猫旗舰店上线,正式布局国内市场
2016年	入驻全球家用电器和电子产品零售集团 Best Buy(百思买)和 Walmart(沃尔玛)
2017年	位列"BrandZ™ 中国出海品牌 30 强"第 8;成为 Google Assistant(谷歌智能助理)在全球范围内挑选的首批 10 个合作伙伴之一;入围美国权威电商研究机构 InternetRetailer(互联网零售商)评选的"年度全球电商奖"
2018年	获 Amazon Global Selling(亚马逊全球开店)年度卖家大奖;位列"BrandZ™ 中国出海品牌 50 强"第 7,并获"成长最快消费电子品牌"奖
2019年	入选"2019 福布斯中国 AIoT 百强企业(前 10 名)";位列"BrandZ™ 中国出海品牌 50 强"第 10,并连续 3 年入选 TOP10(前 10 名);5 款产品成功登陆 Apple 官方商店
2020年	位列"2020BrandZ™ 中国全球化品牌 50 强"第 11;在天猫、京东的第三方充电器品类份额榜单中排名第一

数据来源:安克创新官网。

三、做消费者需要的产品

(一)"听见用户的声音"

"从用户需求出发"是安克创新的重要经营理念。找到消费者的真实需求(现有需求或潜在需求)就是探寻到新的市场机会,安克创新之所以可以超越竞争品牌,成功打造热门的产品,离不开其快速响应市场和迭代产品的竞争优势。安克创新紧跟行业趋势,站在竞争对手的肩膀上,从 Amazon 的"客户评论"中洞察消费者需求。

安克创新拥有一套覆盖全球消费者的 VoC(消费者之声)系统,以支持产品研发和品牌建设,该系统不仅能够迅速响应市场,也成为把关产品标准化质量的数据来源。安科创新首席营销官全球品牌和营销主管陈亚蕾告诉《现代广告》:"我们公司从开业第一天就特别重视消费者的声音,同时结合亚马逊平台中的大量真实存在的用户反馈,进行品牌提升。通过亚马逊的 review(评论)工具,我们建立了 VoC 系统,从亚马逊上大量抓取自己产品和相关竞品的 review，并从中看出我们产品的优劣势，以及捕捉消费者的痛点，不断根据消费者的声音改进我们的产品。"

安克创新创立之初，客户反馈便是宝贵的洞察消费者的资源，使用最为"原始"的 Excel 表格形式人工分类统计和打标签，比如外表美观度、使用便利性、性价比高低等，通过分析哪种类型的标签多，哪种类型的标签影响程度大，分轻重缓急来分步骤解决各类问题，以推动产品不断更新迭代。随着跨国经营地区的增加和产品业务线的扩张，Excel 已无法满足庞大的用户反馈数据分析工作需求，进而建立了智能赋能系统。

智能赋能系统在多领域已得到广泛应用，安克创新的智能赋能系统主要包括全渠道 VoC 和 AI 技术两部分。VoC 是基于消费者洞察，赋能运营、供应链、产品设计、品牌战略、渠道营销等所有价值链环节，全渠道 VoC 数据包括 Amazon 评论、用户反馈、问答、社交媒体更新、热点电话反馈等，从中提取消费者关心的关键问题；AI 语义分析是对搜集到的数据进行语义标注分类，给用户打上标签，还原真实用户使用场景，洞察消费者需求。

(二) 采用"浅海战略"布局产品线

不是所有的产品都适合跨境电商，特别是在"速生速死"的消费电子领域，只有深入研究国内外市场消费者的需求，把握跨境电商选品的核心要求——用户需求、商品品质、适应跨境电商物流运输特性，才能突出特色竞争优势。安克创新成功兵法之一，便是"浅海战略"。(图2)

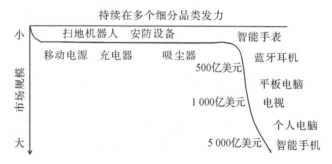

图 2　浅海战略示意图

(资料来源：安克创新官网)

所谓浅海战略，首先，在选择产品品类时，该品类要处于"浅海"位置，选择有适当市场需求、市场规模的品类，差异化切入市场；其次，该品类具有一定创新空间，处于产品生命周期的萌芽期或成长期，产品还有持续发展的势头。该打法曾助力安克创新成功崛起，打造出一个又一个爆品。同时，安克创新利用高效率的自主供应链，快速实现"洞察—试样—生产—销售—优化"的全链路通道，不断推陈出新，跑赢市场。

安克创新最开始销售的产品是笔记本和手机的替换电池，当时老一代的手机和笔记本中的电池大多是可分离的，消费者常需要备用电池。近年来，手机厂商逐渐取消随手机原装配送的充电器，安克创新又找到新的市场发力点，按照高标准生产第三方充电配件。例如，适配苹果手机的安克充电器采用苹果同厂芯片，避免手机充电时出现"不适配"的弹窗。除此以外，安克创新以数码 3C(计算机、通信和消费电子产品)配件为突破口，在海外展开市场扩张,其移动电源、充电器、充电线成为海外爆款产品。

安克创新深耕消费电子领域,在发展数码3C配件优势产品线的同时,扩大其产品业务线,品类延伸到智能家居、智能车联网、智能投影等多个品类,"遍地开花",持续在多个细分品类发力。

(三)利用大数据挖掘潜力爆款

浅海战略的重要前提之一,便是主动发现"被需要的产品",并主动创造满足客户潜在需求的产品,当发现了一个别人还不知道且被潜在需要的品类时,就等于找到了一个商业机会,当制造出能够迎合需求的产品时,就意味着把握住了销售主动权。

"让数据说话"。进入大数据时代,数据分析对行业发展的重要性不言而喻,应充分利用大数据分析,敏锐、快速并准确识别用户需求、优化用户体验,用客观数据呈现的结果推动商业决策,寻找最优解。从市场大盘、品牌/产品流量与销量、客户反馈三个核心指标出发,通过对各层级品类(不局限在大类,也需要考虑二、三级类目产品)的数据分析,挖掘出具有潜力的产品,实现产品不断地有效迭代。

各个国家的文化差异明显,导致选品容易出现不符合当地特色和消费需求的情况,因此需要借助大数据平台与工具开展分析工作。产品选择可通过对不同站点的站内和站外数据的分析,找到行业热门类别和流行的产品。首先,需要了解市场大盘中类目的情况,从类目数据对比中找出该类目适合的国别/区域市场;其次,分析该市场中细分二级甚至三级类目的营销类数据,选择数据表现更好或者发展潜力大的蓝海细分市场,由此来确定切入的大方向;最后,根据选择好的类目再进行产品选择,通过流量、销量来找到有优势的货品。

同时,大数据选品也被运用在产品迭代优化流程中,根据VoC系统反馈的数据,不断升级原有产品,创造全新品,精准定位新兴市场的产品品类。

大数据分析将消费者的问题转换成能够定义产品质量的标准,例如"拉车线"的创作(图3),许多手机厂商生产的原装充电线被反映易出现折断的现象,就被转换成生产充电线的标准。使用尼龙材质包裹,使得线材更柔软,随意折叠,便于收纳,并且通过了3万余次弯折测试,是能够充当拉车线的充电线。

围绕"数据驱动"。不管是独立站还是其他电商平台,数据分析都是其选品成功的重要条件之一,通过数据挖掘和分析,可以较大地减少试错的成本,选品更有依据,每一步操作都更有说服力与可溯源性。利用大数据紧跟行业需求,高效解决消费电子产品领域的消费者痛点,促进产品升级。与此同时,在企业内部打造大数据运营平台,带动各部门将各终端数据整合至中心部门,形成小型区域内的数据分析集群。

(四)"树干—果子"差异定位产品

一颗种子种植下去,进而茁壮成长,开花结果,是大自然的规律。安克创新的产品培养理念也有异曲同工之妙。针对公司成百上千的SKU进行定位,例如,将主营品类中的充电类、无线音频类列为"树干类产品",以专业优质的产品形象为品牌形象奠基;而将智能硬件类列为"果子类产品",利用差异化定位,进而跻身蓝海市场。除此以外,每个品牌都有一个

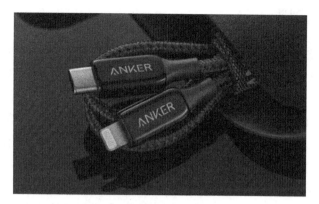

图 3 安克创新"拉车线"

甚至几个"排头兵"能够"冲锋陷阵",钉住细分领域类的销售排行 TOP 榜单,成为树干类产品,后续的新品紧随其后,进而结出一个个"果子"。浅海战略加上"树干"产品带动特色"果子"产品,成为目标细分行业里的领导品牌(图4)。

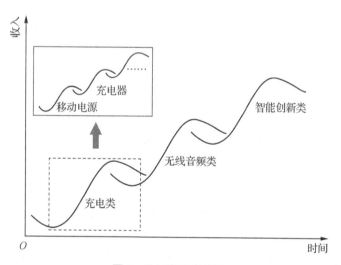

图 4 公司多品类战略

(数据来源:安克创新公司公告)

在前期树干类产品的根基上,安克创新持续探索新的产品品类。其中智能创新类中,2022 年 4 月,公司在海外推出全新消费级 3D 打印设备品牌 AnkerMake,首款桌面级产品 M5 主打智能高速打印功能,通过技术创新大幅提高 3D 打印速度,提升 3D 打印效率。AnkerMake M5 在海外众筹平台 Kickstarter 上众筹金额达到 888 万美元,登顶该平台 3D 打印机历史第一,产品已于 2022 年下半年正式推向市场①。

---

① 腾讯网,南极熊 3D 打印网:《2022 上半年收入 58 亿元,3D 打印机成安克创新亮点产品》。

四、关注长期价值创造

安克创新创立之初主营业务主要为"贴牌销售",跟大多数跨境电商在创立之初一样,通过在跨境电商平台上筛选出有潜力的细分品类的产品,对接国内供应链进行生产,使用"Anker"品牌远销海外。虽然这种销售模式让安克创新捞到了第一桶金,并逐渐打开了海外市场,但创始人阳萌意识到贴牌销售模式非长久之计,也非创业初衷。阳萌认为:"套利行为注定是不长久的,信息差早晚会被抹平,我们要做的是创造品牌价值、创造溢价,而真正要做好品牌,最重要的就是自己做研发,做用户真正需要的产品。"

有抽样调查显示,中国民营企业平均寿命仅 3.7 年,中小企业平均寿命更是只有 2.5 年。在当时的跨境电商企业仍然沉醉于贴牌红利时,安克创新的管理层深谙其中潜藏的危机,缺少高质量的品牌和技术的短暂繁荣是一种泡沫,无法给企业长期立于不败之地提供保障,而只有通过实现企业自主转型升级,摆脱传统低附加值的销售闭环,摆脱"制造"走向"智造",主动从内部求变,突破发展瓶颈,方能行稳致远。

(一)注重企业合规管理

跨境电商行业政策体系、贸易体量、商家规模日益扩大和完善,从初期的少规则阶段逐步走向成熟,国家有针对性地制定政策开展新业态的合规管理,跨境电商平台框定更为严格的经营细则,商家合规意识觉醒,推动着跨境电商企业合规管理的前进步伐。

受 2020 年初的疫情影响,全球供应链状态不佳,中国的跨境电商企业在国内政府政策的引导和良好的供应链支持下,全年进出口额不降反升。据海关初步统计,2020 年我国跨境电商进出口 1.69 万亿元,增长 31.1%;其中,出口 1.12 万亿元,增长 40.1%,进口 0.57 万亿元,增长 16.5%。

"亚马逊三杰"(一般指安克创新、泽宝、帕拓逊)就是这波增长红利的受益者,自中国卖家数量持续暴涨,交易需求爆发式增长之后,亚马逊对商家管理难度也较此前大幅提升。为此,亚马逊只能不断收紧监管政策。但经历了亚马逊大半年的整治潮以后,"三杰"中只剩安克创新依旧正常经营,并且保持收入、利润持续高增的趋势,这远超市场预期。

在这一轮涉及五万多个中国卖家、至少千亿元损失的平台合规治理之下,多家跨境电商企业受到波及。其他大卖家如傲基、有棵树和通拓等也受到严重影响,店铺关闭、产品下架。亚马逊封店主要是因为它们刷单、刷评论。一些卖家雇佣海外刷单公司冒充真人刷好评,另一些卖家则是在快递箱子里附送礼物卡,希望买家对产品给予好评。这些都被亚马逊认定为破坏平台规则的行为[①]。

安克创新之所以能在平台严管的背景下未受过多波及,是因为其合规管理的执行更彻底,对平台规则的理解更深入。

值得一提的是,安克创新在企业组织内部也注重合规文化、合规信息系统、合规考核、合

---

① 晚点 LatePost:《亚马逊合规整治潮之下,为什么只有安克创新的收入和利润还在涨?》。

规问责的流程化建设。安克创新定期开展部门自查、他部门抽检、中心验收及等级评定,并将结果纳入当期的组织绩效考核,优则奖,劣则罚。对员工违反内控行为的追责,不局限于本人,按照违规等级,可能追究其上级与所在组织的对应责任,从而从根本上培养严格内控文化,人人的绩效都与他人的合规行为挂钩。

(二)加大研发创新投入

阳萌曾说:"我发自内心地希望把一些可持久的、漂亮的东西展示在世界面前,而不是一些1美元买的三个月之后就坏了的东西。"因此,在成立的第二年,安克创新就成立了自己的研发办公室,着手于自己全流程化做产品,提升产品的研发和"落地"能力。

安克创新高度重视研发能力提升、技术创新与科技进步,根据大数据洞察产品的市场需求,持续投入研发,深入解决消费者痛点,不断提升和丰富自身技术创新能力。2019年、2020年和2021年,公司全年研发投入分别达3.94亿元、5.67亿元和7.78亿元,占总营业收入的比例分别为5.92%、6.07%和6.19%,连续三年处于上升趋势,持续的高研发投入已成为公司产品保持市场竞争力的重要因素之一(图5)。

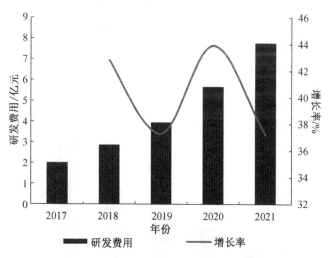

图5 2017—2021年安克创新研发费用及同比情况

(数据来源:安克创新公司公告)

得益于持续研发投入的反哺作用,安克创新逐步在各细分领域形成明显的产品技术优势,如在20W的充电器中运用GaN(氮化镓)半导体材料,提高充电效率的同时降低产品体积,增加了产品的新卖点,"同样的充电速度,便于携带的体积"打动了需要经常携带充电设备出差的白领人群等。安克创新的氮化镓超能充第三代产品,在同等功率下充电器体积减小49%以上。此外安克创新还拥有充电自适应技术、智能功率分配节能技术、高效便携小体积技术、过流自恢复技术、同轴圈铁声学技术(ACAA)、无线便携音箱低音增强技术、无线耳机LDS(激光直接成型)天线技术、特殊防汗涂层技术、智能感应技术、基于车载场景的智能语音识别技术等多项核心技术①。2021年公司积极探索产学研合作模式,与清华大学智能产业研究院旗下的智慧物联AI+IoT团队开展合作,赋能产业数字化转型升级,孵化新兴智能产业。

截至2021年12月31日,公司在全球范围内已取得64件发明专利、298件实用新型专利和459件外观专利授权,并有多项专利正在申请中。未来,公司将持续加大研发方面的投入,巩固并提升技术研发优势②。

(三) 打造高素质人才队伍

在氛围上、制度上重视人才,是企业发展的重要基石。2020年以来,安克创新重点提升内部人才队伍建设,打造学习型组织,提升团队和个人"作战能力",加强应对外部环境的硬实力。

针对社招和校招采用有针对性的选拔培育制度,根据人才个人特质,安排不同的岗位,并通过企业内部招聘形式,实现具备一定灵活程度的岗位调转。基于高标准高要求的人才选用机制,安克创新逐渐建立了一支国际化的高素质人才团队,更能够胜任各项工作。

针对公司的产品研发团队,安克创新设立了以产品线总经理为核心的业务单元,进一步提升了灵活作战能力,有助于抢占市场先机。截至2021年12月31日,公司共有员工3 532名,其中研发人员1 605名,占总人数的45.44%(图6)。而对于各职能部门,公司实施"平台化"运作,推行每个部门专注业务、重点培养人才,并为每个部门派驻人力资源、数据分析、流程管理和战略分析等职能角色,为业务提供保障③。

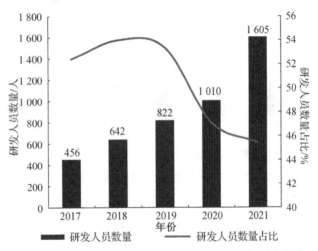

注:2021年研发人员数量占比下降主要因为销售人员数量大幅提升。

图6　2017—2021年安克创新研发人员数量及占比

(数据来源:安克创新公司公告)

---

① 充电头网:《安克创新2021年财报十大亮点解读!》。
② 证券之星:《国元证券:给予安克创新买入评级》。
③ 雨果跨境,跨境大佬二三事:《半年营收58.87亿元,安克创新新动力:独立站、中东市场和便携储能设备》。

五、"成绩可观"的经营业绩

(一) 整体收入情况(图7、图8)

2017—2021年安克创新营收CAGR(复合年均增长率)为34%,归母净利润CAGR为32.2%,保持平稳快速增长势态。其中2021年由于原材料价格及海运费用上涨等因素,毛、净利率分别为35.7%、8.1%,分别同比下降3.5、1.4百分点,但对比其他跨境电商公司经营大幅亏损,公司依旧彰显出品牌韧性。2021年公司实现营业总收入125.74亿元,与上年同期相比增长34.45%;实现归属于上市公司股东的净利润9.82亿元,同比增长14.70%。

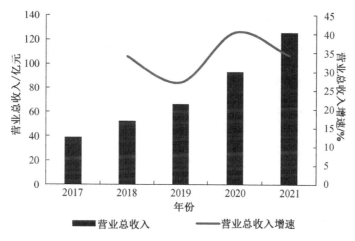

图7　2017—2021年营业收入及增速

(数据来源:安克创新公司公告)

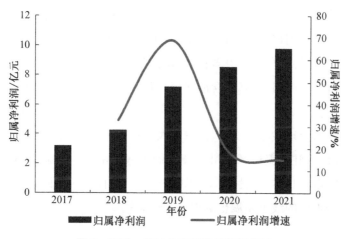

图8　2017—2021年归属净利润及增速

(数据来源:安克创新公司公告)

(二) 分地区收入情况(表2)

安克创新持续拓展海内外市场,深入当地本土市场建设销售渠道。在不断巩固北美、欧洲、日本等成熟市场的同时,公司持续加大在中国、澳大利亚、东南亚、南美等重要新兴市场的布局,加强渠道和品牌本土化建设。2021年,公司在欧洲、中国(不含港澳台地区)、澳大利亚等国家和地区收入增速均超过30%[①]。

表2 2020—2021年分地区收入情况

地区	2021年		2020年		收入增速/%
	收入/万元	占比/%	收入/万元	占比/%	
北美	634 081.80	50.43	501 928.98	53.67	26.33
欧洲	254 237.15	20.22	182 327.25	19.49	39.44
日本	173 199.08	13.77	137 269.78	14.68	26.17
中东	56 136.78	4.46	43 699.29	4.67	28.46
中国(不含港澳台地区)	41 957.28	3.34	14 248.59	1.52	194.47
其他	97 808.24	7.78	55 789.04	5.97	75.32
合计	1 257 420.33	100.00	935 262.93	100.00	34.45

数据来源:安克创新2021年年度报告。

(三) 分渠道收入情况(表3)

安克创新逐渐形成"线上+线下"全渠道销售格局,继续实施渠道拓展计划,完善多渠道、多层次的销售体系,向全球消费者销售自有品牌的消费电子类产品。

线上,公司基于线上销售平台的精细化管理和运营,持续扩大现有市场的销售份额,并依托Amazon等线上销售平台进驻更多新兴市场,在此基础上深化了与AliExpress、eBay等知名电商平台的合作;在中国大陆(不含港澳台)市场主要通过天猫、京东等平台进行线上销售,并取得一定突破。

线下,公司主要与全球性零售卖场、区域性大型零售卖场、独立3C商店和专业渠道卖家等渠道合作。目前已入驻北美地区Walmart、Best Buy、Target(塔吉特)、Costco(开市客)等全球知名连锁商超,以及日本零售巨头7-Eleven(7-11)便利店集团,在欧洲、澳大利亚、东南亚、南美等国家和地区的线下拓展也取得一定进展[②]。

---

① 前瞻产业研究院:《干货!2022年中国跨境电商行业龙头企业分析——安克创新:用中国智造敲开国际市场大门》。
② 亿恩网:《牛!Anker年营收125亿(元),研发费用近8亿(元)》。

表 3　2020—2021 年分渠道收入情况

销售渠道	销售模式	平台名称	2021年 收入/万元	2021年 占总营业收入的比例/%	2020年 收入/万元	2020年 占总营业收入的比例/%	2021年 收入同比变动/%
线上	第三方平台	Amazon	687 327.56	54.66	577 411.04	61.74	19.04
		其他	73 270.10	5.83	38 068.86	4.07	92.47
	自有平台	独立站	39 378.97	3.13	21 451.76	2.29	83.57
	线上收入小计		799 976.63	63.62	636 931.66	68.10	25.60
线下	线下收入小计		457 443.70	36.38	298 331.27	31.90	53.33
合计			1 257 420.33	100.00	935 262.93	100.00	34.45

数据来源：安克创新 2021 年年度报告。

通过了解"以用户为中心"的安克创新发展历史，可以从多维度学习有长期价值观念的企业成长的全过程。从做消费者需要的产品，到进行用户深度调研、浅海战略的布局、大数据探寻爆品以及产品的差异化定位，安克创新保持始终如一的高价值产品理念；从企业合规管理、研发创新投入，到高素质学习型组织的搭建，安克创新贯彻长期价值管理理念，回归企业长远发展本质，厚积薄发。

2020 年以来，全球疫情冲击经济市场，国际保护主义势力抬头，跨国运力紧张，安克创新在市场行情并非利好的背景下，保持着持续增长，多品类产品"遍地开花"，不断迭代产品，给企业带来源源不断的生机。

◇ **案例小结：中国视角**

随着经济全球化不断深入发展，全球范围内跨境电商发展迅猛，成为数字贸易发展的新突破口。根据我国商务部 2022 年公开发布的数据，我国跨境电商行业 2017—2021 年增长近 10 倍，2021 年继续保持两位数增长。根据海关统计数据，2021 年我国跨境电商进出口 1.98 万亿元，同比增长 15%；其中出口 1.44 万亿元，同比增长 24.5%。在我国《"十四五"电子商务发展规划》等政策的明确支持下，跨境电商行业作为推动外贸转型升级、打造新经济增长点的重要突破口，预计在未来几年内仍将快速增长并保持良好发展势头。

阳萌创立安克创新时正值中国跨境电商企业出海的发展期。较多的跨境电商企业遵循所谓的"铺货"模式，将国内的产品通过网络销售到海外，减少双方信息搜集、商品交易成本，跨境电商更多的是通过低额多量来创造收益。

不同于其他跨境电商品牌后续发展的路径，依靠对产品的洞察和对品牌塑造的坚持，安克创新迅速完成了由贴牌到品牌化的初步转型。2016 年，安克创新已经在全球消费电子行业占有一席之地，成为当时的佼佼者，又于 2020 年成为跨境电商独立上市第一股，这是安克创新出海的阶段性成功，也是对中国制造颠覆刻板印象、迈向高质量发展阶段的注脚，为更多企业提供了长远发展的范式。

正如创始人阳萌所说："我们希望走一条不太一样的道路，因为我们坚定地相信可以创

跨境电子商务案例

造长期而持久的价值,我们的使命是打造高质量的中国品牌,弘扬中国制造之美,这也注定我们走出一条跟行业内其他跨境电商公司完全不同的道路。"

中国企业行深致远不仅是贡献成熟的企业经营管理经验与具有全球竞争力的产品,同时也是向世界输出长期价值主义的企业文化和最优实践。一个优秀的企业在面对激烈的市场竞争环境时,应守住必要的底层原则,抵御发展过程中可能会遇到的诸多"糖衣炮弹",将企业与社会价值联系起来,融入集体发展之中,与社会共生、共同进步。

◇ 思考题

1. 安克创新的成立与发展历程反映了跨境电商企业怎样的发展趋势?
2. 安克创新取得成功的因素有哪些?
3. 安克创新是如何识别消费者的真实需求的?
4. 安克创新的长期价值创造是如何助力企业行稳致远的?

◇ 参考文献

[1] 周庭芳,周娜,赵国庆.跨境电子商务实务[M].重庆:重庆大学出版社,2022.
[2] 周志丹,徐方.跨境电商概论[M].北京:机械工业出版社,2020.
[3] 朱秋城.跨境电商 3.0 时代[M].北京:中国海关出版社,2016.
[4] 冯晓鹏.跨境电商大监管:底层逻辑、合规运营与案例评析[M].北京:中国海关出版社有限公司,2022.

◇ 参考资料

[1] 现代广告杂志社,戴莉娟:《不止充电,安克创新的目标是做消费电子的巨头》.
[2] 腾讯网,南极熊 3D 打印网:《2022 上半年收入 58 亿元,3D 打印机成安克创新亮点产品》.
[3] 晚点 LatePost:《亚马逊合规整治潮之下,为什么只有安克创新的收入和利润还在涨?》.
[4] 腾讯网,充电头网:《安克创新 2021 年财报十大亮点解读!》.
[5] 证券之星:《国元证券:给予安克创新买入评级》.
[6] 雨果跨境,跨境大佬二三事:《半年营收 58.87 亿元,安克创新新动力:独立站、中东市场和便携储能设备》.
[7] 前瞻产业研究院:《干货!2022 年中国跨境电商行业龙头企业分析——安克创新:用中国智造敲开国际市场大门》.
[8] 亿恩网:《牛!Anker 年营收 125 亿(元),研发费用近 8 亿(元)》.
[9] 安克创新科技股份有限公司官网.

第二篇
02
跨境电商平台篇

案例5　阿里巴巴国际站：全球数字化出海服务平台

阿里巴巴国际站（Alibaba.com）是全球领先的企业间电子商务网站，致力于帮助中小企业拓展国际市场。阿里巴巴国际站通过向海外买家展示、推广供应商的企业和产品，帮助中小企业获得贸易商机和订单，是出口企业拓展国际贸易的首选网络平台。阿里巴巴国际站以数字化技术与产品重构跨境贸易全链路，精准匹配跨境贸易买卖双方业务需求，为双方提供数字化营销、交易、金融及供应链服务。

一、阿里巴巴国际站发展历程（表1）

阿里巴巴国际站是全球排名第一的电子商务网站，全球排名第一的国际业务和贸易网站，连续多年被《福布斯》杂志评为"全球最佳B2B网站"，被《财富》杂志评为"最受全球企业家欢迎的网站"（图1）。

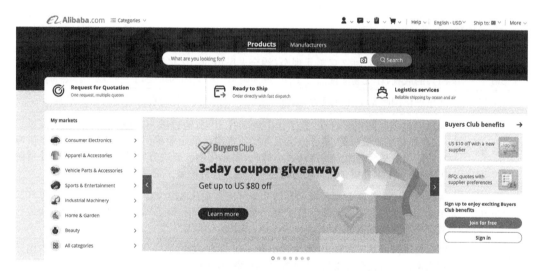

图1　阿里巴巴国际站官网首页（部分）

（资料来源：阿里巴巴国际站官网，2023年7月20日）

"阿里巴巴国际站"提供一站式的店铺装修、产品展示、营销推广、生意洽谈及店铺管理等全系列线上服务和工具，帮助企业降低成本，高效开拓外贸大市场。阿里巴巴官方研究数据表明，阿里巴巴国际站有注册会员1.5亿，来自200多个国家和地区，支持16种语言，有海外采购商4 000多万家，服务卖家20多万家，覆盖49个行业，产品类别多达5 900多种，每天产生询盘订单30万个。

1999年,阿里巴巴国际站成立,聚集了大量中国出口供应商,该站通过图片、文字、数据等方式对外展示商品,这是外贸B2B电子商务的第一个阶段,也是阿里巴巴国际站的初始形态。

获得广泛认可后,阿里巴巴国际站持续发展,开始提供线下的外贸综合服务,如报关、物流、信用担保、贸易融资服务等。

随着国际站沉淀的数据越来越多,平台的功能也越发强大,外贸电商和国外采购商可以在平台上完成一笔外贸订单所涉及的所有操作。

2018年12月27日,阿里巴巴首度发布数字化外贸操作系统,助力中小企业商家开源节流。半年后,国际站的外贸操作系统再次进化,利用大数据为用户提供精准服务。

表1 阿里巴巴国际站发展历程

时间	重要事件
1999年	阿里巴巴国际站成立
2001年	中国加入WTO,阿里巴巴国际站全球注册买家数超过100万
2008年	DHgate.com 2.0版上线
2009年	与UPS结成业务合作伙伴,DHpay支付开发上线
2010年	与中国建行推出"建行敦煌e保通"在线小额贷款服务
2015年	信用保障服务上线,作为全球跨境B2B中首个第三方担保体系,交易数据基本沉淀
2016年	阿里巴巴集团以10.2亿美元现金(约合人民币66.07亿元)收购了Lazada(来赞达)约54%的股权,在交易完成后,Lazada成为阿里巴巴集团的子公司
2017年	阿里巴巴国际站全面升级为"撮合+履约"一体的数字化跨境贸易综合服务平台
2019年	阿里巴巴国际站正式启动"数字化出海2.0"计划,通过进一步提供数字化定向流量引入、海外精准流量匹配,整合生态三方优质资源帮助企业零门槛迅速上线,并且提供专有的跨境贸易金融服务支持以及全球化、多元化物流解决方案等一揽子数字化外贸解决方案,为中国外贸企业再实力搭建一条通向世界的数字贸易高速公路
2020年	阿里巴巴国际站在B端跨境交易的2个解决方案从349个案例中脱颖而出,荣膺2020年亚当·斯密奖亚洲区最佳技术驱动奖(Harnessing the Power of Technology)和最佳数字安全解决方案(Best Cyber-Security Solution)两项大奖
2021年	阿里巴巴国际站正式推出"数字化出海4.0"计划,通过数字化的手段,帮助更多中国外贸商家快速链接全球市场,实现数字化转型,做大自己的生意
2022年	OKKI CRM(销售助手)嵌入阿里巴巴国际站,基于外贸业务高频沟通场景打造,解决多端操作、重复录入等低效问题
2023年	阿里巴巴国际站AI生意助手上线,11月1日起面向所有外贸商家开放

二、阿里巴巴国际站智能化开店操作链路(图2)

面对众多的跨境电商平台、烦琐的功能操作流程,不管是外贸初创型企业还是内贸转外贸的出海新手,或是线下转线上的数字化出海先锋,这些出海超"新"星们都有相同的疑问:该如何迈出第一步?

作为致力于提供全球领先的数字外贸服务的平台,帮助每一个中小企业成为跨国公司,让天下没有难做的生意,一直是阿里巴巴的使命和愿景。为解决开店难、操作流程复杂的问题,阿里巴巴国际站推出的出口通2.0技术升级版于2023年7月上线。升级版提供智能化操作链路,降低操作成本。操作链路简单快捷,一个窗口完成所有运营操作,从发布商品到优化商品,从获取关注到接单转发,不需要专业运营人员。从商品诊断到标题和图品优化都可以实现智能化操作。

出口通是阿里巴巴国际站基础会员产品,是基于阿里巴巴国际交易市场,通过开设企业旺铺,向海外买家展示产品制造能力和企业实力进而获得贸易商机与订单的付费会员服务;同时,阿里巴巴国际站还为供应商提供外贸客户管理、订单周期管理等CRM工具,信用保障以及一达通等外贸综合服务,用大数据赋能企业,全面提升电商综合能力与外贸综合竞争力。供应商办理出口通会员服务就可以在阿里巴巴国际站上开店,发布产品信息、联系海外买家、报价、在线交易,达到合作共赢。

1) 办理流程:由当地客户经理负责接待,协助商家注册国际站账号→洽谈→付费→签约→实地认证→开通。

2) 需要提供的资料:当地营业执照、办公经营场地证明、法定代表人身份证件信息等。

(1) 公司营业执照信息(包括公司中英文名称、营业执照照片、企业注册地址);

(2) 公司经营地址信息(包括公司实际经营地址及经营场地证明或租赁办公场地证明);

(3) 公司法定代表人认证信息(包括公司法定代表人姓名、联系方式、身份证件、部门职位、邮箱等信息)。

客户经理会上门拍摄公司或企业的办公以及生产环境照片。办理国际站出口通会员,对公司进出口权没有要求。

3) 基础服务内容:可以在国际站上建立企业专属网站,包括发布产品,向海外买家进行报价[RFQ(报价请求)权益],在线交易,出口服务中有包含橱窗(10个),还有数据管家、视频智能生成和外贸企业邮等服务内容。

金品诚企阿里巴巴高端会员,是经过"Alibaba.com"平台权威实力验真的优质供应商,通过线上线下结合的方式,平台对商家的企业资质、商品资质、企业能力等全方位实力进行认证验真和实力透传。除享有出口通会员服务,金品诚企会员还将享有专属营销权益和专属营销场景。

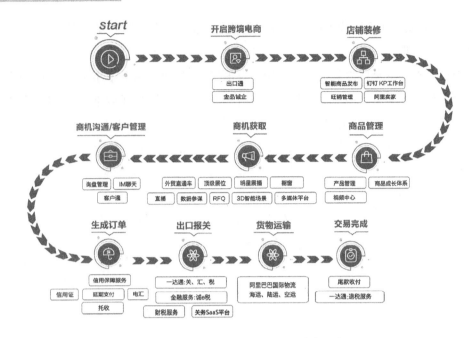

图 2　阿里巴巴国际站业务流程整体链路

（资料来源：阿里巴巴国际站官网，2023 年 11 月 5 日）

三、阿里巴巴国际站数字化运营

通过技术创新，阿里巴巴国际站在科技创新和数字化基础设施之上，建成中国首个数字化服务贸易体系的跨境电商平台。基于大数据分析，外贸企业能够主动挖掘到客户的需求，根据客户需求改进产品，并将产品精准推送给客户，提高订单达成的成功率。不仅如此，阿里巴巴国际站还利用跨境直播、短视频、3D 展厅、数字化工具、VR 远程探厂等诸多先进措施助力中国外贸企业做好国际生意。阿里巴巴国际站从最初的交易撮合平台，逐渐演进成为先进的全链路数字化综合服务平台，让外贸企业没有难做的生意。

1. 数据参谋工具助力企业探寻海外商机

经过多年的数据沉淀，阿里巴巴在线上完成了商品数字化、买家数字化、营销数字化，这些是数据管家升级的核心基石。2021 年 1 月，数据管家行业版全新升级为数据参谋，成为阿里巴巴国际站最核心的数据分析决策工具，不仅优化了原有的数据模块，而且新增了四大参谋功能，可以帮助商家探市场行情、参流量去向、看产品情报、识优质买家，能指导商家在国际站生意经营中简单、快速地做决策，数字化经营贸易。

阿里巴巴国际站的功能数据主要包括行业数据和店铺数据。阿里巴巴国际站全行业的数据（不涉及店铺本身产生的数据）主要用于市场调研；店铺数据是店铺自运营之后产生的数据，卖家通过对比同行数据和店铺数据，对店铺运营进行诊断优化。阿里巴巴行业简报涵盖了电器设备、礼品工艺品、机械、五金工具、纺织皮革、家居园艺、家具、建材、电子元器件等行业（图 3）。其中包含的"出口金额最高的国家或地区""出口增长最快的国家或地区""搜索量来源最高的国家或地区""搜索量增长最快的来源国家或地区"等数据有非常重要的参考价值。

行业报告

在这里，可以获取B2B跨境电商最新最热的行业趋势和买家洞察。

行业小二大讲堂|运动娱乐行业机会类目解读（2023年6月）

1、团队运动趋势及机会点 2、游乐园趋势及机会点

2023-06-27　　　　⊙ 27　　　　⊘ 金品诚企　运动及娱乐

行业小二大讲堂|男士服装秋冬趋势发布（2023年6月）

1.男装市场发展分析 2.秋冬机会类目趋势解读

2023-06-20　　　　⊙ 939　　　　⊘ 金品诚企　跨境行业趋势　服装

图3　阿里巴巴国际站行业报告

（资料来源：阿里巴巴国际站官网，2023年7月5日）

　　阿里巴巴国际站数据参谋是一款集数据收集、分析、应用于一体的智能化工具。它基于阿里巴巴国际站海量交易数据，通过数据挖掘与算法分析，为企业提供全面、准确的市场洞察与决策支持。数据参谋能够实时追踪全球各行业的市场趋势，包括热销产品、价格波动、消费者偏好等。通过可视化图表展示，帮助企业快速把握市场动态、发现市场机遇、优化产品策略、提升营销效果，从而使企业在激烈的国际市场竞争中脱颖而出。

　　通过市场参谋功能，商家可以查看行业报告、产品排行榜等，综合评估市场规模、增速、供需和转化情况，从而确定要调研的细分类目市场。流量参谋功能允许商家研究流量的去向和来源，包括不同端口（PC、APP、WAP）的流量分布，以及买家类型（进店、询盘、交易）等，帮助商家优化流量布局。结合流量参谋的渠道介绍及规则，商家可以充分布局渠道进行综合引流，如使用直通车和推荐广告等。商家还可以利用数据概览中的曝光、点击、访问、询盘等数据，与优秀同行进行对比，找到差距并进行优化。产品参谋功能提供产品的访客榜、商机榜、蓝海榜等排行榜，商家可以通过对比这些榜单中优秀竞品的产品发布情况，分析产品特性，找出差距并进行定向优化。形成本店的产品矩阵，并基于品类自定义开发产品。

　　通过金品诚企的选词参谋或关键词指数的热词榜功能，对全行业热门搜索词、关键词和竞品词进行搜索整理，根据类目、时间范围、使用终端、地区范围等进行筛选，把符合要求的词，去匹配对应的产品，综合权衡价格、销量、竞争度等情况，以确定产品机会。数据参谋还能帮助商家识别优质买家，通过访客画像等功能，了解买家的特征和偏好，为营销活动提供精准的目标群体。

　　浙江满毅电气有限公司（简称"满毅电气"）借助国际站平台提供的产品工具，收集海外客户的反馈，做好客户服务。通过询盘来判断客户意向，精准定位市场，挖掘出不同国家和地区的新需求。满毅电气通过对数据的探寻分析，挖掘出来自埃及、摩洛哥、土耳其、巴基斯坦、泰国等几十个国家的客户，甚至包括阿富汗、苏丹等被传统厂商遗忘的国家和地区的客户。满毅电气通过数据参谋工具观察买家的海外流量、计算买家的销售数据、查看买家的供应商,发现美洲市场具有很大的潜力。针对这部分地区买家对品质的高要求,公司又研发出了附加值更高的新品,完全可以应用到当地的畜牧业中。

2. 定制展精品直播打造在线论坛

2021年12月,一场"非典型"直播,在电池龙头企业惠州亿纬锂能股份有限公司(简称"亿纬锂能")的直播间诞生。在阿里巴巴国际站12月定制展精品直播上,亿纬锂能将直播办成了专业论坛——不只围绕即将要面世的自有新兴技术,邀请知名专家或企业CEO作主题演讲,分享行业趋势,还有圆桌讨论等互动环节。采用双镜头分屏专业技巧呈现产品局部细节,更清晰到位地体现产品工艺(图4)。

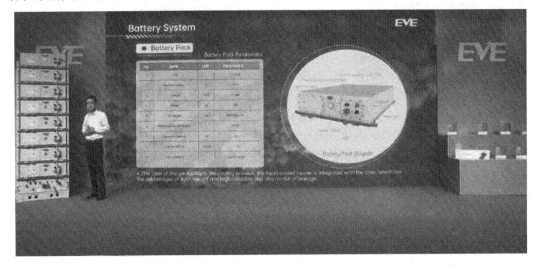

图4 电池龙头企业亿纬锂能利用阿里巴巴国际站定制展精品直播打造在线论坛

(资料来源:阿里巴巴国站官网,2021年12月24日)

在激烈的市场竞争中,拥有工厂且具备强大定制能力的商家更受到国外客户青睐。对于海外买家而言,他们更为关注中国市场的动态及整个行业的发展趋势,而非仅仅局限于价格因素。为此,亿纬锂能通过一场别开生面的直播活动,向全球买家展示其卓越的专业能力。此次直播活动,亿纬锂能邀请了行业内的专业人士进行分享,通过他们的专业见解和实战经验,为观众呈现了锂电池行业的最新发展动态及亿纬锂能在该领域的性能改善与产品研发能力。通过直播过程中的实时互动,亿纬锂能不仅成功吸引了观众的注意力,还借此机会深入了解了海外买家的需求与期望。

亿纬锂能此次参与的定制展精品直播,是阿里巴巴国际站专业定制展的一大亮点。作为国际站首次面向定制买家的线上展会,此次活动发布了机械、汽配、美妆和五金等领域的趋势洞察,成功吸引了150万专业定制买家的关注,为参展企业提供了前所未有的曝光机会。

为了确保直播活动的顺利进行,亿纬锂能在筹备期间进行了充分的准备工作。他们充分利用国际站的数据参谋工具,对行业报告、市场分析等数据进行深入研究,从而完成了行业产品的市场调研。同时,团队还高度重视近12个月的店铺数据,通过对比同行数据和店铺环比数据,对店铺运营进行了全面的诊断与优化。这些工作为直播当天的选品、策略制定及内容分享提供了有效的参考和灵感。他们巧妙利用外贸直通车(P4P)持续打磨实力优品,通过数据沉淀提升产品竞争力;同时,结合顶展多样式的展示方式,锻造出稳定的流量获取能力。此外,亿纬锂能每月密切关注顶展词与问鼎词的变动,及时拿下行业稀缺的品牌资源,紧跟平台活动节奏,积极参与各类场景营销活动,为直播引流打下坚实基础。

在直播过程中,亿纬锂能根据数据反馈及时调整短期策略,确保目标人群的触达精准度。通过前期多渠道广告的蓄水动作,加之极具专业性的直播内容,亿纬锂能的直播间瞬间吸引了海量买家关注。直播内容的专业性让亿纬锂能成为焦点,甚至有客户全程在线观看,对产品性能、行业数据等关键信息提出疑问,并在后台获得实时反馈,这进一步增强了买家的信任与粘性。一位来自西班牙的买家在观看直播后,直接与亿纬锂能业务人员开视频会议,讨论整年规划并提出交易需求,最终签下大单。短短 6 场直播,亿纬锂能不仅成交了单笔超过一百万元人民币的订单,还深度介入国外政府工程项目,与之建立了深层次合作关系。这些成果充分证明了直播引流与专业营销的强大力量。

在数字化营销浪潮中,亿纬锂能积极探索线上精品直播的新路径,通过精准运营与高效广告工具的结合,不仅成功展示了自身的专业能力,还在海外市场中树立了良好的企业形象,实现了品牌影响力的显著提升与业务增长的新突破,为未来的市场拓展奠定了坚实的基础。

3. 数字化精准营销获取海量商家

阿里巴巴国际站的数字化营销主要包括数字化精准推广和场景营销。精准推广主要有顶级展位、外贸直通车、明星展播和橱窗等数字化推广工具(表 2);设置 Brand Zone(品牌专区)场景彰显品牌实力,助力商家实现海量曝光,设置 Weekly Deals(每周交易)场景举办超性价比限时采购活动,高效实现海外买家交易,设置行业垂直导购场景,吸引行业买家流量。

表 2 阿里巴巴国际站数字化精准推广工具

数据化营销工具	功能	优势
顶级展位	将产品和企业信息通过视频、文字和图片等富媒体形式全方位展现在买家面前,位于搜索结果首页的第一位,是展示企业品牌实力的有效推广模式	(1) 顶级展位,精准投放 (2) 资源稀缺,身份尊贵 (3) 赋能商家,品牌体现
外贸直通车	按照效果付费的精准网络营销服务。通过优先推荐的方式,将产品展示在买家搜索的各种必经通道上	(1) 顶级展位,精准投放 (2) 内外流量,海量曝光 (3) 智能获取,精准流量 (4) 免费展示,效果付费
明星展播	全网提供近 80 个优质展位,为企业提供专属展示机会,彰显品牌实力,助力品牌实现海量曝光	(1) 稀缺资源 (2) 彰显品牌价值 (3) 海量曝光 (4) 精准投放
橱窗	可根据公司推广需求,自行选择需推广的产品,在全球旺铺中做专题展示,如推广效果好的产品、新品或主打产品等	(1) 主推产品凸显 (2) 彰显品牌价值 (3) 海量曝光

资料来源:根据阿里巴巴国际站相关信息整理。

跨境电子商务案例

当流量和询盘量已不再是卖家面临的主要难题时，如何在这些潜在客户中高效促成交易，却成为了许多企业亟待解决的关键问题。对此，达保文（北京）国际贸易有限公司（以下简称"达保文"）总经理刘斌提出了独到的见解。刘斌认为，高效成交的秘诀在于深入理解客户行为。通过全面分析客户的询盘记录、购买历史以及偏好，企业能够更准确地把握客户需求，从而提供更具针对性的服务和产品。这种基于数据的客户分析，不仅能够提升客户满意度，还能显著增加成交的可能性。

在客户行为分析的基础上，达保文利用大数据技术构建了精细化的客户模型（图5）。这些模型涵盖了客户所在国家的购买渠道、客户偏好、客户的关注点等多个维度，为企业的销售策略提供了有力的数据支持。通过不断优化模型，达保文能够更精准地预测客户需求，进而制定更具竞争力的营销策略。

达保文非常重视客户通这一工具的使用。通过客户通，企业能够实时捕捉客户的询盘信息，包括产品咨询、价格询问、购买意向等。这些信息为构建客户模型提供了宝贵的数据基础，同时也为企业后续跟进提供了明确的方向。

在获取了客户数据并构建了客户模型后，如何有效地跟进询盘并促成交易呢？刘斌总结了询盘跟进的"四大法宝"：第一，抓住时效。根据客户的购买能力和需求，提供具有竞争力的报价，确保价格合理且能够吸引客户。第二，满足需求。充分展示企业的产品和服务优势，包括产品质量、售后服务、交货周期等，增强客户的购买信心。第三，附图介绍。利用图片、视频等多媒体形式，直观展示产品的特点和优势，帮助客户更好地了解产品。第四，及时解答疑问。积极回应客户的咨询和疑问，确保沟通顺畅，及时推动客户下单。

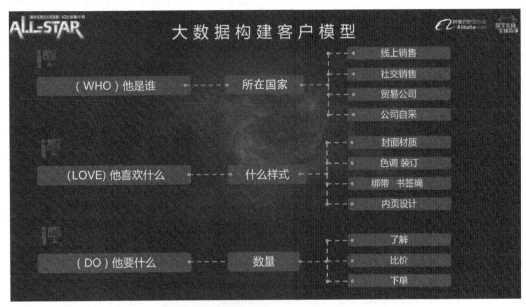

图5　大数据客户模型[达保文（北京）国际贸易有限公司]

（资料来源：阿里巴巴国际站官网，2020年1月10日）

BrandZone是阿里巴巴国际站为帮助国内品牌商出海，为海外买家提供严选商品及确定性服务的营销场景，为企业提供专属展示机会，实现品牌联合营销，彰显品牌实力（图6）。

图 6　阿里巴巴国际站 Brand Zone 场景营销界面

（资料来源：阿里巴巴国际站官网，2023 年 7 月 23 日）

Weekly Deals 营销场景可最大限度实现海外买家流量和不同品类商品、供应商之间精准匹配、快速成单，高效实现海外买家在线交易转化、留存和复购（图 7）。

图 7　阿里巴巴国际站 Weekly Deals 场景营销界面

（资料来源：阿里巴巴国际站官网，2023 年 7 月 23 日）

跨境电子商务案例

行业频道场景以行业导购为核心，为全球买家搭建行业特色的导购场景，通过类目导购、趋势新品、应用场景、热品榜单、行业资讯、行业优品、营销活动、个性化推荐等版块精准吸引海量买家（图8）。

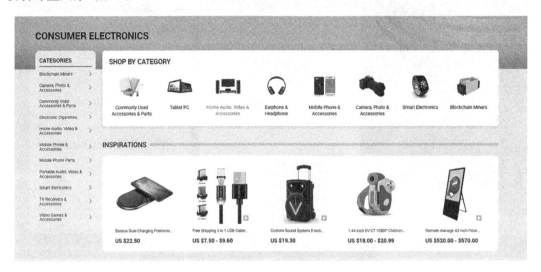

图8　阿里巴巴国际站行业频道场景营销界面
（资料来源：阿里巴巴国际站官网，2023年7月23日）

◆ 案例小结：中国视角

中国制造具有"高性价比、长产品线、全产业链"等优势，很多外贸企业成长发展的背后都有卓越的中国生产力。中国制造是没有任何一个国家可以替代的，中国产业链集中、配件及配套设施完善、物流便利，这给中国外贸企业提供了绝佳的条件。正因为有了这么好的大环境，大批的中国制造商、贸易公司才得以走向世界的舞台。除此之外，如果没有跨境电商平台，全世界的客户就不能非常便捷地找到中国供应商，中国供应商就要通过线下展会去找客户，而展会时间又有限，双方难以深入了解。阿里巴巴国际站作为数字化转型的倡导者和引领者，率先实现数字化转型，并鼓励更多的企业积极投身数字化，降低运营成本，提高运营效率，助力海外市场开拓和精准推广营销，将中国的品牌影响力推广到全球，让天下没有难做的生意，让世界更小，生意更大。基于这样的使命担当，阿里巴巴国际站不仅帮助中国中小企业开拓海外市场，而且积极推动并帮助其他国家融入全球化。早在2021年阿里巴巴国际站就与联合国国际贸易中心（ITC）共同启动了"全球发展中国家中小企业数字化贸易加速器"计划。如在非洲地区，已有南非、埃及、肯尼亚、摩洛哥等22个国家和地区的中小微企业，正在通过阿里巴巴国际站一键卖全球，便捷地参与全球贸易。而在2023年2月底，卢旺达投资发展局也与阿里巴巴国际站进一步签署了电商合作协议，首批20家卢旺达中小企业入驻阿里巴巴国际站，开启数字化出海。2023年6月30日，在第三届中非经贸博览会上，ITC与阿里巴巴国际站签署合作意向书，双方将共同采取更多行动，进一步帮助中小微企业更好地利用全球数字贸易新机遇，加速数字化转型，提高国际竞争力，同时促进各地就业，实现可持续快速发展。

◇ **思考题**

1. 阿里巴巴国际站数字化转型经历了哪些阶段?
2. 阿里巴巴国际站有哪些数据化选品的工具?
3. 阿里巴巴国际站数字化运营有哪些创新措施?
4. 查阅资料,分析跨境物流数字化发展趋势。

◇ **参考文献**

[1] 黄维雅.大数据分析在网络平台跨境精准营销中的应用研究:以阿里巴巴国际站为例[J].商场现代化,2021(11):80-82.
[2] 王晓红,夏友仁,梅冠群,等.基于全链路跨境电商的数字化新外贸研究:以阿里巴巴国际站为例[J].全球化,2021(3):35-54,135.

◇ **参考资料**

[1] 阿里巴巴国际站:《"电池龙头"亿纬锂能把直播办成在线论坛!原来定制展还能这么玩!》。
[2] 阿里巴巴国际站:《她让海外上百万缺水家庭实现饮水自由,一年出口额超1.2亿》。
[3] 雨果跨境:《从天猫品类TOP3成功转型国际站TOP级店铺,他都做对了什么?》

◇ **拓展阅读**

央视点赞非遗藤编借国际站数字化出海,实现村民致富

日前,阿里巴巴国际站(简称"国际站")数字外贸真牛奖冠军、非遗藤编商家总经理黄连将登上央视专题纪录片,引起了商家朋友们的关注与传播。

这部30分钟的非遗出海纪录片,讲述了广西博白山村的非遗藤编手工艺通过国际站数字化出海平台一键卖到全球,带动1 600多位村民致富的故事。

纪录片点赞道:"当村口变成'数字化出海口',他们一起从源头实现了'让世界更小、生意更大'的目标。博白县编织品这张非遗名片,终于得以转化为能够带动全县经济发展的真实推力。"

都说非遗传承是一条孤独的路,走向全球更是不容易。数字外贸真牛奖的冠军广西博白县凤图工艺品有限责任公司(简称"凤图")总经理黄连将却把非遗藤编做成了全村人的生意,一起来看看,她是怎么做到的。

凤图在创立之初就充分利用编织产业门槛低、灵活方便、辐射面广的特点,结合博白当地的实际情况,将生产形式发展成"公司+订单+农户"模式。各村建起了"没有围墙的工

跨境电子商务案例

厂",编织工农忙时下田耕种,农闲时进厂做工或领原材料回家加工。黄连将分享,目前她带领着当地19个乡镇1 600余位村民,通过国际站将这些芒竹编织产品卖向全球,让他们可以靠自己的技艺赚取收入。博白县曾经是个贫困县,在与凰图合作的村民中,就有300多户村民实现脱贫。

为了对接好1 600余位村民,黄连将为每个合作村民配备了一名经纪人,从编织花样教学、物料分拣分配,到成品品控和回收等,提供一条龙服务。现在,凰图已经培育了42位经纪人,其中不乏从大城市返乡的"90后"。

黄连将回忆,在2016年5月份刚加入国际站时,还是一个实打实的外贸"小白",从和海外客户沟通环节开始,靠的就是国际站的即时翻译系统。也因为国际站一线小二定期上门对接服务,经常把平台上的行业出海新风向、新举措、新技术传递给凰图,数字化外贸伴随着黄连将一路出海"升级"。2020年初,受疫情影响,全世界经济都按下"暂停键",凰图原来面向超市和大型商场的拳头产品突然就卖不动了,几百万元的藤编产品积压在仓库、车间里。好在黄连将如同藤编一般,充满了韧性,疫情期间,她利用国际站的数据参谋选品,精准对标海外需求,踩准了海外客户"绿色宅经济"需求。其中,一款为海外市场量身打造的"藤编面包发酵篮",一个单品一年卖爆1 200万元。

国际站中西部大区云桂区域商家运营一线员工陈香羽,本身就是广西玉林人,对博白藤编有着深厚的感情,每个月她都要去拜访凰图两次,从数据选品到跨境直播,乃至企业管理,都是陈香羽和黄连将团队面对面沟通的重点。陈香羽说:"我特别希望这个工艺,不仅让全球海外买家能够认可,同时也期待更多的中小微企业能够通过国际站这艘快艇,实现数字化出海。能够让更多的中国本土品牌,成为国际上的大牌。"从2022年5月开始,黄连将又带着团队开始尝试在国际站上做跨境直播,并于10月正式开播。虽然发音不标准、语法不准确、专业技能储备不足,但黄连将还是勇敢地站在了新的行业风口之上。

有了数字化外贸这一工具,在山村也能赶上前沿做好世界生意。现在,博白县有编织企业435家,有固定从业人员约2.8万人,临时、季节性从业人员20万人左右。数据显示,广西博白藤编这一非遗技艺已经在国际站上"一键出海",产品主要销往美国、德国、英国、加拿大、斯洛伐克、澳大利亚、日本、菲律宾、马来西亚、加纳等60多个国家和地区。不仅是凰图,越来越多的外贸商家都在国际站上找到数字化外贸的新增量。2023年,国际站将推出100场数字化海外展会,帮助企业全球"抢单"。同时,已经进入备战期的阿里巴巴国际站3月新贸节也将推出3万场新品跨境直播、40场新品发布会等,帮助越来越多的像凰图一样的实力外贸商家,敢把梦做到海外去,更能把产品卖到海外去。

(资料来源:阿里巴巴国际站官网,2023年2月3日)

案例 6　国际版淘宝:速卖通平台

一、引言

2020年"双十一",在经历了长达半年的筹备和一个多月的预售、宣传、销售活动之后,终于落下帷幕。没有彻夜亮灯的阿里欢庆,也没有零点报时的战绩预告,和以往大张旗鼓宣传活动业绩的盛况相差甚远。

11月11日24点刚过,各大电商平台按常例先后公布了"双十一"战报,却在战报中首次隐藏了平台GMV的具体数额,天猫平台则表示商品交易规模与上年度持平。往年逐年明显提升的消费增长势态,似乎出现了停滞。

阿里国际商业板块早已意识到国内消费市场增速乏力,试图挖掘消费者存量。伴随着网购市场发展起来的阿里集团面临新的挑战,基于国内市场消费者增量难以满足企业营收增长预期,阿里集团将目光投向了海外市场。

二、速卖通平台简介

速卖通成立于2010年,是阿里旗下面向全球市场的在线出口交易平台(图1),其更为通

图 1　速卖通官网首页

(资料来源:速卖通官网,2023年10月)

俗的称谓是"国际版淘宝"。在过去十多年的时间里,速卖通一边复制着淘宝天猫的发展轨迹,一边逐渐提高在俄罗斯电商市场的占有率,直至占有率高居俄罗斯第一。

速卖通平台的主要业务模式是 B2C,这是中国供货商面向国外消费者的一种小额跨境电商业务模式。其中,65%的业务来自个人,35%的客户为从事小额批发业务的企业。

速卖通已经成为全球排名前五的跨境电商平台。速卖通的销售品类涉及服饰、3C 数码、鞋包、美容健康、珠宝手表、消费电子、家居用品、汽车摩托车配件、灯具等。截至 2021 年底,速卖通已覆盖超 220 个国家及地区,其中俄罗斯、巴西、美国、西班牙、法国、乌克兰、以色列、白俄罗斯、加拿大、荷兰是该平台购买力排名前十的国家。

根据图 3,从 2022 年各国家主流电商平台看,速卖通还未进入高支出的欧美市场。据雨果跨境报道,全球电子商务支出前 10 的国家以欧美国家为主,仅以色列的主流电商平台含阿里系,较亚马逊等全球主流的购物平台还有较大的增长空间(图 2、图 3)。

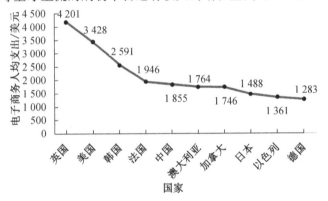

图 2　全球电子商务人均支出前十国家(2021 年)

(资料来源:阿里巴巴公告,雨果跨境,Statista,七麦数据,中信建投)

国家	主流电商平台		
英国	Amazon	eBay	Etsy
美国	Amazon	Shopify	Walmart
韩国	LOTTE	Gmarket	11Street
法国	Amazon	Cdiscount	Veepee
澳大利亚	Shopee	Everyday Rewards	Flybuys
加拿大	Amazon	PC Optimum	Shop
日本	Raktuen	Amazon	Yahoo
以色列	SHEIN	AliExpress	Alibaba B2B
德国	Amazon	eBay	Kleinanzeigen
西班牙	Amazon	AliExpress	El Corte Ingles
俄罗斯	AliExpress	Ozon	Joom
马来西亚	Shopee	Lazada	PG Mall

图 3　各国主流电商平台(2022 年)

(资料来源:阿里巴巴公告,雨果跨境,Statista,七麦数据,中信建投)

三、速卖通的流量获取

速卖通的线上营销方式分类为站内（指电商平台内）及站外（指社交媒体、线上社区等）营销，其中站内营销侧重于快速提升销量，站外营销侧重于提高品牌曝光度。具体来看，店铺的流量获取有以下几个途径：

（一）提升站内流量

1. 自然搜索流量

自然搜索流量是指站内流量中消费者通过非推广渠道而自行搜索的流量，相较于推广流量而言更为稳定，是反应品牌群众基础的核心指标。在速卖通平台中，提升自然搜索流量最关键的有以下几点：

第一，注重"爆款"引流。爆款既为速卖通带来可观的营业收入，也有助于打开其他地区的销售渠道，提高全球用户对品牌的关注度，甚至能为其他非爆款产品带来潜在流量。速卖通从多渠道出发规划爆款引流方式，创造更多的流量入口；通过把握全年不同时间段的销售节点、采取不同销售策略、创造节日话题来引流。

第二，丰富的产品品类引流。速卖通作为综合型的跨境电商平台，最大可能地满足全球200多个国家和地区消费者的需求，与垂直类跨境电商平台相比，速卖通的产品品类丰富多样。速卖通的商家可通过不断丰富店铺产品，来获取更多产品曝光机会和更多消费者信赖。

第三，核心关键词引流。作为互联网购物平台，消费者依赖于精准搜寻意向产品，关键字优化的重要性不言而喻。在商家端，速卖通提供的商家后台实时呈现搜索词动态和一定时间内的搜索词热点数据，商家可开展关键词选词工作。在消费者端，搜索栏提供关联搜索和可能喜欢的推荐，通过大数据算法推送更精确的需求产品，而这些商品呈现的逻辑，都与关键词密不可分。商家在进行关键词引流时，需注意关键词引流并不是简单将关键词堆砌便"完成任务"，如何通过广告词推广的差异化策略，针对新老产品进行关键词定制，鉴别核心关键词和长尾词，注重品牌词和品类词组合，结合地区沟通习俗优化区域关键词投放，逐步培养平台消费黏性，进而提高关键词推广效率。

第四，展现良好的产品形象。使用更有吸引力和更能突出产品特性的图片，可以引起消费者的关注。营造良好的商品购买氛围，能够加强对消费者的吸引力，同时也不要忽视产品评价，产品评价模块作为消费者之间沟通交流的窗口，更容易影响消费者的消费决策。

2. 推广流量

第一，速卖通橱窗推荐流量。在速卖通平台上，当商家达到一定等级，或是提升在销售活动中的投入，平台会赠送各类橱窗位。而橱窗推荐的产品将在同等质量的产品中排在前列，被推荐的商家可以获得更多的产品曝光机会，获取巨大的免费流量。橱窗位适合推送商家的主打产品、爆款产品、重点新品。

第二，站内付费流量。商家可利用速卖通直通车推广计划营销产品，规划直通车推广的费用和时间，重点关注 PPC（平均点击单价），优化关键词竞价，借助产品为店铺引流，获取更多付费流量。

第三,免费推广流量。速卖通平台根据不同地区和销售节点推出各类平台促销节日,商家积极参与平台活动便可获得免费的推广流量,且获取的流量常常具备节日促销属性,有助于提升消费者的购买意愿。例如元旦节新年换新卖点的优惠券、限时打折、全店铺打折等。

3. 其他流量

除以上较为系统的流量提升渠道和方式以外,商家还可以通过多方面的洞察,主动获取流量。比如购物车营销、包裹单页营销、粉丝运营等,这些操作可以让商家获得粉丝、获得关注、获得潜在的交易机会。另外还有店内关联方式,商家有爆款且能主动与店内商品关联,也能提升私域流量。

(二) 站外流量

站内流量有量级限制,同时通过站内营销引流获得的消费者对品牌的认知度低,不易转化为忠实的品牌追随者,因此,站外营销成为突破流量瓶颈、打造品牌力、抢占消费者心智的有力工具,并成为商家的核心引流方式。

近年来,直播成为商家争先尝试的引流和销售渠道,为触达消费者提供了新的解决路径。速卖通平台同样也开通了直播渠道,其作为阿里旗下电商平台,以直接复制淘宝直播模式为主,以兴趣类直播、短视频等内容为基础,将内容与观众标签相匹配并进行推荐,激发用户的计划性及非计划性需求,增强消费者平台消费的黏性。

作为跨境直播的先行者,速卖通直播早在2017年就已上线,但彼时直播带货这种模式还未火爆,图文仍然是传递商品信息的主要形式。直到2019年,国内直播带货模式爆火,加之2020年全球突发的新冠疫情,海外直播带货的萌芽逐渐苏醒。直播多以时尚服饰穿搭、模特走秀、数码评测、珠宝展示、家电功能演示为主(图4)。

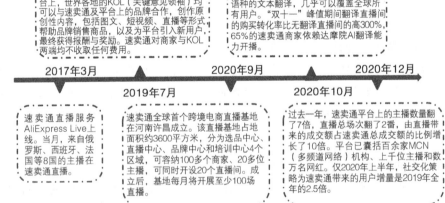

图4 速卖通直播业务发展

(资料来源:新浪科技,亿邦动力,新浪财经,跨境市场人,天风证券)

同时,速卖通平台上通过站外推广吸引来的客户购买率可以达到90%。YouTube网红、各社交媒体的 KOL、专业的 MCN 机构等,使得站外营销推广方式更多元化,通过与市场、消费者直接对话,沉淀忠实消费者群体。

综上,站内营销可作为快速引流和增加销量的利器,而站外营销更是品牌需要潜心打磨的一项任重而道远的任务。

四、速卖通的特点与竞争优势

依托阿里巴巴强大的电子商务行业发展背景与经验,速卖通在系统、供应量生态、物流和资金方面有着得天独厚的发展优势。速卖通适合跨境电商新人,尤其是产品特点符合新兴市场的卖家,以及具备供应链优势、显著价格优势的卖家,其中最受青睐的是厂家直接销售,而非中间贸易商。

速卖通的特点是对价格敏感度高,平台整体采用的是薄利多销策略,与国内淘宝平台的策略十分相似。速卖通的侧重在新兴市场,特别是俄罗斯和巴西。俄罗斯速卖通 2021 年总营业额达 3 060 亿卢布,同比增长 46%。2021 年,俄罗斯速卖通独立用户数超 8 020 万,同比上年增长 31%;总注册用户超过 2 亿,全年独立买家数在 2870 万人以上;卖家总数达 40 万,2021 年同比增长 69%,其中俄罗斯卖家数增长了 193%,达 10.25 万。

(一) 系统优势

首先,速卖通是站在国内三大电商平台之一的淘宝肩上发展起来的跨境电商出口平台,拥有着浓厚的"电商平台"基因,其商家操作后台秉承阿里系的操作模式与使用习惯,并且具备中文操作界面、强大的商家培养体系,新手卖家能够轻松入门,特别是对于已经有淘宝、天猫等国内电商经验的卖家而言,更是可以快速上手。

速卖通的平台规则每年都有很多变化,很多政策落地前,全球速卖通培训中心都会上架相应的课程。这些课程是由官方讲师和平台小二共同打造,内容比较全面。目前培训中心新手课程包含了新手开店、禁限售规则、运费模板的设置、产品刊登、订单处理等内容;能力进阶培训包括数据化运营和营销推广等内容。其中,营销推广包含平台活动报名、联盟营销、直通车、数据银行、灵犀推荐、星合计划等课程。数据化运营方面有数据化选品、爆品打造、店铺诊断、流量分析等课程,差异化运营方面有差异化选品、重点国家运营等课程,还有粉丝营销、店铺装修、物流专题等诸多课程(图 5)。

(二) 供应链优势

作为世界工厂的中国,有着强大的供应链体系,速卖通有能力直接对接海内外市场需求,也可实现由工厂直接对接消费者的销售模式(M2C)。以中国的服装业为例,中国是世界服装供应链中的核心基地之一,不仅产能巨大,而且多年来柔性供应链体系蓬勃发展,具有较高的效率和性价比。

依托速卖通强大的供应链系统,2022 年底,平台针对具有商品竞争力的卖家,在韩国市场试点推出全托管模式,平台负责店铺运营、前端定价、物流配送、售后服务等众多复杂环节,卖家就只需专注于货品和研发,以及备货入仓即可,在回款方面也更加自由。此类全托

图 5　全球速卖通培训中心网页

（资料来源：全球速卖通培训中心官网，2023 年 10 月）

管模式将会运用在更多的国家和地区，助力商家形成更加强有力的供应链优势。

（三）物流优势

物流方面，平台支持三种发货方式：跨境物流、海外仓发和国内仓发。

跨境物流不断缩短时间，变身全球闪送，菜鸟国际快递围绕链路持续突破，通过减少不必要的交接，强化各链路咬合，同时强化数字化运营能力，给每个物流环节降本提效。

2021 年，菜鸟联手速卖通，在西班牙、法国、荷兰、俄罗斯等国家落地"5 美元 10 日达"，实现了在 10 个工作日内，将中国商家的产品从国内送到海外，大大缩短了"中国制造"抵达欧洲的时间。2023 年 9 月，"10 日达"进一步缩短至"5 日达"。

（四）资金优势

全球速卖通是为中小企业提供小批量多批次快速销售的平台，融订单、支付、物流服务为一体，能够打破中小企业从事传统外贸的资金壁垒。2023 年初，金融科技支付公司 Splitit Payments 发布公告称，已经向阿里巴巴旗下在线交易平台全球速卖通的客户提供"货到付款"服务，最初将在德国、法国和西班牙推出，然后再在其他国家推出。根据全球速卖通西班牙站的信息显示，这项 BNPL（先买后付）的功能允许消费者在高于 30 欧元的订单中使用无手续费的 3 期分期付款。这类支付方式为消费者提供灵活性的同时，也可以为卖家提高 20% 至 30% 的转化率。

五、速卖通面对的挑战与展望

很多在速卖通上开店的商家表示，现在在速卖通平台营利越来越难。跨境电商逐渐规模化、正规化的发展,给速卖通带来了一定的挑战,速卖通已走出"躺平就出单"的销售状态。无论是平台和卖家所面临的海内外监管收紧,还是行业竞争者的相继涌入,消费市场流量的不确定性,都给速卖通带来了前所未有的挑战。

第一,环境因素的重大影响。新冠疫情对世界经济、全球产业链和供应链产生了重大影响,也对全球消费市场带来持续冲击。据国际货币基金组织(IMF)预测,2024年全球经济增速为2.9%,同时近几年全球经济都将处在低位缓慢发展的周期,消费需求下降[1]。

第二,仍然存在的贸易壁垒。中国虽然已经是世界第二大经济体,但贸易壁垒对跨境电商企业的诸多方面仍存在着显性和隐性的阻碍。例如,欧盟增值税改革政策执行后,为了保护欧盟当地的电商平台,欧盟提高了其他国家和地区的跨境电商平台产品销售的增值税。欧盟地区的买家购买与之前同样的产品,需要支付更多的金额,这直接导致速卖通欧盟地区的消费者规模大幅缩减。

第三,物流体系有待完善。国际快递和物流等各类物流服务商运费上涨明显,并且跨国物流运输环节多,运输时间长,物流信息更新不及时,产品通关手续复杂,运转环节中还容易出现丢包现象,全过程物流管理难以实现。消费者购买体验感差,由此对跨境电商平台的商品也给予差评。

这是跨境电商变化最快的时代,也是跨境电商发展最好的时代,2023年,以TikTok Shop(Tik Tok小店)、SHEIN、Temu(拼多多跨境电商平台)以及AliExpress(速卖通)为代表的跨境企业开始越来越多地进入人们的视野,他们以不同的模式、布局在全球各市场不断进击。展望2024年,跨境电商在继续保持高速增长的同时,平台、品牌与卖家将迎来专业度、产品力、品牌力和创新力等综合能力的竞争,需要建立差异化竞争优势,注重品牌与附加值的打造,提升物流交付等服务体验,在全球开拓新市场的同时做好本地化本土化运营,同时注重依法合规运营,只有这样才能持续跟上市场,享受跨境电商发展的红利[2]。

◇ 案例小结:中国视角

十多年前,阿里巴巴的跨境B2C平台——速卖通应运而生。速卖通一开始的发展,可以称为顺其自然,没有太多地域策略,也没有强调运营门槛,凭借中国强大的制造能力和供应链,速卖通就这样在俄罗斯等地越做越大,打下了基本盘。十多年间,速卖通凭借直接连接商家和消费者的跨境零售电商模式,发展成为中国中小企业出海的重要平台,大大降低了中国中小企业进入国际市场的门槛。

速卖通作为我国出海的典型电商平台之一,是"中国制造"走向世界的媒介。"中国制造"借助速卖通直接触达海外消费者,升级为"中国品牌",提高了议价能力;同时,速卖通也乘着"中国制造"和"一键卖全球"的东风,成为阿里集团全球化战略中的排头兵。通过本文,可了解速卖通的发展历史,了解平台发展的优势和后期发展所需要克服的挑战,多维度清晰

---

[1] 《经济日报》:《疫后全球消费需提质升级》。
[2] 雨果跨境,江同:《跨境电商迎来综合竞争力比拼时代:五大趋势解读跨境2024》。

认知跨境电商核心要素——流量的获取途径。

当一个行业迈入成熟阶段,走过"野蛮生长"的成长期,市场逐渐趋于饱和,企业间的竞争定然会随之加剧,速卖通平台亦然。凭借着国际物流水平的快速提升以及国家对跨境电商行业扶持政策的推动,伴随着国内电商流量增长速度的下降,国内电商平台在国内市场有趋于饱和的趋势,国内电商企业纷纷出海,试图在海外市场"乘风破浪"。但众多电商平台在主营业务方面存在重叠部分,自然就无法避免冲突与竞争,成千上万的商家在平台内的竞争亦是如此。

在竞争程度提升的背景下,商家和企业难免会迷失方向,进而把注意力更多地放在对手身上,反而忽略了自己的产品本身。而产品自身的质量过硬往往才是企业的核心竞争力。就速卖通来说,平台上存在的低价竞争就是鲜明的案例,用低廉的定价销售劣等品,业间竞争往往会演化为价格战,虽然能够降低消费者的购买成本,进而带动销售额增长,与其他商家在销售额上一决高下,但忽视了品牌长期成长的目标。

诚然,企业之间的竞争并非没有意义,良性的竞争形式对于消费者来说便是收益多多。在激烈的竞争市场中,企业为提升竞争力,将更加遵循以用户为导向,从产品洞察、设计、研发和销售环节全方位提升竞争能力。竞争对手的存在也让企业时刻处于紧绷状态,"不进则退"的状态推动企业多方位持续发力,进而提升产业集群在世上的竞争力。

◇ 思考题

1. 速卖通面临着哪些发展机遇与挑战?
2. 速卖通的流量获取途径主要有哪些?
3. 速卖通的哪些方面值得其他跨境电商平台借鉴?

◇ 参考文献

[1] 周庭芳,周娜,赵国庆. 跨境电子商务实务[M]. 重庆:重庆大学出版社,2022.
[2] 周志丹,徐方. 跨境电商概论[M]. 北京:机械工业出版社,2020.
[3] 朱秋城. 跨境电商3.0时代:把握外贸转型时代风口[M]. 北京:中国海关出版社,2016.
[4] 冯晓鹏. 跨境电商大监管:底层逻辑、合规运营与案例评析[M]. 北京:中国海关出版社有限公司,2022.

◇ 参考资料

[1] 天风证券:《海外互联网:海外直播电商专题研究》.
[2] 快递头条App:《俄罗斯速卖通2021年总营业额达3060亿卢布 同比增长46%》.
[3] 大公司创新情报:《Splitit与支付宝达成合作,为速卖通消费者提供"货到付款"服务》.

◇ 拓展阅读

速卖通2022年海外"双十一"热卖商品榜单

发端于中国的"双十一"在海外同样掀起消费潮。2022年"双十一"落幕,速卖通发布2022年双"十一"全球十大热卖商品榜单并作出分析。榜单显示,此次"双十一"全球十大热卖商品分别是投影仪、VR眼镜、潮玩盲盒、储能设备、咖啡工具、宠物喂食器、按摩椅、野营炉、电动滑板车、打底裤(图6)。

2022年"双十一"恰逢世界杯前夕,世界杯经济成为"双十一"最突出的一条赛道。在10月,速卖通发布的世界杯经济六大消费趋势中"以投影仪、球衣、助威小道具为主的'沉浸观赛'产品将成为搜索量最高的商品"的预测得到验证。在2022年的"双十一"中,不仅投影仪大卖,由中国生产的球服和足球鞋也在巴西热销,巴西足球服销售量同比涨幅557%,其中足球鞋服商家卡尔美受益于世界杯专场等主题活动,对比日常翻了6.6倍。

以VR眼镜、潮玩盲盒以及电动滑板车为代表的具有新技术、新概念的休闲潮流玩具品类,成为新时代"互联网青年"的最爱。比如泡泡玛特的SKULLPANDA系列盲盒,在速卖通平台上的发售首日便被抢购一空。

智能养宠设备在欧美有着庞大的市场需求,自动喂食/喂水机因为可以更好地帮助宠物主人管理时间而成为热门商品。有商家凭借一款智能宠物喂食机提前2周备货了烟台仓,"双十一"前3天在速卖平台的销量比去年同期增长704%。

多功能的野营炉成为韩国市场的大爆款,2022年10月下旬,速卖通平台上的火炉类相关产品销量就已经开始出现增长了。速卖通平台上知名品牌Naturehike(挪客)就结合韩国10月日常百亿补贴活动实现了快速增长,在11月开始投放地铁广告,配合网红"种草带货",销量迎来大爆发。

此外,美国、韩国、德国、英国和日本对我国按摩保健器具呈现出强有力的需求增势;中国的"咖啡三件套"研磨机、咖啡秤、压粉锤在韩国、西班牙等国家大受欢迎;欧洲市场因为能源紧张,储能设备整体较2021年增长了500%,太阳能板、太阳能逆变器、户外发电机设备等同比2021年翻了2倍以上;换季降温后,欧洲消费者对中国的"取暖神器"需求量上升,除了衣物,电热毯、热水袋、暖手宝等也热销海外。

值得一提的是,除了"双十一"热卖商品榜单之外,针对不同国家市场,速卖通还观察到了这些差异:韩国市场上,独居人群庞大,年轻消费群体购买力旺盛,同时消费观念以精致时尚为主,喝咖啡、买盲盒、去野营、精致养宠……年轻群体的潮流消费一件不落,追求的就是最前沿的消费体验。而其他市场上,巴西以"足球王国"著称,世界杯经济在巴西市场相当火热;同时DIY文化普及,帮助他们发挥创造力的3D打印机、电动工具的销售在2022年的"双十一"取得了亮眼的成绩。西法市场中来自中国的保暖商品受到热捧,"双十一"大促首日开场4小时,速卖通平台上就售出近3万件保暖女装(图7)。

 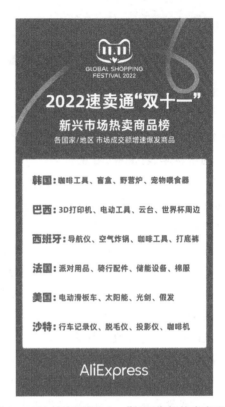

图6　2022速卖通"双十一"全球十大热卖商品　　图7　2022速卖通"双十一"新兴市场热卖商品榜

案例7　敦煌网:创新成就数字丝绸之路

一、敦煌网的发展历程(表1)

敦煌网隶属于世纪富轩科技发展(北京)有限公司,由原卓越网创始人兼CEO王树彤女士于2004年创立,总部位于北京,是一个在线跨境交易平台,致力于为中小型企业提供商品和供应信息服务。敦煌是中国古代丝绸之路上的辉煌驿站,是中国商品走出国门的盛大之城。敦煌网以此命名,正是承载着其创始人兼董事长王树彤女士打造网上丝绸之路,帮助中小企业"买全球,卖全球"的梦想。

2008年12月,敦煌网居"德勤高科技高成长企业50强"第7位。

2010年,敦煌网获近2亿元人民币的投资,据Paypal(贝宝)交易平台数据显示,敦煌网2011年的交易额达到100亿元。

2012年9月,敦煌网获"2012红鲱鱼亚洲创新百强"称号。王树彤的目标是打造一个全球贸易的专业化、便捷化的平台,旨在利用互联网技术服务于传统外贸企业和外贸创业者。

2013年,敦煌新推出外贸开放平台,该平台实质上是一个外贸服务开放平台,而敦煌网此举是在试探外贸B2B"中大额"交易。通过开放的服务平台拉拢中大型制造企业,最终引导它们在线上交易。成立之初敦煌网的定位是为跨境电商提供全方位服务,突破性地提供更多建立在网上直接销售基础上的服务。

截至2022年12月31日,敦煌网已经拥有254万以上累计注册供应商,年均在线产品数量超过3 400万,累计注册买家超过5 960万,覆盖全球225个国家及地区,提供100多条物流线路和10多个海外仓,在北美、拉美、欧洲等地设有全球业务办事机构。

敦煌网是商务部重点推荐的中国对外贸易第三方电子商务平台之一,是国家发展改革委"电子商务交易技术国家工程实验室"共建合作单位,科技部"电子商务交易风险控制与防范"标准制定课题应用示范单位,工信部"全国电子商务指数监测重点联系企业",工信部电子商务机构管理认证中心示范推广单位。敦煌网在品牌、技术、运营、用户四大维度上,已建立起难以复制的竞争优势。

表 1　敦煌网发展大事件

时间	重要事件
2004 年	敦煌网成立
2005 年	国际交易平台 DHgate.com 正式上线
2006 年	获得第一笔融资
2007 年	成为 Google(谷歌)中国市场的重要战略伙伴,推动中小微企业走向世界
2008 年	DHgate.com 2.0 版上线
2009 年	与 UPS 结成业务合作伙伴,敦煌网自主研发的支付系统 DHpay 上线
2010 年	与中国建设银行推出建行敦煌"e 保通"在线小额贷款服务
2011 年	发布"敦煌一站通"服务平台,移动平台上线
2013 年	开通在线发货服务,推出国际 e 邮宝
2014 年	敦煌网俄语平台上线
2015 年	敦煌网法语、西班牙语、葡萄牙语、意大利语、德语五大语言区的站点正式上线,与华泰财产保险有限公司达成战略合作伙伴关系;多语言站点跨境电商海外仓项目正式上线
2016 年	腾讯企点携手敦煌网,布局跨境电商社交商务业务
2017 年	招募全球梦想合伙人
2018 年	俄罗斯 Yandex(央捷科斯)支付与敦煌网达成合作
2019 年	发起组建了"APEC 中小企业全球价值链体系"(SG Network)
2020 年	敦煌网试通海关新政,在"9710"监管方式代码下完成报关
2021 年	敦煌网向港交所递交上市申请
2022 年	敦煌网公司正式升级为敦煌网集团;敦煌网集团旗下社交电商 SaaS(软件即服务)平台 MyyShop 荣获 2022 年度"增长最快全球社交电商 SaaS 平台"称号

二、敦煌网的创新之路分析

王树彤创立敦煌网时正值第一代跨境电商平台发展的成熟期。传统的跨境电商平台属于信息服务平台,以网络信息服务为主,线下会展交易为辅,通过提供让买卖双方发布自己意见的途径,减少双方的信息搜寻成本,但交易双方仍然是在线下达成交易,交易资金并没有流经平台,平台也没有提供更多的服务。平台的主要盈利来自会员费,只有达到相应级别的会员才能获得相应的平台服务。2000 年时,阿里巴巴网站拥有超过 210 万个中小企业用户,占据中国跨境电商市场份额的 90%。当王树彤把自己想创立敦煌网的方案告诉朋友时,得到的答案是"和阿里巴巴做同样的事情,绝对行不通"。

当时的外贸企业仍然在享受中国加入 WTO 所带来的红利。它们大多是来料加工企业,由于中国拥有低廉的劳动力成本而完全不担心全球订单。这导致敦煌网在创建之初不被大多数外贸企业关注,商户规模非常小,甚至有的外贸企业还把敦煌网的模式称为"骗人的把戏"。

但王树彤深谙当时市场中蕴藏的危机,这种缺乏品牌和技术支撑的繁荣是短暂的,要想实现传统外贸企业的转型升级,摆脱低附加值加工的困境,就必须建立一条"网上丝绸之路"。在王树彤看来,当时的阿里巴巴的经营模式并没有摆脱线下交易的影响,没有触及"跨境交易"这个根本话题,更没有真正实现"网上丝绸之路"。要布局网上丝绸之路,让传统外贸企业能够通过互联网途径走出去,就意味着传统外贸企业必须改变被动等待订单的状态,借助敦煌网这类跨境电商平台,足不出户拿到全球的采购订单。

1. 创新运营模式,首推全流程跨境在线交易[①]

传统的 B2B 电子商务只是搭建一个黄页式的信息展示平台,供卖家展示商品及服务信息,而不会提供深度的交易服务,被称为第一代外贸电商平台。在国际贸易形势转变,外贸订单碎片化的大趋势下,多频次的小额外贸兴起并蓬勃发展,更便捷、更安全、更高效的国际贸易在线交易平台呼之欲出。与第一代外贸电子商务平台相比,敦煌网突破了传统的"信息平台"模式的瓶颈,引领中国 B2B 电子商务从信息时代迈向交易时代。

敦煌网的创新和成长让逐渐成为行业巨头的阿里巴巴大吃一惊。阿里巴巴开始跟进尝试同样的模式,并在 2010 年推出跨境电商交易平台速卖通。速卖通依托阿里巴巴平台这一强大后盾,无疑是敦煌网的一个强劲对手。然而王树彤并没有因此受到打击,反而坚定了最开始的想法:交易平台代表着跨境电商平台发展的趋势。

敦煌网以互联网和移动技术等为载体,将国际贸易服务和电子商务服务整合为一体,为中小企业提供一体化的在线外贸平台服务。平台集成网店经营、在线支付、在线融资、在线物流、客户关系管理、纠纷处理、风险控制和信用评价等功能,提供网上跨境交易全流程服务,不仅线上撮合生意,而且线上完成交易,为国际贸易的操作提供专业有效的信息流、安全可靠的资金流、快捷简便的物流。

2. 创新盈利模式,提出"为成功付费"

王树彤选择将敦煌网打造成新时代的 B2B 跨境电商交易平台,因为有交易,平台上有资金流动,敦煌网得以降低会员门槛,不收会员费,开创了"为成功付费"的商业模式,采取佣金制,免费注册,只在交易成功后收取"交易佣金"。佣金的收取比例会根据行业、交易额的不同而有所变化,品类利润越大,佣金比例越高,也就是说,敦煌网必须集中大部分资源,用于促进买卖双方达成交易。这种与服务效果挂钩的收费模式无疑更能适应中小型卖家的需求,也让中小企业更容易加入跨境电商的行列。另外,跨境电商交易平台的核心在于通过平台来完成交易,这就使得交易平台很容易打通产业链,发展其他衍生服务,如为买卖双方提供金融服务、信息服务和物流服务,为买卖双方提供一定的优惠以吸引更多的潜在客户。这些优势都是传统的信息服务型跨境电商平台无法比拟的。

3. 搭建海外数字贸易中心

2021 年 11 月,世界互联网大会印发《2021 携手构建网络空间命运共同体实践案例集》,

[①] 敦煌网:《世界互联网大会高规格案例集印发 敦煌网"中国故事"入选》。

敦煌网与 Karra Global 集团(土耳其)共同申报的海外数字贸易中心项目(APEC CBET-DTC)从 200 余个参选案例中脱颖而出并成功入选,敦煌网的新锐探索,彰显了中国数字贸易赋能全球中小微创业者的创新实践。

作为面向全球的电商孵化项目,"APEC 跨境电商能力建设项目"(APEC CBET)由 APEC 工商咨询理事会(ABAC)中国代表,敦煌网创始人兼董事长、CEO 王树彤在 APEC 层面发起,于 2015 年正式启动,并联合众多国际组织、政商机构和知名高校等展开全球合作,截至 2021 年 9 月,为全球 50 多个国家和地区的近 10 万名中小微创业者、行业协会和政策制定者提供电商专业培训,分享中国数字贸易实践。而入选《2021 携手构建网络空间命运共同体实践案例集》的"海外数字贸易中心"(DTC)项目,正是 APEC CBET 在全球推广的重要落地平台。

依托 DTC,敦煌网在海外搭建了让当地人亲自去看、去体验中国数字经济和供应链优势的新场景,从而使当地人能够更快接受,并且更进一步融入中国市场。针对全球很多地区中小微创业者依然缺乏数字化工具和能力的现状,如何帮助他们实现"数字能力的破冰与升维"呢?"平台赋能+全场景实操",是敦煌网 APEC CBET-DTC 项目给出的答案。自 2017 年正式启动,至 2021 年 9 月,该项目已陆续在土耳其、匈牙利、澳大利亚、美国、西班牙、秘鲁、阿联酋和俄罗斯共 8 个国家落地,为当地人提供集线下选品展示、线上交易、售后服务、海外仓储、数字化技能培训为一体的一站式数字化平台化服务,通过数字贸易全场景实操,赋能当地跨境电商从业者,由点及面提升区域数字贸易活力。以土耳其为例,2018 年,APEC CBET 土耳其数字贸易中心(DTC)在伊斯坦布尔投用。短短 3 个月,为土耳其培训了 500 名小微零售商和 1 000 名创业的大学毕业生,成为土耳其及其周边国家和地区的数字贸易创业孵化中心之一。

自 2016 年起,以 DTC 为重心之一的 CBET 连续被写进 APEC 工商咨询理事会每年给 APEC 各国领导人的信中,成长为 APEC 有重大影响力的数字孵化项目;全球 100 多家商会、Google、Facebook(脸书)、Mastercard(万事达)等行业巨头,以及新加坡理工大学、美国杜克大学、智利 DuocUC 大学和中国对外经济贸易大学等高校与 APEC CBET-DTC 开展合作,分享中国数字贸易的探索经验。此外,APEC CBET-DTC 与金砖国家女性工商联盟(WBA)等合作举办了 2021 金砖国家女性创新大赛等。未来,该项目还将持续推进升级,在更多区域落地,让更多创业者弥合数字鸿沟、拥抱数字经济,实现创业梦想。

4. 融合新业态,发展供应链金融

为了帮助国内中小企业进行融资,敦煌网与中国建设银行、招商银行、民生银行等签署了战略合作协议,联手推出面向微小企业的小额贷款融资服务,先后推出了建行"e 保通"、招行"敦煌网生意一卡通"和民生信用贷款等在线小额贷款产品,基于商户在敦煌网平台上的交易情况和资信记录,为商户提供即时信用贷款,不需要任何抵押和担保,大大降低了中小微企业的贷款门槛,高效破解了我国中小型外贸出口企业融资难题。

2019 年底,敦煌网与中国建设银行合作推出全国第一个面向出口电商的线上普惠金融产品"电商贷",小微型创业卖家可申请最高额度为 200 万元的贷款,年化利率低至 4.5%,且

"1秒放贷"。"电商贷"为众多中小微企业解了燃眉之急,让它们得以在疫情中生存下来。

5. 降低成本,打造一站式便捷跨境物流

敦煌网DHLink物流平台于2014年1月正式上线,并于2014年4月底完成与敦煌网的对接,实现数据互通。为了帮助国内商户解决国际物流配送问题,敦煌网与国际知名物流公司UPS、TNT、DHL、EMS等开展战略合作,并与上述物流公司的系统无缝对接,实现了物流全程在线可追溯,同时国内商户还能享受更低折扣的国际物流服务。敦煌网的外贸商户无须自己寻找物流公司,只要在敦煌网平台上进行操作,就可"一站式"完成在线发货、物流跟踪等,大大提升了物流效率。

2013年,敦煌网推出集货服务,在上海、深圳、杭州、义乌等地布局了5个仓储中心进行货物集中仓储,然后对不同订单的货物进行整合拼箱发货,进一步降低了商户的运费成本,提高了物流效率。

6. 启动去中心化新生态战略

敦煌网旗下的MyyShop是中国供应链与海外去中心化电商的连接者,展现了集"服务能力的中心化"和"销售场景的去中心化"为一体的典型模式。MyyShop是敦煌网下基于SaaS的快速建站智能选品分销平台,致力于帮助全球分销者轻松地建立自身的商业体系。依托中国供给侧优势,MyyShop创新地构建了基于SaaS的快速建站与智能选品的综合服务平台,在下游对接社交媒体、专业网店、线下门店等多类分销渠道,帮助拥有私域流量的个人搭建自身的商业体系。除建站工具外,MyyShop也搭载了交易配套的履约服务,提供快速建站、严选货源、智能选品、一件代发、全场景分销、无忧售后等一站式服务,围绕去中心化场景建立了共赢式经济外循环新通路。

7. 开发JoinChat项目,创新智能客服营销[①]

2022年,敦煌网JoinChat项目荣登由上海报业集团界面新闻发起的"金合奖"年度营销案例榜,这不仅体现了行业内对敦煌网JoinChat项目的高度认可,也标志着敦煌网通过智能客服营销机器人打造的即时会话式私域营销,成为跨境电商出海营销创新的标杆案例。

JoinChat项目上线后,敦煌网官方Facebook Messenger(脸书即时通信工具)日活跃用户数量暴增29倍,Messenger用户数量暴增26倍,Facebook公共主页管理时间缩短25%,65%以上的用户看到Messenger弹窗后选择通过Messenger进行沟通。

此前敦煌网客服团队一直通过Facebook自有的聊天平台Messenger与用户沟通,满足用户需求,由于信息量过大且大部分用户的问题重复,客服团队很难及时回复用户,且人工资源浪费严重。同时Messenger后台缺少二次触达消费者的工具,如果想要针对已有的Messenger用户进行推广,工作量巨大。

基于这一状况,敦煌网JoinChat项目提供了个性化、智能化、高效率的全天候客服体验。只要通过Facebook登录Messenger,即可发起聊天互动,从等待用户发起聊天的被动状态

---

① 敦煌网:《敦煌网智能客服营销机器人项目获金合奖 成为出海私域营销创新标杆》。

转为可主动向用户发起互动的积极状态。通过引入智能客服营销机器人,不仅实现了"24/7"处理客户需求,解决了人工回复慢、二次触达难、用户流失严重召回难的问题,更巩固了与用户的关系,以即时会话式私域营销方式,成功将流量变"留量"。

在获客成本持续攀升的背景下,如何更高效地承接网站获得的自然流量和广告推广用户流量,提高转化率,降低流失率,一直是跨境电商平台面临的重大课题。

技术创新是营销革新保障。针对潜在用户,敦煌网JoinChat项目以数字化、信息化和智能化为抓手,通过智能客服营销机器人的Messenger聊天插件、网页插件等功能,留住网站上的自然访客,二次沉淀通过向进入网站浏览的高价值用户进行广告投放,将Facebook外的电商平台流量引至敦煌网Messenger内。

智能客服营销机器人还可以配置个性化的欢迎语、优惠和商品推荐,减少回应基本问题所花费的时间,更有效地吸引和转化新用户,推动新用户完成购买。敦煌网可以在动态广告中展示每个商品类别中最热门的五款商品,并在广告中嵌入智能客服营销机器人,随后根据受众针对不同类别商品的互动数据,优化动态广告消息流。用户点击广告后,会前往Messenger,随后即可展开对话。对话中,用户会看到多个不同选项,例如特价商品和优惠券,可以根据需要进行选择。这项体验可引导买家找到相关产品并获取优惠券,既实现了客服业务自动化,又打造了个性化的互动功能。

Facebook是品牌出海必不可失的前沿阵地,是企业与海外消费者互动、塑造品牌形象的重要平台。敦煌网JoinChat项目以数字化、信息化和智能化为抓手,通过智能客服营销机器人,实现了与Facebook现有及潜在用户的深入沟通,并挖掘用户深层需求,创造二次沟通机会,构建品牌良好形象并实现再营销的机会,在出海营销领域开辟了有效的创新路径。

三、助力中国企业踏上网上丝绸之路

"网上丝绸之路"是国家"互联网+"倡议的交汇点。"互联网+"帮助工厂、外贸企业、产业链上的各类贸易服务商走上互联网;"一带一路"倡议的实施帮助企业更好地"走出去",进一步融入全球市场。

2013年,全球经济形式变化加剧,中国制造业成本增加,订单碎片化,跨境电商在中国外贸进出口市场的比重快速增加,传统外贸发展越来越艰难,传统外贸企业深度关注跨境电商,"网上丝绸之路"的企业基础不断壮大,敦煌网提出了跨境电商3.0的概念。王树彤认为,跨境电商3.0时代是一个"互联网+外贸"的时代,跨境电商要想继续发展,必须完善自己的品类布局、区域布局和功能布局,既要重视大数据的应用,又要尽可能地满足买卖双方的服务需求,既要提供网上交易和信息流、物流服务,还要提供通关、检验检疫、境外仓、境外线下售后服务等规模性、综合性外贸服务,使得价值链变得更加扁平。敦煌网全面布局,走上了"网上丝绸之路"的快车道。

1. 助推创业创新品牌

敦煌网通过丰富的推广渠道和创新举措,帮助个人和中小微企业实现创新创业梦想,助力中国品牌走向海外市场。2020年,敦煌网集团推出社交电商平台MyyShop,为国内品牌、工厂打开海外网红流量变现这一全新且巨大的增量市场。MyyShop为女性创业者群体提供了相关资源与技术支持,推动多项数字经济赋能女性项目,鼓励更多女性开展数字化创业。

2020年起,敦煌网集团连续发起4届"她力量"全球社交电商女性创业大赛,通过构建一个平等和性别友善的女性创业平台,吸引上千名女性创业者参与,分享她们在社交电商领域的宝贵经验,鼓励世界各地更多的女性投身创新创业活动。

2023年3月,敦煌网推出全新"星云计划",投入亿级营销补贴,对优质商家进行重点扶持,共建品质跨境供给中心,以线上线下融合的新模式,接轨红人经济,开辟"网上丝绸之路"新通道,帮助中国企业扩大品牌影响力。

2. 开发大数据的无限潜力

"网上丝绸之路"不仅仅是对传统丝绸之路的扩容,更是创新之举,拥有丰富、独特的全新内涵。"网上丝绸之路"的关键在于整合物流、信息流、资金流的互联网平台积淀的海量大数据,其丰富的应用场景使生意有无限的想象空间。

互联网沉淀的大数据无所不在,数据来源包括流量数据、交易数据、买家卖家身份信息数据、商品数据、售后数据、物流数据等。敦煌网在线上分析数据后,会通过营销部门与相应的生产企业取得联系,并指导和协助它们进行生产与销售。

敦煌网利用来自商户、制造企业、买家、研究机构的数据建立起境外市场信息大数据库,通过分析询盘情况、订单指数、行业热度及关键词等数据,洞悉各阶段各类型数据的变化趋势,及时判断境外市场形势的变化,使卖家及时了解最新境外信息和动态,合理调整经营规划。而在未来,这些数据将应用在征信、互联网金融、智能销售、风控模型、数据咨询等领域。敦煌网对大数据的把握将成为其掌握互联网时代信息的关键,也是其布局"网上丝绸之路"的必要手段。

3. 开启网上丝绸之路驿站全球建设

2015年G20峰会期间,在中国国家主席习近平、土耳其总统埃尔多安的共同见证下,国家发展改革委主任与土耳其交通运输、海事及通信部部长联合签署了"加强网上丝绸之路建设,务实开展电子商务合作谅解备忘录",旨在共同推进中土跨境电商的合作签约,开启网上丝绸之路驿站全球建设的新时代。2016年3月31日,重庆市与敦煌网就携手签署国家"一带一路""网上丝绸之路"综合试验区建设合作备忘录,敦煌网中国—土耳其跨境电商平台同时启动。在和土耳其达成相关协议后,中国方面和土耳其共同建立跨境电商平台,并由敦煌网承建。该平台除了能够迅速有效帮助地中国商品进入土耳其市场,还能有效帮助土耳其企业走向世界。

不仅是在重庆,敦煌网还不断走访海内外各个国家和地区谋求有关网上丝绸之路的合作。杭州经济技术开发区管委会与敦煌网签订项目投资协议书,敦煌网在开发区投资建设"敦煌网跨境外贸综合3.0平台"项目。青岛市商务局、税务局、海关、商检,新华锦集团董事

跨境电子商务案例

长张建华,敦煌网创始人、CEO王树彤等出席签约启动仪式,这次合作表明敦煌网与青岛携手积极参与国家"一带一路"建设,共建网上丝绸之路。哈尔滨政府也与敦煌网签署战略合作协议,双方将共同建设"哈尔滨对俄电子商务运营中心",打通网上对俄"丝绸之路",使中国商品通过最简洁高效的渠道走向俄罗斯。中国电子进出口珠海有限公司也与敦煌网签署战略合作协议,二者联合推出"跨境电商交易平台+外贸综合服务一体化平台"全新模式,助力传统外贸企业转型"互联网+"。

在海外,王树彤曾与全球十多个经济体的领导人有过会晤,包括俄罗斯总理、韩国总理、墨西哥总统等。2016年7月,西班牙经济与竞争力部贸易国务秘书同王树彤签订跨境电商合作谅解备忘录。双方约定将通过跨境电商平台共同促进两国贸易,共同推进针对两国中小企业的跨境电商能力建设项目,同时加强双边贸易中关于两国市场趋势、产品类别以及质量标准等领域的信息互换。敦煌网还建立起多个境外运营中心,盘活国内批发市场的货源,对接线上线下的境外批发市场,实现线上线下统合互动、内外贸一体的新型O2O(线上到线下)体系。

网上丝绸之路海外战略布局已经成了敦煌网的未来战略发展重心。从十多年前的朦胧探索到现在的目标清晰,敦煌网已经将"网上丝绸之路"向纵深发展。正如王树彤展望未来发展时说的,网上丝绸之路不仅仅是企业战略的选择,更是时代的选择,是连接中国传统外贸和先进信息技术的必由之路。

◇ 案例小结:中国视角

敦煌网在跨境电商发展的摸索期开始布局"网上丝绸之路"。为了吸引中小外贸企业关注互联网销售,敦煌网颠覆了B2B信息服务模式,创立了"为成功付费"的跨境电商交易平台。敦煌网利用自身的平台优势协助传统企业、创业型企业在境外市场创建自主品牌,并在大数据分析基础上孵化卖家和培育买家,建立了跨境电商完整的生态链,营造了"网上丝绸之路"的繁荣气象。作为中国B2B跨境电商平台的领跑者,敦煌网通过整合传统外贸企业在关检、物流、支付、金融等领域的生态圈合作伙伴,打造了集相关服务于一体的全平台、线上化外贸闭环服务模式,极大地降低了中小企业对接国际市场的门槛,不仅赋能国内中小企业,也惠及全球中小微零售商,并成为二者之间的"最短直线"。随着跨境电商发展的渐趋成熟,敦煌网还主动融入国家大战略发展,努力引领"网上丝绸之路"走出国门,与沿线国家和地区合作共建"网上驿站",为国家"一带一路"倡议的落实提供线上支持。

随着我国电子商务的快速发展,传统的只提供信息中介服务的第一代跨境电商平台已经不能适应新时代的要求。特别是2008年国际金融危机之后,外贸整体环境恶化,贸易保护主义卷土重来,出口成本增加,国际市场需求下降等诸多不利因素相继出现,中国出口企业迫切需要能够提供全方位出口服务的新型综合型跨境电商平台。

2017年,习近平主席在第一届"一带一路"国际合作高峰论坛开幕式的演讲中指出:"我们要坚持创新驱动发展,加强在数字经济、人工智能、纳米技术、量子计算机等前沿领域合作,推动大数据、云计算、智慧城市建设,连接成21世纪的数字丝绸之路。我们要促进科技同产业、科技同金融深度融合,优化创新环境,集聚创新资源。我们要为互联网时代的各国青年打造创业空间、创业工场,成就未来一代的青春梦想。"

"网上丝绸之路"的提出,不仅打破了国家或地区之间界限的限制,也将"一带一路"倡议由传统的海上和陆地两个维度,延伸到了海陆空、基础设施、配送、清关以及国际支付等维度,极大地拓展了跨境电子商务合作的新空间。中国与"一带一路"相关国家电子商务领域的政策沟通不断深入,"一带一路"电商合作机制正逐步建立。

"网上丝绸之路",不仅是贸易交流之路,也是文化交流之路。"网上丝绸之路",正是开放、包容、普惠、共赢的中国理念和中国方案在外贸领域的运用。从无数铃声遥过碛的陆上丝绸之路,映日帆多宝舶来的海上丝绸之路,到突破时空、联通全球的网上丝绸之路,中国为世界贡献了构建人类命运共同体的中国方案、共建共享共赢的中国理念。

◆ 思考题

1. 敦煌网的成立与发展历程反映了跨境电商平台怎样的发展趋势?
2. 敦煌网的运营模式有何创新之处?
3. 敦煌网在数字化创新方面有哪些措施?
4. 敦煌网提出的"网上丝绸之路"是如何促进"一带一路"倡议的发展的?

◆ 参考文献

[1] 张战伟. 跨界思维:互联网+时代商业模式大创新[M]. 北京:人民邮电出版社,2015.
[2] 李鹏博. 揭秘跨境电子商务[M]. 北京:电子工业出版社,2016.
[3] 朱秋城. 跨境电商3.0时代:把握外贸转型时代风口[M]. 北京:中国海关出版社,2016.
[4] 邱如英. 大数据视角下的跨境电商[M]. 广州:南方日报出版社,2018.

◆ 拓展阅读

2022年全球品牌评选 MyyShop当选"增长最快全球社交电商SaaS平台"

由 *Global Brands Magazine*(《全球品牌杂志》)举办的2022年度全球品牌评选(Global Brand Awards)结果揭晓,敦煌网集团旗下社交电商SaaS平台MyyShop凭借自身的迅猛发展,以及对全球范围内所涉用户作出的贡献,荣获2022年度"增长最快全球社交电商SaaS平台"。

Global Brands Magazine 总部位于英国,是刊登重量级企业品牌发展相关新闻及前瞻观点的全球最大品牌刊物之一。Global Brand Awards旨在表彰世界范围内具有重大品牌价值的优秀企业。据悉,2022年共有超过7 000家企业与品牌参与评选,历时2个月的评审,覆盖金融、教育、生活方式、科技等23个行业的企业与品牌获得奖项。和MyyShop一起获奖的企业与品牌还包括网络安全软件及服务公司趋势科技(Trend Micro)、传音科技旗下

品牌 TECNO Mobile、东亚银行（BEA）、中泰国际金融有限公司、瑞坦科技（Regtank Technology）等。

MyyShop 迅速发展的背后，是正在席卷全球的社交电商浪潮。随着人们在社交平台上花费的时间日益增加，消费者对社交购物功能的需求不断增长。据 tech.co 的调查，截至 2022 年，全球社交媒体的使用人数已达 47.4 亿，影响着全球一半以上的人口。去年，在全球进入后疫情时代、经济低迷的情况下，用户增长达破纪录的 1.9 亿。预计 2027 年将达到 58.5 亿。社交媒体已经全面进入全球人类的生活并扮演了举足轻重的角色。

作为去中心化的社交电商 SaaS 平台，MyyShop 在碎片化消费时代应运而生，并重新演绎了"连接者"和"赋能者"的角色。基于三大独特优势——强大供应链、AI 大数据赋能、全链条履约服务，MyyShop 实现了对人、货、场景、内容的最大化连接，并凭借敦煌网集团在跨境电商领域 18 年的深厚积淀，搭建了完善的 SaaS 服务矩阵，包括大数据选品 SaaS 平台先知 AI、社交电商智能营销平台纵横、跨境物流智慧平台驼飞侠 DHLink、社交电商教学平台星链等，提供从选品、建站、营销到履约的全链条服务。对于活跃在海外社交平台上的内容创作者等"新微商"来说，MyyShop 提供了一站式社交电商变现工具和服务，帮助他们成就好生意；而对于中国的出海卖家来说，MyyShop 则通过创造新场景、激活新流量的方式，帮助他们以更轻便、更灵活的方式拥抱社交电商和 Z 世代消费浪潮。

市场用数据表达了对 MyyShop 模式的认可：自 2020 年秋上线，到 2022 年 6 月底，不到 2 年时间，MyyShop 触达全球网红博主数量突破 166 万，沉淀商品超 400 万，短视频播放量合计突破 1 473 亿，覆盖全球粉丝人次超过 1 300 亿。2022 年第一季度，MyyShop 活跃用户数量及付费用户数量同比增长 76.3％和 65.6％。"我们有信心保持强势增长的态势，在 3 年内带动交易额突破 38 亿美元，活跃网红数量突破 100 万。"敦煌网集团创始人兼董事长、CEO 王树彤在公开采访中表示。

（资料来源：敦煌网官方网站，2022 年 10 月 26 日）

案例8 从辉煌走向破产的"环球易购"

一、引言

近年来,电子商务蓬勃发展,成为促进我国经济转型升级的重要力量。早期的深圳市环球易购电子商务有限公司(简称"环球易购")是以跨境电子商务在线B2C零售出口为主要业务的电子商务公司,在全球一体化的时代背景下,凭借深圳极其集中的电子市场的优势,积极开发海外市场。环球易购在海外拥有较好的销售网络,得到了欧美多国客户的认可,一度成为跨境电商行业的标杆。经过10年的发展,在2017年营业额突破100亿元,领先安克、傲基、有棵树、泽宝等大卖家多年进入了"百亿元俱乐部"。环球易购曾被遴选为商务部电子商务示范企业。

然而曾经风光无限的环球易购,如今却以被申请破产落幕,实在令人惋惜。环球易购作为国内最大的跨境电商平台之一,业务涵盖范围广泛,营收在2017年就破百亿元,从巅峰到申请破产仅短短的4年,这家公司究竟经历了什么,为何几乎一夜之间陨落,我们一起回顾一下这家曾经的跨境电商王者。

二、环球易购的发展历程(图1)

2007年,环球易购在深圳成立。

2011年,环球易购成立香港全资子公司,获深圳创新投的风险投资,推出Excelvan等3个自有品牌。

2012年,环球易购开始建立海外仓。

2013年,环球易购获得"广东省守合同重信用企业(网商)"。

2014年,通过借壳上市公司"百圆裤业",成功在A股上市,环球易购赢得了"A股跨境电商第一股"的美称。

2015年,"百圆裤业"更名为"跨境通",成为国家级电子商务示范企业,同年营收达到39.61亿元,净利润达到1.66亿元。

2016年,营收85.37亿元,新办公楼启用,同时连续三年荣获"供应商信赖的跨境电商平台"奖,并依托自建品牌"五洲会",初步搭建了覆盖自有平台、第三方平台、移动端、微商、O2O线下体验店的全渠道进口电商体系。第三方平台及O2O线下体验店初显品牌效应,海外商品资源、跨境供应链、保税区仓储等资源方面也取得一定成绩。

2017年,公司成立十周年,营业额突破100亿元,全年营收达到140.18亿元,净利润

7.67亿元。同年10月,跨境通达到其股价历史高点24.68元/股,总市值一度接近400亿元。

2018年,整个集团收入达到215.34亿元,净利润6.13亿元。

2019年,环球易购在美、德、意等33个国家建设了近40个海外仓,也就是这一年,环球易购因为库存就损失了约12.2亿元。

2020年,跨境通实现总营收170.21亿元,同比减少4.77%,亏损高达33.74亿元,远超2019年的20多亿元的亏损。而作为跨境通的主要营收来源的环球易购,2020年亏损高达29.5亿元,资金的紧张也导致跨境通被多名供应商公开催款。

2021年,跨境通被戴上了"ST"的帽子。与此同时,跨境通也发生了人事地震。环球易购创始人徐佳东因个人原因申请辞去公司董事长、总经理等职务,同时辞去公司全资子公司深圳市环球易购电子商务有限公司的一切职务。除了徐佳东,还有公司监事李杰、周春艳,内部审计负责人王小玉,共计十几名高层提交了辞职报告。

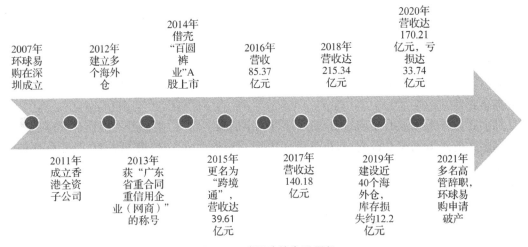

图1 环球易购的发展历程

2021年,工商银行深圳南山支行向广东省深圳市中级人民法院申请环球易购破产重整。同年6月16日,《中国经营报》记者从环球易购母公司跨境通披露的重大诉讼、仲裁公告中获悉,工商银行深圳南山支行与环球易购的涉案金额达2 173.6万元。

环球易购虽然现在已经破产,但曾经的环球易购是如何在竞争激烈的跨境电商中成长起来,之后又是通过何种途径做大做强的呢?

三、环球易购成功的商业模式

(一)扎根中国,惠通全球

环球易购通过跨境B2C电子商务在线零售模式把中国制造的产品直接销售给境外终端消费者,为境外客户提供一流的中国产品,由此成为中国外贸B2C行业的领航者[①]。

---

① 马述忠,柴宇曦,濮方清,等.跨境电子商务案例[M].杭州:浙江大学出版社,2018.

环球易购主要经营跨境零售出口业务,采用买断式自营方式,直接面对境外终端消费者,以网上零售的方式将产品销售给终端客户。环球易购通过自建专业品类和多语种的多维立体垂直电子商务平台体系,以高性价比的中国制造的产品为全球用户提供海量选择,在线产品 SKU 数量超过 25.8 万个,主要经营服装、电子产品及手表、玩具等品类。盈利来源主要是产品销售收入。

一开始,由于中国资源成本较低,与欧美等卖家的价差比例高达 20%~60%,价格优势明显,然而一旦这条"黄金航线"变得人尽皆知时,参与竞争的商家就越来越多,利润率随之下降。热门商品是变化的,所以要想始终保持高利润率,环球易购一方面不断寻找新的热门商品,另一方面保留一定的技术壁垒,让其他卖家无法轻易复制。环球易购坚持不要质量不足的产品,也不要质量过剩的产品,始终坚持"合适的才是最好的"的选品策略。

环球易购拥有自己的境外市场、营销团队和客户资源,在 B2C、大数据运营、网络广告、垂直类和第三方电商平台零售经验等方面有着优质的互联网基因。

伴随各国(地区)跨境电商积极投身境外消费市场,一些新兴市场正成为跨境电商零售出口产业发展的新动力,例如本土电商企业并不发达的俄罗斯、巴西、印度等国家消费需求很旺盛,物美价廉的中国产品便拥有了巨大的优势。与此同时,大量企业也在拓展东南亚市场,eBay、Amazon 等电商平台巨头开始进入印尼市场,中东欧、拉丁美洲、中东和非洲等地区的电子商务渗透率依然较低,有望在未来获得较大突破。那么问题来了,全球市场这么大,产品品类又如此复杂,作为初涉跨境电商领域的环球易购究竟该如何进行选择,又该如何实现持续运营呢?

(二) 数据驱动,精准运营(图2)

环球易购作为一家专注于线上跨境出口零售业务的垂直类电商,拥有以服装类平台"Sammydress.com"、3C 电子产品类平台"Gearbest.com"为代表的多个自建专业品类垂直 B2C 电商平台。2016 年,环球易够销售覆盖全球逾 200 个国家和地区,累计拥有超过 3 687.87 万注册用户,实际购买用户规模超 200 万。环球易购利用自营电子商务平台,整合供应商、支付商和物流商,将产品销售给全球的消费者。

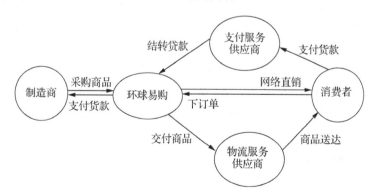

图 2 环球易购运营模式图

然而,当平台建好之后,精细化运营是摆在所有电商企业面前一道永恒的命题。所谓精细化运营就是要不断地精益求精,把任何事情做到最细,在投入相同的情况下产生更大的效益,带来更好的用户体验。电子商务归根结底是一个有着浓厚传统色彩的实体经济模式,供应链很长,涉及采购、销售、仓储、配送以及客户服务等诸多环节,每一个环节以及环节与环节之间涉及的很多细节都需要不断优化。一个企业的成与败,很大程度上取决于运营、管理等方面的细节是否做好。

环球易购盈利的快速增长源自其优秀的互联网基因:精准的客户定位、产品定位以及精准营销。环球易购的主要市场集中在欧洲(约占50%)及北美地区(占41%),在评估过欧美市场的客户需求和消费习惯后,环球易购将主要客户定位为全球具有互联网消费观念的年轻群体,这部分消费群体基数大,对价格敏感,且契合服装服饰、3C类电子产品等主要跨境电商产品的年轻属性。除此之外,环球易购会针对拉丁美洲和非洲市场实际需求开发一些产品。例如,非洲市场需要什么价位的衣服,环球易购就专门开发这一类的产品销往非洲;非洲消费者特别喜欢假发,尤其热衷于卷发,假发的市场消费需求非常大,再加上开发生产新产品的成本并不高,所以假发为环球易购增加了不少销售额。

在产品定位方面,环球易购拓展贴近全球崇尚"快时尚"的年轻消费客群的商品品类,依托较为完善的境外仓储和物流体系,增加了家居园艺、汽车零配件等大体积产品的投入,开拓如婚纱礼服定制化产品、可穿戴设备、珠宝饰品等配饰类产品,并加大新品类的推广力度。在新品导入方面,环球易购依靠数据库提供的产品市场数据、客户行为分析数据等,寻找符合用户需求的适销产品并保持合理备货量,确保产品开发的成功率,实现库存规模的最小化和仓库坪效的最大化。

在精准营销方面,环球易购主要利用社区化营销、关键词竞价排名、搜索引擎优化、论坛营销、邮件营销等多维度立体营销模式进行推广,凭借对境外终端消费者的消费需求、习惯和互联网趋势的准确把握,利用数据挖掘、用户行为分析和兴趣定位,从产品广告素材制作、网络媒体流量监控、在线广告投放和流量导入等方面进行大数据分析和精准营销推广,提高流量销售转化率和广告投资回报率。在平台建设上,环球易购也紧跟时代的发展潮流,随着智能手机和平板电脑等移动智能终端的快速普及、网购界面的不断美化、消费习惯的改变和移动支付的成熟及优化,移动电子商务市场处于流量红利的爆发时期。为了充分抓住移动电子商务发展机遇,环球易购在2013年就推出了iOS版本和Android版本的App,到2015年,移动端流量占比就达到30%,销售占比达15%,环球易购有关负责人表示,"环球易购将持续加强移动端的投入,分享移动端口行业盛宴"。随着自身管理方式、物流体系、资金周转、客服能力和平台品牌的逐渐成熟,为了最大限度利用市场资源,环球易购审慎地在适当的时机开放平台,通过获取更多的资源、提供多样化的产品和服务来巩固消费者的品牌忠诚度。

(三)开拓市场,本土化服务

外贸电商本土化是未来跨境电商发展的必备基础。

本土化服务,语言是第一步。环球易购除了建立英文网站之外,还提升了西班牙语、葡萄牙语、俄语、阿拉伯语和法语等小语种国家的渗透率,以此推动销售收入的增长,提升客户黏性和客单价。

环球易购在网站的产品区也做了一些改进,网站上有主图、详情页、买家秀、包装图、产品护理保养图、物流图、常见问题解答(FAQ)等模块;在文案方面,添加了直白有效的描述,图文结合;营销手段则添加了关联营销、晒销量和晒好评等(表1)。

表1 网站产品营销与服务模块

模块	内容	模块	内容
广告区	欢迎光临图	产品使用图区	测量示意图
	关联营销模块		数量需求图
	促销信息		护理讲解图
产品展示图区	产品图	产品评价图区	消费者分享图
	摄影图		公司形象图
	细节图		明星代言图
	效果图		好评图
产品细节图区	尺寸示意图	支付与售后图区	付款图
	特点介绍图		物流示意图
	产品对比图		退换货政策图
	包装、包裹图		请给好评示意图
	产品参数图		FAQ图

环球易购增加了支付供应商,为消费者提供更加本土化、多样化和便捷的支付工具。环球易购开通了PayPal收款和信用卡支付渠道。据环球易购测算,支付方式对订单转化率有比较大的影响,当接通独立信用卡通道后,订单量有明显提升,而且客户选择信用卡支付的比例很快超过PayPal。

环球易购通过分析消费者的下单经验,发现同样一种商品,一个是在外地发货,一个是在本地发货,消费者基于时间成本的考虑,通常都会选择在本地发货的商品。环球易购选择使用第三方物流,例如DHL、FedEx等运输公司来提高产品利润率,这样商品3天就可以到达境外市场。对于一些非常便宜的东西,客户对运输速度的期望不会那么高,完全可以用国际(地区间)快递公司,这样就可以省去建立境外仓的额外成本。

环球易购的服务理念是"服务只有起点,满意没有终点"。关注细微环节,维护既有客户并不断开发新用户,这样才能不断赢得市场、保持产品利润率。

四、"环球易购"破产的原因分析

(一)环球易购的疯狂铺货模式

环球易购快速陨落的原因,还得从2014年与A股上市公司"百圆裤业"的结合说起。这一年随着环球易购越做越大,来自山西的杨建新、樊梅花夫妇看上了这个潜力巨大的公司,时任跨境通(原百圆裤业)董事长的杨建新大手一挥,斥资10.32亿元将环球易购收购,并推动其直接在A股上市,环球易购也成为A股上市的第一家跨境电商企业。

自上市开始,环球易购一路狂奔,到2017年大爆发,环球易购快速发展达到前所未有的高度,年GMV直接飙升到百亿元级别,达到140.18亿元,净利润7.67亿元。同时环球易购母公司跨境通达到其股价历史高点24.68元/股,总市值一度接近400亿元。

从2014年借壳上市,到2017年达到顶峰,4年时间内环球易购以火箭般的速度蹿升,2017、2018年营收均超过百亿元,然而到2019年故事开始往另一个方向发展。

据公开资料显示,一路狂奔的环球易购在2019年达到SKU留存量43.8万,这不是一个小数目,与如此庞大的SKU相呼应的是环球易购在美、德、意等33个国家建设了近40个海外仓,也就在这一年,环球易购因为库存就损失了约12.2亿元。存货达到了几十亿元,仅2019年存货跌价计提就达到了26亿元。

环球易购的经营方式以传统铺货模式为主,以多标品、低利润吸引客户流量。多标品在经营方式上表现为大量开店和单店大量上SKU,而低利润则表现为价格战。两种经营模式都存在极大的风险,易造成环球易购供应链薄弱等问题。

早期的铺货在Amazon上十分普遍,环球易购一骑绝尘的SKU数量足以证明其早期是靠着到Amazon、eBay等第三方平台疯狂开店做铺货发展起来的。而进入存量时代后,商家重点发展精细化运营,各个行业都在强调供应链的重要性,铺货模式的风险是非常大的,还会造成供应链薄弱等问题。

环球易购早期为快速扩张,孤注一掷地走铺货模式,导致库存严重积压,并利用价格战等不利方式,盲目追求销量,出现金融危机一般的"泡沫特征"。最终造成资金链断裂、周转不善的情况出现。

(二)被资本绑架

环球易购创始人徐佳东在跨境通收购环球易购之时,曾签下了一份对赌协议,而如今看来,导致大楼崩塌的地基裂纹,正是这一份对赌协议。

这份协议规定,环球易购创始人徐佳东及各大股东,要以自己的股份或现金作为赌本,在2014年至2017年的4年时间里,每年都要保证一定数额的公司净利润,到2017年,需要达到最高的1.7亿元。杨建新夫妇也许压根就没有考虑环球易购的长远发展,这一招杀鸡取卵,直接导致环球易购在2014年以后一门心思地扩张。

为什么要疯狂开新店、大量备货?这一系列的操作都是为了业绩。然而,2019年,银行开始向环球易购断贷,加上大量库存积压,公司运转资金紧张,开始拖欠供应商货款,一部分供应商不再愿意给其供货,环球易购在相当长的一段时间里只能销售库存。

从2014年上市开始,环球易购因为签下了对赌协议,不得不开足马力一路狂奔,只为完成协议。如果没有这个对赌协议,稳扎稳打的环球易购还会遭遇生死危机吗?

(三) 管理不善

环球易购早期在 Amazon、eBay 等第三方平台疯狂开店、铺货,发展迅速,利用信息差、价格差赚钱,但并没有创造新的商业价值。

快速扩张造成了管理混乱,公司只求业务规模,不顾行业风险、平台政策风险、库存积压风险,以及这些风险所带来的致命影响,这些都证明了环球易购团队在业务高速增长过程中管理能力的不足。

缺乏完善的平台处理体系,导致环球易购无法做到单个 SKU 的精细化管理,海量的 SKU 占据了公司大部分现金流,形成了运营上的"重资产"。在广告投入和促销推广上的决策失误,导致环球易购不良存货大量积压。

(四) 资产与人事变动

环球易购自 2019 年起开始大幅亏损,并被供应商催款,这甚至导致其母公司跨境通股价一路下跌。2021 年 5 月 8 日,跨境通发布公告称,徐佳东因个人原因申请辞去公司董事长、总经理等职务,同时辞去公司全资子公司深圳市环球易购电子商务有限公司的一切职务。除了徐佳东,还有公司监事、内部审计负责人等高层提交了辞职报告。

人事大地震以及连续 2 年业绩不理想,导致跨境通的股价一度跌到每股 1.78 元,市值不足 30 亿元。内部团队管理的混乱和内耗,更导致整个公司人心涣散,员工总数从 3 353 人降至 885 人,缩减幅度几乎达到 3/4。大量的人才流失,进一步将公司推入深渊,这成为压垮这个百亿元市值巨头的稻草。

(五) 疫情冲击

2020 年,突如其来的疫情让整个跨境电商行业遭遇了前所未有的挑战,这让原本有资金周转困难的环球易购雪上加霜。

2020 年,全年跨境通实现总营收 170.21 亿元,同比减少 4.77%,亏损高达 33.74 亿元,远超 2019 年的 20 多亿元的亏损。而作为跨境通的主要营收来源的环球易购,2020 年亏损高达 29.5 亿元。2021 年,跨境通为了公司的资金周转不得不剥离了手上的"现金奶牛"帕拓逊。最终帕拓逊以 20.20 亿元转让给小米、顺为、鼎晖、量子跃动、希音国际(SHEIN 母公司)等公司,而帕拓逊曾在 2020 年前三季度为跨境通赚了 2.29 亿元,利润"秒杀"其他子公司,仅在 Amazon 上的 Bestseller(畅销品)就累计超过 606 个。同时环球易购还剥离了快时尚品牌 ZAFUL(飒芙),这使得 ZAFUL 能够独立发展,避免被母公司的债务危机波及。此时 ZAFUL 拥有 4 000 万用户,ZAFUL 和环球易购旗下另一个独立站大站 Gearbest 数次登榜 BrandZ 中国全球化品牌 50 强名单。

疫情导致商品的运输及供给方面受到很大限制,对行业和产业链都造成了巨大的影响,不断上升的进货成本、运营成本、破损成本以及流量成本等都成为环球易购资金方面的压力。

跨境电子商务案例

◇ 案例小结：中国视角

"通过跨境电子商务把中国制造的产品销往境外，推动中国制造走向世界"是环球易购的经营理念。依靠跨境电子商务带来的广阔市场以及丰厚的利润空间，环球易购成功实现了从传统的"线下外贸"到"跨境电子商务"运营模式的转变。从市场选择到产品定位，从传统欧美市场到新兴市场，从境外直销到境外仓的建立，环球易购精准的运营模式和专业的本土化服务赢得了中国供应商和境外消费者的信赖。然而疯狂铺货、快速扩张、管理不善、资产和人事变动、对赌协议和疫情，让环球易购迅速跌落神坛。

卖货只是短暂的生意，中国企业想要走出去，实现全球化战略，还是需要拥有占领消费者心智的品牌。品牌意味着更高的溢价、更高的估值。而构建品牌的过程当中，每个中国跨境电商卖家都必须面对一系列问题，比如如何才能保持持续盈利、保持资金安全、保持挣到现金而不是一堆不良库存、保持税务安全、保持人员稳定、需要钱能找到钱等这些问题。早年靠着铺货模式成长起来的跨境电商大卖家们，现在多在经历漫长的阵痛期，谁能尽快构建起合规化、精细化和数据化管理体系，谁才能在未来笑傲江湖。

环球易购的破产给中国企业带来的启示如下：

第一，追求成绩要重实效，脚踏实地，不盲目，不浮夸，不急功近利。环球易购的野蛮铺货模式，以及与投资人签订的疯狂对赌协议，是环球易购破产的根本原因。脚踏实地做好企业，不疯狂扩张，才是企业持续稳定发展的法宝。如果没有那一场豪赌，而是注重打造强劲供应链，对 SKU 做精细化管理，在疫情反复，原材料、物流、运营、汇率成本不断飙升，以及众多新卖家、新力量纷涌而入的竞争中，环球易购未必会输。

第二，培养风险防范意识。2019 年 12 月 26—27 日，习近平总书记在主持召开中共中央政治局"不忘初心、牢记使命"专题民主生活会时指出："遇到重大风险挑战、重大工作困难、重大矛盾斗争，要第一时间进行研究、拿出预案、推动工作，决不能回避、绕着道走，更不能胆怯、惧怕。"资本入局，企业一方面要保证每年的销售额与利润率；另一方面，要保证企业持续稳定的发展。要达到这些目标，企业必须从战略规划、股权架构、资金管理、存货管理、财务管控、税务筹划、员工管理、法务防范等多维度防范潜在风险，全方位夯实企业基础实力。只有这样，才能在风险中寻求更多的机会。

◇ 思考题

1. 环球易购是如何规划目标市场的？
2. 环球易购是如何进行产品定位来获得境外消费者的青睐的？
3. 在开拓境外市场的过程中，环球易购是如何实现精准营销的？
4. 从环球易购的失败中，你得到了什么启发？结合你自己的经历来谈一谈。

5. 如果环球易购没有破产,你认为环球易购该如何调整战略、走出困境?

◇ 参考文献

[1] 马述忠,柴宇曦,濮方清,等.跨境电子商务案例[M].杭州:浙江大学出版社,2017.

[2] 环球易购被申请破产引发行业震动[J].中外玩具制造,2021(7):32-33.

[3] 赵小南,南七道.被资本绑架的外贸生意[J].企业观察家,2021(1):68-72.

[4] 向冰,易兵.跨境电商企业在"一带一路"沿线国家和地区贸易存在的问题与对策:以深圳市环球易购电子商务有限公司为例[J].经营与管理,2019(7):58-61.

[5] 方思.跨境电商背景下海外仓物流模式及选择策略研究[J].福建交通科技,2020(4):173-176.

案例9 一达通:数智化外贸综合服务平台

深圳市一达通企业服务有限公司(简称"一达通")成立于2001年,是中国第一个面向中小企业的外贸综合服务平台,通过互联网为中小企业和个人提供金融、通关、物流、退税、外汇等所有外贸交易所需的进出口环节一站式服务,改变了传统外贸经营模式,集约分散的外贸交易服务资源帮助广大中小企业和个人减轻了外贸经营压力、降低外贸交易成本、解决贸易融资难题。一达通于2010年11月加入阿里巴巴后,形成了从"外贸资讯"到"外贸交易"的中小企业外贸综合服务平台,为广大中小企业和个人从事对外贸易提供了更为全面的服务,是典型的中小企业外贸综合服务平台。

一、一达通发展历程(表1)

1. 培育期(2001年—2007年)

2001年,对外贸易经济合作部印发了《关于进出口经营资格管理的有关规定》,明确规定进出口经营资格实行登记和核准制。在这样的政策背景下,一达通应运而生,顺利取得了进出口权,开始提供进出口代理服务。在初创期,一达通采取了三项与众不同的策略:

(1) 开发服务IT系统:当时,其他同行大多采用人工线下操作的方式,而一达通则率先开发了服务IT系统,实现了业务的线上化和自动化。

(2) 定位于中小企业客户:与主要定位于大企业客户的同行不同,一达通将目标客户群体定位于中小企业,更好地满足了这部分客户的需求。

(3) 按单固定收费:在收费模式上,一达通采取了按单固定收费的方式,与其他同行普遍采用的按交易额比例收费模式形成鲜明对比。

然而,由于这些模式过于超前,一达通在成立后的七年时间里一直处于亏损状态。

2. 收获期(2008年—2009年)

2008年,金融危机爆发,外贸行情不佳,企业资金周转困难,开始在物流等服务环节进行"节流"。企业通过一达通只需每单缴纳1 000元服务费,即可省去自行报关报检、退税结汇的麻烦,还能获得更加便宜的国际(地区间)运费和保险费。针对中小企业的资金问题,一达通与中国银行合作推出了信用证贷款、退税融资等服务,进一步缓解了企业的资金压力。凭借这些优势,一达通在金融危机期间实现了扭亏为盈。

3. 整合期(2010年—2013年)

2010年,阿里巴巴成功收购了一达通,并随后将其整合进入了其外贸生态圈。阿里巴巴国际站自成立以来主要扮演着信息平台的角色,为买家和卖家提供信息交流与匹配的渠道。然而,在信息日益便捷化、透明化的今天,单纯的信息平台面临着日益激烈的竞争,其竞争优势逐渐减弱。为了应对这一挑战,阿里巴巴国际站亟需实现从信息平台向交易平台的转型。而一达通凭借其在外贸服务领域的深厚积累,恰好能够为这一转型提供有力的支持。一达通不仅拥有完善的外贸服务体系,还具备丰富的行业经验和客户资源,这些都为阿里巴巴国际站的转型注入强大的动力。与此同时,阿里巴巴所拥有的资金、品牌以及外贸供应商等资源,也为一达通的腾飞提供坚实的支撑。

4. 爆发期(2014年至今)

2014年,一达通正式成为阿里巴巴的全资子公司,迎来了其发展历程中的爆发式增长时期。同年5月13日,阿里巴巴旗下的阿里国际平台宣布,通过一达通平台出口的企业,无需支付服务费,且每出口1美元可获得最高3分人民币的补贴。7月22日,阿里巴巴联合七家银行推出了"网商贷高级版",使得企业通过一达通平台每出口1美元即可贷款1元人民币,最高贷款额度可达1 000万元。12月11日,阿里巴巴国际站启动了信用保障体系,该体系根据供应商在一达通平台上的真实交易进行额度授信,并对买家承诺"你敢买,我敢赔",这一举措极大地消除了买家的下单疑虑,使得一达通的客户数较上一年翻了一番,呈现出爆发式的增长态势。

为了进一步拓展市场,2015年9月15日,阿里巴巴B2B外贸综合服务部(即一达通)推出了名为"一拍档"的新型外贸服务合作伙伴模式。该模式下,一达通充分发挥其平台管理、资源和品牌优势,而合作伙伴则主要承担市场开拓和客户服务的工作。一拍档的服务范围广泛,包括为客户提供使用一达通出口通关、结汇、退税、金融、物流等服务的相关咨询以及跟单等外贸服务。合作伙伴可根据自身业务优势,为客户提供配套的物流定制化服务及指导办理商检等个性化服务,从而共同形成更加完整的外贸服务体系。加入一拍档的第三方服务商,不仅能获得退税款、金融服务利息等可观利润,还能通过提供其他个性化外贸服务获得额外收益。这一模式的推出,使得一达通从单一的平台升级为更加完善的外贸服务生态圈。

一达通始终致力于成为全球卓越的外贸综合服务平台,通过不断优化和拓展服务,为客户提供更加高效、便捷、全面的外贸服务支持。2016年7月,一达通2.0服务全面升级,联合更多第三方,利用大数据技术提升客户的服务效率,降低客户的出口成本。2018年11月,深圳市一达通全面升级为阿里巴巴跨境供应链,为全球中小企业在跨境贸易领域提供支付、结算、关务、物流、财税、金融等一站式解决方案。为了进一步提升客户体验,为客户提供更加便捷、快速的服务,一达通在2023年7月对其代理出口服务(2N)的客户准入链路进行了全面优化。该服务取消了贸易型和生产型企业对外贸易经营者备案的条件限制,从而降低了客户准入的门槛,使得更多企业能够享受到一达通的高效服务。2023年11月,一达通在原有的代理出口通关及资金收结汇服务基础上,进一步拓展了服务范围。新增的服务包括"一达通订单代操、一达通代办退税、物流方案制定及专人跟单"等,这些服务旨在为客户提供更加全面、细致的出口服务支持。

跨境电子商务案例

为了更好地满足客户的多样化需求,一达通积极引入外贸生态链条上的各类第三方服务企业,如货代、外贸进出口代理、报关行、财税公司等。这些企业作为一达通的紧密合作伙伴,能够为一达通的客户提供本地化、贴身化、个性化、低成本的出口配套服务。通过一系列的升级与拓展,不仅提升了一达通的服务水平,也进一步巩固了其在外贸服务领域的领先地位。

表1 一达通发展历程

时间	重要事件
2001年	国内第一个在线进出口服务系统(1-TIEPM System)立项开发、2003年投入使用
2002年	国内第一个进出口环节管理专业标准(1-TIEPM Standrad)开发完成
2003年	与中国银行深圳分行合作开发出国内第一个进出口资金监管系统
2008年	与中国银行深圳分行合作推出国内第一个中小企业外贸融资系列产品"中心企业外贸融易",融资无须任何抵押担保
2009年	推出国内第一个免费的在线外贸成交数据认证
2010年	阿里巴巴(中国)网络技术有限公司控股一达通
2011年	与中国银行深圳分行联合推出"中小企业外贸通宝"系列融资产品,融资无须任何抵押和担保
2012年	与阿里巴巴联合推出"一达通数据服务",全国首创第三方数据认证平台;一达通的项目被国家发展改革委列为"国家电子商务试点"
2014年	阿里巴巴集团全资收购了一达通,一达通也成为外贸综合服务模式的开拓者
2015年	阿里巴巴一达通推出外贸服务补贴
2018年	一达通全面升级为阿里巴巴跨境供应链,在传统的关务、外汇、退税服务的基础上,为全球中小微企业提供信用保障、国际物流、支付与结算、金融等服务
2020年	中信银行联合一达通创新推出国内跨境电商一般贸易全线上出口收汇系统
2023年	推出一达通代理出口服务升级版(简称"一达通2N PLUS")

二、一站式服务模式

一达通一站式服务模式是指,通过整合海关、物流、金融、税务、外汇等关键环节的资源,为企业提供从订单管理、报关报检、仓储配送到融资结算等全流程、一站式的跨境贸易服务。这种服务模式旨在简化贸易流程,降低企业成本,提高企业竞争力。

一站式出口基础服务涵盖了从合同签订、货物准备、报关报检、物流运输到收汇结汇等全链条的出口服务。一达通提供专业的合同模板和审核服务,帮助客户规范合同内容,规避法律风险。同时,通过线上签约系统,实现合同的快速签订和存储,提高合同签署效率。在货物准备阶段,一达通提供产品质检、包装建议等服务,确保货物符合出口要求。此外,一达通还与客户紧密合作,制定合理的生产计划和发货计划,以确保货物的及时交付。专业的报关报检团队,能够为客户提供准确的报关报检咨询和代理服务。通过高效的报关报检流程,帮助客户快速完成相关手续,缩短出口周期。一达通与多家知名物流公司建立合作关系,设计多种物流运输方案供客户选择。同时,一达通还提供货物跟踪、保险等服务,确保货物在运输过程中的安全和顺利交付。一达通为客户提供收汇结汇服务,通过安全、便捷的支付方式,帮助客户及时回收货款。同时,一达通还提供汇率咨询和风险管理服务,帮助客户降低汇率波动风险。

一达通通过一站式服务模式,将原本繁琐的跨境贸易流程进行简化和优化,企业无需再与多个服务商进行沟通和协调,大大提高了贸易效率。通过资源整合和规模效应,一达通能够为企业提供更具竞争力的价格和服务,帮助企业降低贸易成本。一达通拥有丰富的国际贸易经验和专业的风控团队,能够为企业提供全面的风险评估和防控措施,降低企业贸易风险。一达通与多家金融机构合作,为企业提供便捷、高效的融资服务,解决企业资金短缺问题,助力企业快速发展(表2)。

当前外贸综合服务平台提供的服务大体分为基础服务和增值服务两类。前者基本上是按照进出口流程设计,只是更为标准化、简化和互联网化,因为几乎所有平台均有前后端一体化的系统软件支持线上实现交易;后者则主要根据各平台自身优势(主要是资金优势)提供延伸服务,是各平台差异化服务的集中体现模块,同时也是盈利的主要来源。下面以一达通2N PLUS为例进行介绍。

1. 发货

一达通客户在信保订单约定发货日期前完成发货,从信保订单中点击"去发货"。客户按照模板提供资料,录入发货信息,一达通完成商品/品牌审核。

2. 出口报关

客户确认已审核完毕的委托订单并下载报关资料,向海关进行出口申报,一达通根据客户指令进行报关申报对接(一达通报关或客户自行报关)。订单通关放行后,一般10个自然日内出证。

3. 费用结算

系统自动计算,基础服务费在通关完成后收取。订单出口金额以电子口岸数据为准(统一换算为美元)。

4. 出口退(免)税申报

一达通服务审核退(免)税资料并申报退税。

表2 综合贸易服务平台与传统外贸企业的区别

维度	综合贸易服务平台	传统外贸企业
服务模式	服务对象以中小企业为主;全流程多功能外贸综合服务模式;免费+微利公共服务模式;帮中小企业实现易融资、降成本、找市场	提供单一化无差别的外贸服务产品;没有公共服务功能
盈利模式	通过规模效应提高议价能力,降低服务成本;通过信息技术创新和电子商务提高运营能力	单一化的服务收费方式
风险防控	有完善的业务运营系统,有健全的风险控制机制	无风险控制机制

三、外贸综合服务平台面临的风险

平台将无数的中小微外贸型企业集聚起来以获取规模化外溢优势,但规模集聚的同时也必然集聚了风险,可以说风险防控是每家平台的生命线。

1. 退税风险

从目前的实践来看,退税风险是平台最大的风险。退税风险的诱发因素很多,但主要还是与客户主动骗取退税的意图和开票供应商未缴税等有关。骗税客户一般采取以"单货分离"方式非法取得出口报关单、利用"票货分离"方式虚开增值税专用发票、利用地下钱庄打入外汇取得出口收汇核销单,以及拼凑"两单一票"等方式骗取出口退税。

2. 信用风险

基础服务中平台一般先收汇后付款(包括退税款),主要影响在于境外买家信用违约如未付款导致外汇核销问题(海关出口与收汇数据不匹配),但可以通过外汇管理特殊申报予以解决。金融服务中,还款依赖境外买家的信用,其中信用证项下打包贷款还涉及客户与工厂的信用,因此须做好境外买家与贸易真实性验证、信用保险与限额设置、协议约定客户的连带责任等防范措施。

3. 货物质量与知识产权风险

由于平台与工厂及境外买家形式上具有自营购销关系,境外买家对商品质量不合格提出的索赔及商品涉及知识产权而引发的索赔必然首先冲击平台。因此,平台代理服务协议与自营购销协议中须约定:因商品质量问题发生的索赔最终须由工厂承,同时商品因涉及知识产权而发生的索赔损失必须由客户和工厂承担。

四、一达通的风险防控措施

一达通的风险防控模型在风险防控技术手段方面运用了大数据分析技术、移动 App 查验技术、风险参数漏斗技术等;在风险管理系统方面,囊括了平台内部控制治理系统、一拍档管理系统、信用评估系统、资源分配及考核系统等;此外,长期的数据积累形成外贸综合服务平台后台的风险数据库,包括知识产权库、价格数据库、外部风控参数库、历史交易库和商家(买卖)信息库等;还有严格的安全认证审核,即线下人工预审,包括准入时现场看厂、业务分析、财税审核等。在此基础上,一达通构筑了外综服平台的风险识别、风险评估和风控治理体系。

1. 出口骗税风险防范

一达通和深圳市税务局共建了一套退税风控模型,该模型结合企业生产经营、诚信、出口商品贸易、物流、海外购买方的诚信等多数据维度,综合评定退税风险和风险等级,简化诚信企业的审批流程,加大不诚信企业的违法机会成本。

2. 信用保障措施

2014年12月11日,基于交易平台服务的基础,一达通启动了"信用保障系统"(Trade Assurance,TA)。该系统可根据每家出口企业在交易平台的基本资信、历史交易数据和其他综合信息,自动生成相应的信用标识和保障额度,该额度可为选择一达通的海外买家提供采购保障。TA是一种履约保障,当买卖商家谈妥生意并签订购销合约后,将约定的主要交付条件(交货时间+品质标准)告知一达通,即可获得TA保障;如果出口商未依合约按质如期交货,则一达通将按公示的保障额度全额赔付给买家。具体流程是中小外贸企业加入阿里巴巴成为会员后,选择一达通交付,该企业的信用额度就会自动累积、显示。

3. 货物安全质量风险防控

2016年2月1日,一达通启动"货物安全服务",借助一拍档服务商,针对被系统捕获的订单,利用手机App开展上门监装看货服务。通过收集客户实际货物信息及装货信息,并核实信息真实性,确保客户货物安全,顺利通关(表3)。此外,阿里巴巴一达通的另一项服务"工厂认证"于2016年7月开通。这一系列的举措将覆盖外贸订单的每个环节,最终将外贸出口安全服务前置化、社会化、互联网化,帮助越来越多的客户降低出口风险。

表3 货物安全服务订单执行规则

未配合安全服务次数	执行动作
第一次	商家提供证明文件后,仍能按正常流程审核
第二次	不提供本单出口通关服务
第三次	停止提供出口通关服务,历史委托订单仍按正常流程完成收尾

◇ 案例小结:中国视角

外贸综合服务是外贸行业的具有创新意义的细分行业,也是较为新兴的行业,是在我国外贸业务流程复杂烦琐、中小外贸企业众多、货物贸易总量巨大的环境中,自发产生的一种新型商业模式。2008年,中小外贸企业因为面临物流不畅、成本高、通关环境不佳、退税时间长、融资难、专业人才缺乏等困难而产生的对于能够提供专业化、集约化、批量化一站式解决方案的第三方平台的迫切需求,外贸综合服务平台应运而生。外贸综合服务平台的出现,使得中小企业能够把自身更多的精力集中在产品与销售上。功能性贸易服务平台对中小企业以往的业务流程进行了优化。并且功能性贸易服务平台一方面利用掌握的中小企业经营状况,对其融资需求进行整合;另一方面也可以利用与银行的良好合作关系获得资金支持,通过桥梁作用解决中小企业融资难的问题。

随着互联网的迅速发展,未来外贸综合服务平台会将向数据金融平台化方面发展,而中小企业也会得益于功能性贸易服务平台的存在,将更多的精力集中在生产和销售上,进而扩大出口规模。同时,这些一般贸易出口数据会通过互联网不断地沉积在功能性贸易服务平台上,使得外贸企业与跨境电商平台互相推动,形成一种正效应,平台通过互联网技术优势为外贸企业提供快捷、低成本的通关、收汇、退税及配套的退税融资、国际物流服务,通过电子商务手段,解决外贸企业流通环节的服务难题,为我国产业转型升级提供强有力的支持。

从贸易大国到贸易强国,不仅需要优化贸易产品结构、提高出产品的技术含量和附加值,还需要外贸管理体制和商业模式的改革创新。加快培育外贸综合服务平台,是提升开放型经济发展水平、优化进出口环境的重要举措,是打造外贸服务竞争新优势、增强外贸企业国际(地区间)竞争力的有效手段,也是培育新的外贸增长点、实现外贸跨越式发展的必然选择。通过外贸综合服务平台提升贸易便利化水平,使更多中小企业能够更加顺畅地开拓境外市场,将是促进外贸转型升级的有力手段。

◇ 思考题

1. 简述外贸综合服务平台的运作流程。
2. 外贸综合服务平台的运作存在哪些风险?一达通又是如何防范这些风险的?
3. 外贸综合服务平台今后的发展还将面临哪些问题与挑战?请分别从企业和政府的角度进行分析。
4. 今后外贸综合服务平台需要怎么做才能够更好地利用其自身优势?

◇ 参考文献

[1] 宋华. 阿里巴巴一达通"独"在哪[J]. 中国外汇,2017(6):38-39.
[2] 刘紫欣. 功能性贸易服务平台与中小企业贸易流程重组:以一达通为例[D]. 广州:暨南大学,2017.
[3] 马述忠,柴宇曦,濮方清等. 跨境电子商务案例[M]. 杭州:浙江大学出版社,2017.
[4] 王鑫. 我国外贸商业模式的重要创新——外贸综合服务企业[J]. 管理学刊,2015,28(04):52-55+59.
[5] 陈婧. 我国外贸服务企业传统商业模式的创新研究[D]. 华侨大学,2017.
[6] 刘振源. 一达通外贸综合服务平台供应链金融模式及信用风险研究[D]. 安徽财经大学,2024.

第三篇

03

跨境电商选品篇

案例 10　人人尽享时尚之美：Shein"快时尚3.0"选品之道

一、引言

"当年 ZARA 用快时尚颠覆了传统制衣行业，而 SHEIN 则依托线上的方式进一步迭代了快时尚。"

一家由中国人创立，却不在国内市场销售的快时尚跨境电商越来越多受到关注，它就是 SHEIN（希音）（图1）。2023年2月，SHEIN 再次被曝出计划于当年 IPO（首次公开募股）的消息，近两年，有关 SHEIN 上市的消息时有传出。

IPO 消息的背后，SHEIN 拿出了一份看起来不错的成绩单。2022年，SHEIN 营收 227 亿美元，净利润达 7 亿美元，已连续 4 年实现盈利，GMV 约为 300 亿美元。其高管表示，公司的目标是到 2025 年实现 585 亿美元的年营收，这个目标意味着 SHEIN 的年营收将超过零售巨头 H&M 和 ZARA 年销售额的总和。

图1　SHEIN 官网首页（部分）

（资料来源：SHEIN 官网，2023年10月）

二、SHEIN 的发展概况

在全球电子商务蓬勃发展的今天，快时尚跨境电商品牌 SHEIN 以其独特的商业模式和高效的供应链管理，在全球范围内迅速崛起。自 2008 年成立以来，SHEIN 凭借对时尚趋势的敏锐洞察和对消费者需求的精准把握,成功打造了全球知名的快时尚品牌。

SHEIN(希音)是成立于南京的跨境 B2C 快时尚品牌,以"人人尽享时尚之美"为品牌使命。2021 年 5 月,SHEIN 手机客户端下载量超过 Amazon,成为全球 50 多个国家和地区 iOS 平台中排名第一的购物类应用。SHEIN 服务的市场覆盖美洲、欧洲、大洋洲、中东等超过 150 个国家和地区。经营品类包括但不限于服装、鞋类、箱包、美容化妆品、宠物用品、家居用品等,通过独立自建网站、时尚购物中心 APP 以及亚马逊等第三方平台,将品牌独立研发、设计、生产的自有产品,出售到全球市场。

SHEIN 在加速全球化布局的过程中,通过深入分析全球市场的消费者需求和喜好,开始针对不同地区推出符合当地文化和审美趋势的产品。据路透社报道,SHEIN2022 年营收为 230 亿美元,超越 H&M(223 亿美元),紧逼 Zara 母公司 INDITEX(353 亿美元);净利润为 8 亿美元。SHEIN 除却经营收入的持续增长以外,其品牌矩阵拓宽趋势明显。SHEIN 于 2012 年进军美国市场,主推高性价比、高上新速度的快时尚女装。随着品牌影响力扩大,SHE2N 逐渐开发多个子系列,定位多种市场需求,如定位高端女装的 MOTF、美妆独立站 SHEGLAM、宠物品牌 PETSLN 等。

在全球化布局的过程中,SHEIN 也遇到了一些挑战和困难。例如,不同地区消费者的需求和喜好存在差异,需要 SHEIN 不断进行市场调研和产品调整。SHEIN 的主打销售类目为服装类,不确定性高是服装类的固有销售特性,瞬息万变的消费潮流、价格、款式、面料、颜色以及社会热点都会影响消费者的购买倾向。从打样、生产到上架的整个流程,服装行业平均交货周期为 15~20 天,全球快时尚"巨头"ZARA 需要 14 天,而 SHEIN 可以把打样、生产到上架的整个流程缩短至 7 天,比 ZARA 最快的时间还少 7 天,如此快的市场响应速度,离不开 SHEIN 的高效选品"硬实力"。

在不断地尝试中,SHEIN 通过小单测试的商业模式实现敏捷制造,快速响应市场需求,提升用户体验(图 2)。根据流行趋势快速生产小批量衣服,销量好就快速追加订单,不至于造成库存堆积①。作为一家专注于电子商务的零售商,SHEIN 避免了通常与填满实体店面相关的生产过剩需求,并防止了与经营传统零售店相关的大部分浪费。针对大多数新品,SHEIN 在发布时只生产 100 至 200 件,只有在需求保证的情况下,才会增加产量。通过按

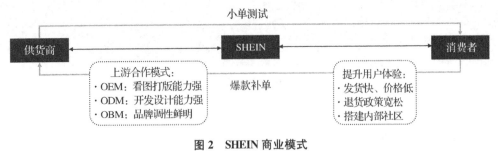

图 2 SHEIN 商业模式

(资料来源:微们公众号"SHEIN 自营招商",晚点 LatePost,浙商证券研究所)

---

① 覃毅.SHEIN 唯快不破[J].21 世纪商业评论,2022(Z1):60-63.

需生产,能够始终将过剩库存限制在个位数,这一比例与传统零售商截然不同,浪费也大大减少。

三、SHEIN 选品的底层逻辑

跨境电商业务流程可分为选品、线上发布、销售、收款、发货、售后六个环节。其中,选品是跨境电商的第一环节,也是决定后续产品销售状况的主要环节。选择产品时,重点关注的是产品的质量和价格,这两个方面应满足消费者以及目标市场的需求。此外,所选的产品必须能够突显自身的竞争优势。准确、合适地选择产品能够极大地提高跨境电子商务企业的运营效率。但由于跨境电商市场规模不断扩张,企业的竞争压力也越来越大,这就加剧了跨境商品选择的无差异性和卖家之间激烈的价格竞争。

SHEIN 在设计和采购方面采用尖端技术和流程,以充分了解消费者的需求,独特的按需精益生产模型意味着可以通过比传统预测模型更准确地测量消费者需求来把握趋势。

(一) 产品开发采用"赛马机制"

SHEIN 对设计师的产品开发"重结果轻艺术性",把互联网运营的"赛马机制"引入产品开发。SHEIN 的设计师岗位 KPI 考核只看他们能否在短时间内交出大量款式,而对设计师有没有设计能力并不看重,设计师对时尚的理解和审美能力都不重要,设计师只要会利用不同元素进行排列组合就行了。

图 3 为 SHEIN 美国官网 2022 年 7—8 月上新的 SPU(标准化产品单元)数量。

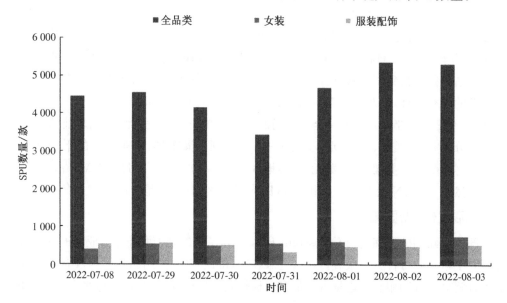

图 3 SHEIN 美国官网上新 SPU 数量

(数据来源:SHEIN 美国官网,西部证券研发中心)

SHEIN 商品团队的前员工也表示,为了实现日均几千个新款的上新速度,设计师们把服装的元素拆得极为细致,领口、袖口、下摆、颜色等模块,稍微变化一个元素就能重新组合。

有位前员工说:"一款中领换成 V 领,就是一个新的款,再做 12 种颜色,就拥有了 12 个 SKU。"

(二)寻找有效市场的"需求集合"

市场的蛋糕有限,企业往往通过细分市场切入销售。对市场竞争进行评估时,跨境电商企业对市场发展趋势、产品类型与销售额展开详细调查,但这种市场的探索往往会遇到瓶颈。对于竞争相对不那么激烈的蓝海市场,即使竞争环境宽松,如果没有市场承载量,也无法拥有发展前景;而对于某些主要品牌和主要商家已占据较大市场份额的红海市场,寻找消费者需求的"蛛丝马迹"的难度就更高了。

而 SHEIN 并未框定自身的风格特色,甚至不存在明晰的品位定位,对全球各个市场的需求并不会仅有感性分析,而是顺市场之所需。例如,SHEIN 进入北美市场时,通过公司分析平台,分析平台的搜索指数、社交媒体(例如 Facebook、YouTube 等)的互动情况,让需求重新定义用户,寻找有效市场"需求的集合",将潜在消费者定义为相同或相似需求的群体,将产品市场改造成为商家主导的市场,创造用户未发掘的潜在需求。

(三)追求产品"极致"性价比

SHEIN 现在拥有的自营品牌已经超过 10 个,包括但不限于男装、童装、鞋类、家居、家纺、美妆、配饰等诸多品类。2023 年 SHIEN 主品牌的单价多为 10~15 美元,高端女装 MOTF 的单件价格多为 20~40 美元。由于发展势头不错,SHEIN 已于 2020 年 12 月推出美妆品牌 SHEGLAM 的独立网站。

SHEIN 之所以成功,离不开 Z 世代(通常指 1995 年至 2009 年出生,与网络信息时代无缝对接的一代)的喜爱。瑞银对全球 7500 名消费者进行的一项调查发现,SHEIN 的消费者多是女性,年轻且收入偏低。调查称,美国客户购买 SHEIN 的首要原因是其拥有实惠价格。该网站将折扣推到了极限:提供 2.9 美元的衬衫或低于 15 美元的睡衣套装。而其针对年轻顾客的流行设计,以及花样繁多的饰品,自然会让大家为其买单[①]。

截至 2022 年上半年,SHEIN 全球市场的平均客单价为 75 美元,在此之前的 3 年平均客单价则分别是 50 美元、60 美元、70 美元[②]。具体到不同市场,中东用户的平均客单价最高,为 130 美元左右;美国为 75 美元;拉美地区为 45~50 美元。不过从 GMV 占比看,美国和欧洲仍然是 SHEIN 最大的两个市场,占比均在 30%,其次则是中东,为 17%[③]。

(四)选品定位"无国籍风"

总部位于纽约的咨询公司 Coreseight Research 在美国电子商务巨头亚马逊的平台上分析和研究了近 100 万件男女服装。在这些服装中,最便宜的"通用品牌"(即没有品牌或声誉的品牌,俗称"白牌")服装销售量占比最多。根据其一项调查发现,亚马逊平台上销售的"白

---

① 搜狐网,生活知识录:《揭秘 SHEIN:估值千亿美元的中国电商,碾压亚马逊,成全球下载次数最高 App》,2022 年 6 月 28 日。
② 搜狐网,鲸网跨境:《shopify 新增锐减,独立站弱肉强食走向两极分化! SHEIN 宣布全球扩张》,2022 年 9 月 29 日。
③ 36 氪:《SHEIN 上半年 GMV 猛增至 160 亿美金,即将与拼多多正面硬刚》,2022 年 9 月 4 日。

牌"服装在2018年9月至2019年9月期间数量增长了906%,而耐克、阿迪达斯和凯文·克里等传统品牌反而只占比服装类目的小部分①。

作为中国品牌,SHEIN的企业名字由"she"和"in"组成,高度契合公司的业务特征。SHEIN选品同样致力于摆脱品牌定势,在不同的国家和地区展现出当地的独有风格。例如,打开SHEIN美国官网,满屏欧美fast fashion(快时尚)风格,很难让人联想到这是一家中国公司,甚至有不少美国消费者误以为SHEIN就是一家美国"土著"。再比如,沙特阿拉伯作为SHEIN最大的市场之一,时空和地域的限制,让SHEIN的广州团队无法洞察其详细的文化趋势和消费细节,但基于"无国籍风"的选品策略,利用精准且响应度极高的机器学习算法,选品能够击穿时空和文化带来的隔阂,快速找到沙特阿拉伯消费者的真实需求,进而针对性地开发商品以满足消费者需要。

(五)兼顾产品价格与利润

通常,跨境电商商家需要考虑经营店铺的所有成本(成本＝采购成本＋包装成本＋国内外物流费用＋海关费用＋平台费用＋交易费用＋广告费用＋其他费用),并且按照自身的销售和运营成本为产品制定合适的价格并保持定价合理,才能确保不会造成亏损风险。

SHEIN不仅仅依靠价格优势来获得大量的顾客。过度降低价格必然会拉低产品质量,形成恶性循环,影响品牌的长期发展。SHEIN聚焦于潜在盈利产品,计算产品的成本和效益,并适当参考平台上竞争产品的价格,再综合考虑其产品的回报率。同时,充分考虑产品的物流、售后及清关成本,确保选择适合运输且不易损坏、售后服务流程简单,清关便捷的产品。一般来说,服装品类具备体积较小、重量较轻的特点,有利于物流费用的把控。

四、利用大数据捕捉当下潮流

在快速变化的时尚行业中,捕捉并满足消费者的当下潮流需求是电商平台成功的关键。SHEIN作为领先的跨境电商平台,凭借其敏锐的市场洞察力和高效的供应链管理,迅速崛起成为全球时尚电商的佼佼者。其成功的背后,离不开大数据技术的深度应用,特别是在选品策略上的精准把控。

(一)大数据在SHEIN选品策略中的应用

1. 数据收集与分析

SHEIN在选品过程中,首先通过多渠道收集大量数据,包括社交媒体、时尚博客、时尚杂志、搜索引擎等。这些数据涵盖了时尚趋势、消费者喜好、市场供需等多个方面。收集到的数据经过清洗、整合后,进入SHEIN的大数据平台进行分析。

数据分析过程中,SHEIN运用先进的数据挖掘和机器学习技术,对海量数据进行深度挖掘,发现时尚趋势、消费者需求和市场机会。同时,SHEIN还利用数据可视化技术,将分析结果以直观、易懂的方式呈现出来,帮助选品团队快速把握市场动态。

---

① 搜狐网,华丽志:《廉价"白牌"服装当道,亚马逊打造"时尚帝国"绝非易事》,2020年1月22日。

2. 当下潮流捕捉

SHEIN 的大数据平台能够实时监控社交媒体、搜索引擎等渠道的时尚动态,发现最新的潮流元素和消费者喜好。通过数据分析,SHEIN 能够迅速判断哪些潮流具有市场潜力,并制定相应的选品策略。

例如,当社交媒体上出现一款新的流行单品时,SHEIN 的大数据平台会立即捕捉到这一信息,并对相关信息进行深度分析。通过分析该单品的款式、材质、颜色、价格等多个维度,SHEIN 能够判断该单品的市场接受度和潜在销售量。如果分析结果显示该单品具有较大的市场潜力,SHEIN 会立即启动选品流程,将该单品纳入产品线。

3. 消费者需求预测

除了捕捉当下潮流外,SHEIN 还利用大数据技术对消费者需求进行预测。通过对历史销售数据、用户行为数据、用户反馈数据等进行分析,SHEIN 能够了解消费者的购物习惯、喜好和痛点。同时,结合市场趋势和竞品分析,SHEIN 能够预测未来一段时间内的消费者需求变化。

在消费者需求预测的基础上,SHEIN 会提前进行选品和备货,确保产品能够满足市场需求。这种前瞻性的选品策略使 SHEIN 能够迅速响应市场变化,保持竞争优势。

(二) SHEIN 大数据选品策略的优势

1. 精准把握市场趋势

通过大数据技术的应用,SHEIN 能够精准把握市场趋势和消费者需求变化。这使得 SHEIN 在选品过程中能够更加准确地把握市场机会,选择具有市场潜力的商品。同时,SHEIN 还能够及时调整选品策略,以适应市场变化。

2. 提高选品效率和质量

大数据技术的应用使 SHEIN 能够实现快速、高效的选品。通过数据分析,SHEIN 能够迅速筛选出符合要求的商品,减少人工筛选的时间和成本。同时,大数据还能帮助 SHEIN 优化选品流程并提高选品质量,确保选出的商品符合市场需求和消费者期望。

3. 提升品牌形象和竞争力

通过精准把握市场趋势和消费者需求变化,SHEIN 能够推出更多符合市场需求的时尚单品。这些单品不仅具有较高的性价比和品质保障,还能满足消费者的个性化需求。这有助于提升 SHEIN 的品牌形象和竞争力,吸引更多消费者关注和购买 SHEIN 的产品。

SHEIN 作为领先的跨境电商平台,在选品策略上充分利用了大数据技术的优势。通过大数据技术在数据收集与分析、当下潮流捕捉和消费者需求预测等多个环节的应用,SHEIN 能够精准把握市场趋势和消费者需求变化,实现快速、高效的选品。这种前瞻性的选品策略使 SHEIN 能够迅速响应市场变化并保持竞争优势。同时,大数据技术的应用还有助于为 SHEIN 在激烈的市场竞争中赢得更多市场份额提供有力支持。

◇ **案例小结:中国视角**

发展数字经济是把握新一轮科技革命和产业变革新机遇的战略选择,越来越多人认识到,数字经济是继农业和工业经济之后最重要的经济形式。跨境电商就是数字经济的一部分,它的发展离不开对数字工具的深入应用。跨境电子商务是数字经济的一部分,如果没有数字工具的支撑,就不可能持续发展电子商务业态。

数据分析市场中有诸多数据收集方法和数据分析工具,企业应根据自己的需求精准选择数据分析工具,并且科学对待数据最终呈现的结果。只有同时洞察消费者市场动态、消费者真实需求,才能合理运用数据,将数据工具运用自如。

巧用专业高效的数字工具来提效率,推动企业内部数字化进程与商业模式重构,将理性的数字工具运用在产品研发、生产、销售等全流程之中,是跨境电商发展的转折点。尽管跨境电商平台中的一些商家依旧无法自如运用数字工具,但商家已经逐渐意识到数字化工具所带来创新性与生命力,跨境电商正逐渐借力数字化工具,走出"铺货时代"。可以预料,未来会有更多像SHEIN这样的公司使用数字工具做出商业决策,并与其他公司在数字世界里展开更激烈的竞争。

◇ **思考题**

1. 从SHEIN选品底层逻辑中,可以借鉴什么经验?
2. SHEIN选品策略能给跨境电商企业带来哪些启示?
3. 请谈谈数字化工具在跨境电商中的重要性。
4. 你看好SHEIN今后的发展吗?为什么?

◇ **参考文献**

[1] 王启东.跨境电商平台商家选品策略研究[J].对外经贸,2022(11):13-16.
[2] 周庭芳,周娜,赵国庆.跨境电子商务实务[M].重庆:重庆大学出版社,2022.
[3] 周志丹,徐方.跨境电商概论[M].北京:机械工业出版社,2019.
[4] 朱秋城.跨境电商3.0时代[M].北京:中国海关出版社,2016.
[5] 冯晓鹏.跨境电商大监管:底层逻辑、全规运营与案例主板[M].北京:中国海关出版社有限公司,2022.
[6] 覃毅.SHEIN唯快不破[J].21世纪商业评论,2022(Z1):60-63.

◇ **参考资料**

[1] 澎湃新闻,孙燕:《快时尚巨头SHEIN最快今年IPO?连续4年盈利,去年营收227亿美元》。
[2] 环球时报前沿观察:《"下载第一"!"搜索第一"!这家中国公司为何风靡美国》。
[3] 36氪:《SHEIN上半年GMV猛增至160亿美金,即将与拼多多正面硬刚》。
[4] 搜狐网,华丽志:《廉价"白牌"服装当道,亚马逊打造"时尚帝国"绝非易事》。
[5] 骞之和出海:《快时尚电商SHEIN的海外"脱颖而出"之路》。

案例11　UR品牌入局兴趣电商的选品策略创新

一、引言

经过十多年的发展，URBAN REVIVO（UR）已经摸索出了不同于"品牌前辈们"的发展路径，即坚持以产品、设计为核心，以此打造与其他品牌之间的差异性，在低调扩张国内市场的同时积极走向国际。在产品结构上，明确将受众群体定位为20～40岁的都市白领，同时兼顾部分其他服装与配饰需求，每个系列都有不同的风格，以满足不同文化、个性的消费者需求；在产品定位上，UR与传统意义上的"快时尚"最大的不同在于一个"奢"字，UR在"快时尚"和"轻奢"间开拓了一个全新的市场，传统"快时尚"品牌一般服装质量差，但价格便宜，款式更新迅速，产品类型丰富，但是UR所倡导的新"快奢时尚"是在此基础上的"升级版"；在产品运营上，坚持线上线下相融的形式，线上快速响应客户需求，打破时间和空间的限制，拓宽销售渠道，积累更多客户资源，线下注重打造客户的体验感，营造多元文化氛围，拉近与客户的距离。在消费活力逐年下降的当下，UR却能够逆势而上，得益于其精准的产品定位：始终关注年轻人的个性化及高性价比需求，针对不同类型消费者的特点，细分产品风格，打造或魅力或都市或潮流或休闲的时尚服饰。同时坚持本土化创新，版型、风格、设计细节更符合当地客户的偏好。此外，UR协调内外部资源，积极确保产品品质优良、价格合理，打造高性价比时尚产品。

二、UR品牌的发展历程

快尚时装（广州）有限公司于2006年创立于广州市白云区，是植根于本土的国际化品牌公司。UR是该公司旗下品牌，深耕于快时尚领域，主要面向20～40岁的都市白领，推出符合本土需求、高性价比的产品。

2006年，UR在中国广州正佳广场开设了第一家快时尚店铺。开业即迎来消费热潮，那时正值欧美、日本等地区快时尚品牌进军中国消费市场，如ZARA、Forever 21、ASOS、Topshop等。国际快时尚品牌的纷至沓来，搅动了中国的时尚圈，"土生土长"的UR也在此时逐渐站稳了脚跟。

2008年，成立2年的UR走出广州，进军上海、成都市场，正式开启了外埠销售的进军之路。

2015年UR的足迹已经遍布全国各大中城市。作为本土快时尚的代表品牌，UR迅速瞄准国际市场,别人"走进来",我们"走出去",在重新定位为"快奢时尚"后,UR进行了产品线的调整和完善,平衡速度与质量的关系。同时建立了买手制产品模型,每年推出超过1万个新款,每周每店更新两次货品,产品从设计到上架,整个周期最快只需6天(图1)。

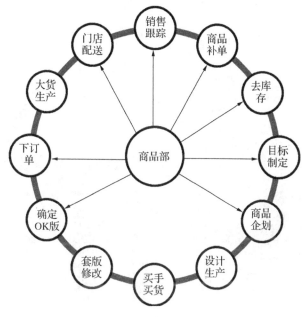

图1　UR买手制产品模型

(资料来源:作者整理自绘,2022年12月)

2016年5月,UR童装上线(现已取消童装产品线),为时尚萌宝们打造个性与时髦兼具的玩味装扮。这是UR在原有产品线基础上进行领域拓宽的尝试。UR从品牌创立初期,就将女装作为主要的品牌定位,经过10年的沉淀,在女装市场有了自己的一席之地。此次推出童装及配饰系列,是尝试从多元的角度来诠释快时尚,也能够争取到更多市场及客户群体。

2017年1月,UR首间海外门店新加坡来福士店开业,其海外战略布局被提上日程并付诸实践,UR正式"宣布"走向国际。以新加坡为起点,UR又进军泰国,并不断开拓其他海外市场。

创立之初,UR一直以ZARA的"学生"自居,创始人也多次表示UR的产生就是受ZARA的启发,确实在品牌成立的初期,能看到UR在很多方面有着ZARA的影子。但是有趣的是,近几年来,UR这位"学生"已经在赶超"老师"ZARA了,过去以ZAEA等为代表的海外时尚巨头的发展呈现疲软之姿,门店减少,业绩下滑,UR却在快时尚一片唱衰的惨淡光景下突出重围,逆势发展。

作为本土快时尚品牌,UR最初并不起眼,但凭借锐利的商业眼光,UR很快找准了自己的定位并开展精准布局,凭借对产品设计、价格、品质、消费体验的平衡把握,UR很快完成了自身的蜕变。自2015年突破传统快时尚思维、打造"快奢时尚"品牌定位以来,UR拥有了时尚前沿的商品设计能力,并对品质与价值进行平衡,致力于为全球消费者提供舒适与奢华、创新与智能结合的购物体验。2020年,UR全年营业额超过了50亿元,并在全球开设了340多家实体店铺。截至2021年6月,该公司在全球拥有6 300名员工,于伦敦设有全球创意设计中心,在全球范围内开设超过350家门店(图2)。

图2　UR广州首家奥特莱斯门店

(资料来源:广州百事通,2022年5月14日)

三、UR品牌跨境选品策略

(一) 快时尚行业的跨境选品策略

在大多数消费者的印象里,时尚领域的话语权一直掌握在外国的大品牌手中,UR作为本土品牌想要在国际市场上取得一席之地,就应该在对时尚的理解和差异化选品方面着力。随着人们生活水平的提高以及时尚资讯的全球化传播,消费者对时尚有了新的理解,且越来越重视除了"品牌"以外的产品品质、时尚设计等问题。尤其是在以"快速""平价"著称的快时尚领域,品牌常常为了追求速度而牺牲产品品质,这引发了消费者的不满。UR敏感地意识到这一点:消费者不再"以品牌论英雄",品质好、时尚度高成为他们评价时尚产品的重要标准。

了解了市场需求,UR立即确定了始终以消费者为中心、坚持以产品为先导的策略,以时尚设计、快速更新和高性价比来驱动品牌发展。每到周二、周五,全球顾客就会在UR店内看到新款,数量不多,包括码数、颜色在内,可能只有20~30件,如果顾客没有当场买下,以后该款式也很难出现在UR的货架上了。为了实现"快速、少量、多款",UR将服装的前档期缩短至7~12天,而传统品牌则为3个月。能够做到快速诞生产品得益于UR的"快速反应会",也是UR内部的大型选品会,每周二、周五进入UR各个门店的最新款式,很大一部分是在这个会议上诞生的。会前,各个部门会收到分析部对前一天销售情况的数据分析,如各款式、颜色的销售对比,顾客对服装的抱怨、建议及颜色喜好,甚至包括由天气变化导致的销售种类变更。拿着这份数据,各个部门在会上提出相应的诉求:物流部或许在数据上看到最近的货品消化非常快,需要调整目前的运输结构;两个扣子的衣服相当畅销,因此考虑在现有一粒扣子的衣服上多加一个扣子;零售部会因为天气变冷而要求产品部在本周的新品中多加秋冬款。各种信息和建议在部门间传递,最终形成一个统一的应对措施。为了实现快速反应,各部门也被赋予根据环境变化即时改变决策的权利。会上把所有问题敲定,剩下的就是立刻执行(图3)。

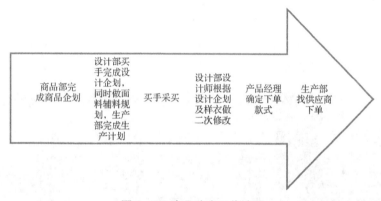

图3 UR产品确定工作流程

UR在2015年确定了其"快奢时尚"的产品定位后,便谨慎地对待供应链体系建设,把大部分的精力放在产品设计研发上。产品开发以买手为主导,向竞争对手ZARA等国际品牌看齐,打造出四个主打系列——WOMEN、YOUTH、MEN和KIDS,涵盖男女装及童装,每个系列拥有三个不同风格,可满足各个年龄段不同职业背景的消费者需求。从创立之初简单的买手团队,到之后品牌顶尖设计师的加入,UR的产品设计团队逐步壮大,小到一件配饰,大到一身行头,他们秉持"让每个人享受时尚生活乐趣"的品牌使命,将极具UR风格的时尚产品推向国际市场,收获了消费者的关注与喜爱。

UR的品牌风格和模式接近ZARA,但定价略低于ZARA。提出"快奢时尚"定位的路线后,决策层不断地平衡速度与质量的关系。面对消费者的品质需求,从面料选择到产品设计都执着于做到更好:加大对产品设计及科技的投入,在伦敦等时尚都市设立设计中心,与全球顶尖设计师合作推出联名款,力求推出的产品能融入本地化的元素,为顾客创造最新的时尚潮流产品。此外,UR还利用科技赋能品牌管理,让成本更低、效率更高、决策更准,实现从传统企业向创新型智能商业企业的转变。截至2022年,UR的设计研发团队已接近500人,人才汇聚,创意多元,这奠定了UR在快时尚行业稳健发展的基础。

（二）消费升级后的跨境选品策略

近些年在消费升级理念的带动下，大量"国货之光"凭借好口碑进入全球消费市场，也吸引了一批热爱中国文化的国际消费者。由于新一代消费者对"国潮"的偏爱，越来越多新奇、有趣、高品质、有技术含量、更懂消费者的新国货进入了人们的视线，并在新市场、新机遇的背景下实现了快速跃迁。

18~35岁年轻群体是新国货消费的主力军，这些年轻人有个性、有想法，更注重性价比，同时特别注重体验式消费，追求更绿色环保的生活方式。

UR打破传统快时尚思维，在快时尚引以为傲的"速度"与消费者看重的"品质"之间，果断选择了后者，坚持以产品、设计为核心，打造与其他品牌之间的差异性。UR首先向年轻人关注的产品个性化及性价比出击。

2017年，随着UR第一家海外门店入驻新加坡，UR国际化战略迈出了一大步，未来希望打造一个全球时装及时尚产业集团。为实现这个目标，UR继续坚持时尚本质，用国际化的时尚视野赋能品牌发展。UR在伦敦、纽约建立了全球设计中心，未来还会在巴黎、东京和上海这些国际时尚重镇建立设计中心，目的就是让产品尽可能贴近市场、贴近目标客户，收集新一代消费者所看重的流行元素，并应用到产品设计和生产上（图4）。

图4　UR门店

（资料来源：中国公关网，2022年9月22日）

"无论是现在的消费者还是未来可能成为我们核心用户的潜在消费者，他们都具有非常国际化的视野，所以我们需要提高自己在这一方面的竞争力。每个行业都要抓住自己的本质，而时尚行业的本质，我认为就是创意美学。所以品牌的设计力应该始终保持领先水平。在把握国际流行趋势之外，我们也需要超前地去捕捉消费者不断变化的时尚需求。只有这样，我们才能够推动销售的合理增长。"这是UR创始人李明光对于消费升级后市场和潜在消费需求的理解。

(三)后疫情时代的跨境选品策略

过去几年,"快时尚"行业出现了明显动荡,众多欧美品牌巨头相继出现业绩下滑、裁员甚至破产的情况。大环境下,消费者已经从情怀消费转变为更为审慎甚至于挑剔的消费。消费端的需求转变,恰恰也是新国货未来发展的"风向标"。不可否认的是,时尚行业的变数很大,虽然近两年不少国际时尚品牌折戟中国市场,但国际大牌依然掌握着潮流时尚的话语权,本土时尚品牌任重而道远。

在推进品牌国际化方面,UR 一直坚持线下体验、线上购买的模式,选择在全球时尚城市开店,在汲取西方时尚设计灵感的基础上,向海外消费者传达东方时尚理念。2020 年伊始,在疫情的影响下,UR 在全球开店的步伐不得不放缓,而此时电子商务迎来了高速发展时期,网购渗透率不断增长。SHEIN 和 ZAFUL 相继进入了 DTC(direct to consumer,直接面向消费者)赛道,二者洞悉当代年轻消费者的需求,以"超快时尚"的打法,迅速占领海外市场,被称为跨境电商的两匹黑马。受到这两匹黑马的影响,UR 的 DTC 网站于 2021 年初建立,通过 DTC 坚持打造全球性品牌,坚持以"零时差"的前沿设计、极致匠心的品质追求、贴近市场的消费策略、供应链的极速神话来吸引全球目标客户。

经过十多年的发展,UR 显然摸索出了自成一体的发展策略,也非常清楚如何可以更直接地引起消费者的共鸣。2021 年,UR 与知名设计师品牌 PRIVATWE POLICY 及 alice+olivia by Stacey Bendet 合作推出联名系列,并选择将裙装作为创作对象。在谈到为何只选择裙装作为联名系列的诠释对象时,创始人李明光说道:"首先,UR 从品牌创立初期,就将女装作为一个主要的品牌定位,而裙装又是女装里面最重要和最基本的一个品类。其次,从这么多年的销售来看,裙装一直是我们销量比较高的一个品类,包括在线上渠道中,UR 裙装的被搜索次数都非常高。经过十多年的沉淀,裙装已经成为 UR 的一个明星品类。所以通过这次的联名合作,我们也希望能够用裙装这个极具代表性的单品去跟消费者进行一次深度的沟通和互动。"而在这个裙装联名企划之前,UR 已经相继与 Andrew Yang(安德鲁·杨)、Pauline Yau(波莱恩·尤)、Jannie Rewell(詹尼·雷韦尔)等艺术家进行过合作,并曾与迪士尼推出过 IP 联名款。从这些联名跨界动作中可以看出,UR 正在探索品牌在创意产出和形象升级上的更多可能性,以此让消费者更加直观地感受到品牌的转型升级,也迅速拉近品牌与全球客户的距离。

四、UR 品牌跨境电商选品策略创新

(一)迭代传统电商运营模式的选品策略

对于非标行业的服饰品类而言,上新周期越短,也就愈发容易产生库存积压。这对商家的营销方式提出了更高的要求:品牌要不断打磨快速反应能力、多 SKU 下的团队运作能力等,在此基础上完成自己的商业目标。在存量竞争时代,电商经营的增量玩法在不断推陈出

新。近几年来,短视频、直播电商已发展为行业标配,一些企业更是凭借对兴趣电商的先行探索获得销量的爆发式增长。

UR作为较早入局兴趣电商的品牌,如今已经成为TikTok(抖音海外版)电商服装类目的TOP级商家。如何在存量市场中激活海量的消费需求,打开生意增长的新空间呢?答案是不只要卖爆品,更要卖爆整盘货。在海量多元、瞬息万变的服装市场,品牌如果不顺势而变就很难立足。兴趣电商的出现,让UR看到了创造增量的风口。因为与传统货架电商"人找货"的运作逻辑不同,兴趣电商是通过内容激发消费者对感兴趣商品的购买意图,遵循的是"货找人"的思路,是洞察消费需求的天然窗口。

(二)制定符合兴趣电商运营逻辑的选品策略

从2020年初开始,UR抱着试水的心态入局TikTok电商,将精力投入短视频运作,后来又逐渐将内容拓展到直播间。如今,UR在TikTok孵化了数个矩阵账号,并根据每个账号的受众群体做了相应的风格区分,沉淀了丰富可观的优质内容及忠实用户。不过随着TikTok电商生态运作的日益成熟,UR发现,直播间每天能展示的货品有限,只能有效展示20到30款,展示时间也有一定的限制。这与UR货盘大、款量多的快时尚品牌属性不符,UR一年推出的货品种类多达1.5万款。尤其在新品方面,UR每周都会有两次上新,每次上新几十到百余款不等。要想解决这一痛点,就需要建立更大的场域。

2022年,TikTok宣布将兴趣电商升级为全域兴趣电商,即在做好"短视频+直播间"等内容场景的基础上,加入了以"搜索+TikTok商城"为表现形式的货架场景,打通了消费者与产品之间的双向链路。这一升级对UR来说犹如雪中送炭。事实上,不同于通过功能驱动就能快速决策的其他快消品类,消费者通常需要看到更加多样的服饰商品才能完成交易。如此说来,相较于内容场景,TikTok商城可以更全面地展示UR丰富的货盘,覆盖不同的品类需求和消费心智,补足了"货找人"场景的局限性。

TikTok商城有效地承接了UR的新品展示需求:消费者可以通过自主搜索,直接进入商城了解最新货品及品推情况。譬如在2022年TikTok 921电商超级品牌日期间,UR打造了"超级玩家"主题企划,推出了原创IP Lollipop by Urban Revivo系列新品,消费者通过搜索直接进入店铺页面即可看到活动详情和产品。

除货品展示外,UR发现,"内容场景+货架场景"的域内全链路还能大大降低用户的流失率,营销效果因此有了大幅提高。原因在于,一方面UR与达人合作的短视频不再局限于单一的"种草"行为,消费者点击视频中的商品卡即可直接跳转进入TikTok商城,减少了中间跳出的风险。另一方面,消费者可以通过搜索直接在商城找到商品,复购率也因此有了更大的提升,而在此之前UR更多依赖直播间产生的即时消费。这一系列动作的加成,既能实现消费者端的"找货"自由、"拔草"便利,也有助于品牌端对潜在用户进行高效转化,实现销量突破。

(三)融合多元场景,选品策略不断创新

场景的多元化升级也对商家的运营水平提出了更高要求:不仅要提升对不同场景的建

设能力,还要做好内容场景和货架场景的协同配合。UR 在组织架构、货品管理、品牌建设等方面进行了探索,并积累了一定的经验。

(1) 设置独立团队,打造灵活组织

在企业业务快速迭代的过程中,通常会拆分出独立的团队以灵活应对外界变化,提升决策与执行速度。升级为全域电商后,UR 就将组织架构调整作为首要切入点,单独成立了负责 TikTok 电商运作的团队,设置了策划、市场推广、商品运营、会员管理等覆盖全面的职能部门,这大大提升了团队的自主性和自驱力。但这并不意味着 UR 负责 TikTok 电商运营的部门只能单打独斗,在进行大事件推广时 UR 还实行内部联动,有效整合资源,不仅中台部门会一同加入,必要时还会拓展至线下门店。例如,在 TikTok 电商超级品牌日,UR 就在线下门店也配合放置了大量商业合作物料,促进线上线下融合。

(2) 结合多场域特点,调整货品管理策略

对电商而言,货品管理的重要性不言而喻。商家需要对传统货架电商与 TikTok 商城运作逻辑的异同有一定的认知,不能只是简单复制,应该配合 TikTok 生态下的用户习惯不断迭代选品策略。就 UR 而言,在以短视频和直播为主的兴趣电商时期,其在 TikTok 电商的货品以尖货为核心,更强调单品、爆品逻辑。TikTok 商城则让 UR 有机会实现货品分层,构建更加丰富的货盘,进而满足更加多元化的消费需求,也帮助品牌完成不同的销售目标。比如 UR 可以借用商城款量众多的优势,通过不断测款快速找到新爆品的机会点,并在发现爆品机会点后对产品进行更深度的包装,复制热点或进行二次迭代,缩短打爆和孵化周期(图 5)。

图 5　UR 海外官网首页(部分)

(资料来源:UR 海外官网,2023 年 1 月)

(3) 着眼长期投资,做好品牌建设

对商家而言,品牌建设是一项长期投资,良好的品牌形象不仅能提升产品的市场占有率,也能增强商家抗击市场风险的能力。基于此,除了重视 GMV 等销售指标以外,UR 对于

扩大品牌声量也尤为重视。TikTok商城就承担了这样的角色。"除了生意增长以外，TikTok商城也是我们沉淀品牌资产的重要阵地。"为此，UR不仅在店铺建设上了下足了功夫，还致力于通过系统化的会员运营机制来沉淀品牌心智，服务好忠实用户。2022年底，UR抖音店铺会员数超过15万，会员人均GMV是非会员的1.6倍。当然，长期的品牌建设还需要将内容场景置于第一位，毕竟用户更多是通过内容场景发现商品。

在全域兴趣电商生态中，短视频、直播等是激发用户潜在兴趣的内容场景，用户在这里深度"种草"、高效成交，而商城与搜索则是承接用户主动探索需求的货架场景，精准匹配和复购可以在这里实现。多场域的协同互通，在TikTok生态内实现全链路，既满足了用户对美好生活的多元化需求，也为商家带来了新的销量增长。

UR是服装行业的常青树。自2006年创立以来，UR始终保持向上的势头，坚持自我迭代。近年来，UR重视线上平台的数字化升级和改造，打造"科技UR"以及线上线下立体的购物体验，并且不断扩展海外市场，成为时尚服饰行业数字化道路上的领头者。

◇ 案例小结：中国视角

从全球领先的快时尚品牌的成长路径来看，产品力、品牌力是使品牌能够遥遥领先的两大核心能力。这表明快时尚品牌必须具备强大的创新实力，才能高效提供更贴合需求、更时尚的产品。纵观UR的发展历程，在2015年前景极佳之时，UR迅速做出了更长远的发展战略，开启了快时尚品牌的变革之路，打破传统快时尚思维，积极探索市场及客户需求，坚持以产品、设计为核心，打造与其他品牌之间的差异性，不断拓宽产品线，拓展新的消费市场、新的消费模式，从中国到海外，从线下到线上，除了守住传统的销售阵地，还积极加入了趣玩的圈子，整个品牌始终保持着活力和创新。

经过十多年的持续发展和创新，UR已成为全球快时尚创领者。在发展过程中，UR也初心不改，始终坚持为消费者和全社会创造价值，视原创性、高品质和可持续性为快时尚创领者的核心要素，并在此基础上持续创新，为消费者提供超预期的时尚体验：独特的设计理念、优良的品质感、适度的款式和上新以及合理的价格。

唯一不变的就是变。在品牌数字化时代，UR积极拥抱变化，打造"科技UR"，进行全链条的数字化转型，成为时尚行业数字化道路上的领头者。在品牌营销端，打破过往的营销思维定式，切入年轻用户的高频社交场景，通过线上传统电商平台、内容电商平台及私域平台进行品牌整合营销，多引擎实现用户与营收的增长。

从UR取得的成绩中，我们可以领悟到，在当下日益复杂和多元的消费市场环境中，中国品牌只有坚持创新才能保证品牌的活力和韧劲领行业之先；只有敏锐地洞察消费者需求，并且能在供应链、产品、营销、组织等方面快速响应，品牌才能基业长青。

◇ 思考题

1. 从UR企业的发展历程总结它是如何选择产品来应对不同的时代要求的。

2. 数字化技术在 UR 选品中的贡献有哪些?
3. UR 在跨境选品中运用了哪些策略?
4. 针对线上和线下不同的运营方式,UR 的选品策略是否一致?
5. 产品定位和选品对于 UR 的发展有怎样的意义?

◇ **参考资料**

[1] "第一财经杂志"百家号:《UR 创始人李明光:快时尚仍有潜力,但要大胆创新》。
[2] 微信公众号"F 先生绘":《简析:国内快时尚品牌 UR 内部开发》。
[3] 《哈讲商品评论》中文版,周强:《UR:从品牌声量到生意增量,全域兴趣电商如何撬动新增长》。

跨境电子商务案例

案例12 为什么站在风口依旧"吹不上"

一、引言

在商业运营的世界里,新手卖家盲目跟风选品实乃下策,选品绝不可草率行事,其严肃性与复杂性远超想象,绝非仅仅依赖一个"推荐"就能定夺。

很多新手卖家在开启店铺征程之前,对当下市场格局缺乏透彻洞察,未进行深入细致的调研与审慎思考,仅凭公共平台的选品信息便仓促决策,此乃极不明智之举。要知道,一旦某个产品登上公共平台的推荐榜单,从被推荐的瞬间起,其选品价值便大打折扣。以微信公众号、微信群、知识星球等社群为例,一个选品推荐所触及的人群动辄500人甚至更多。自推荐之时起,就意味着至少有500位潜在卖家将围绕该产品展开竞争,这还未囊括那些早已涉足该产品运营的卖家。在如此激烈的竞争环境下,新手卖家盲目跟进,成功的概率可想而知。

虽说具体且公开的选品推荐价值有限,但选品的排除法却能为新手卖家点亮一盏明灯。当深入剖析那些失败的选品案例时,新手卖家能从中汲取教训,从而巧妙避开选品的"雷区",少走弯路,为自己的商业之路奠定更为坚实的基础。

以下通过几个真实的案例为新手卖家说明如何通过排除法找到具有市场潜力的产品。

二、魔术胶带选品失败案例

(一)案例描述

在某个自媒体平台上,某位卖家推荐了一款名叫"magic tape"(魔术胶带)的产品,同时他的关键词也包括了"transparent tape"(透明胶带)、"double sided mounting tape"(双面安装胶带)、"nano tape"(纳米胶带)或"adhesive tape"(胶带)等(图1)。相较于其他名称和关键词,把这款产品的名称确定为"magic tape"可以突出它确实有点 magic(魔力)的特点。首先,不同于一般的胶带,这款胶带可以反复使用,还可以水洗。水洗晾干后,这款胶带的粘性瞬间恢复,达到重复使用的效果。其次,这款产品揭下来以后,不会在物品表面残留痕迹,清理起来比较简单。这款产品有多种用途,适用于各种场合。听起来应该是很好卖的产品,但事实是否如此呢?

在 Amazon 平台上,卖家们搜索 listing(产品介绍页面)时发现,曾经作为主要搜索词之一的"magic tape",如今在标题中已鲜有人敢用。究竟是卖家疏忽遗漏,还是遗忘了关键词

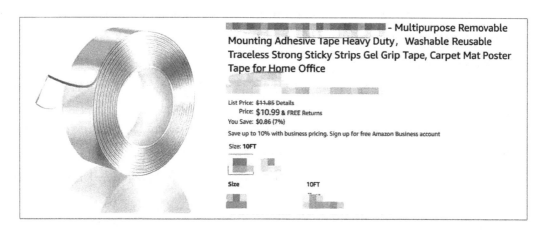

图 1　Magic Tape Amazon 平台买家界面

(资料来源:亚马逊某店铺截图,2023 年 1 月)

推广？真实情况并非如此,而是大部分 listing 因侵权被举报而被迫下架。原来,"magic"已被北美一知名胶带品牌注册成为商标。在美国商标局官网输入"magic tape"进行查询,点击"submit query"(提交查询)后,结果清晰明了。有卖家选定"magic tape"作为胶带的关键词后,屡屡收到平台发出的侵权下架通知,最终只能修改胶带名称或者直接下架。

卖家本身想通过特别的字词来突出产品的特点并获取流量,没想到却因为该关键词导致侵权的结果。这一情况给众多卖家敲响了警钟,在选品与设置产品信息时,绝不能仅仅着眼于短期的流量吸引,而忽视了背后可能潜藏的法律风险。

(二) 原因分析

1. 盲目跟风,而忽略选品门槛太低

在跨境电商的选品过程中,盲目跟风而全然忽略选品门槛太低这一关键因素,无疑是一条布满荆棘的险途。许多初涉跨境电商领域的卖家,看到某些产品在市场上呈现出一时的热度,便不假思索地一头扎进去,妄图分得一杯羹,却对这些产品背后极低的选品门槛视而不见。

对于该案例中这一款神奇的胶带,其实卖家冷静下来客观分析便知,它的经营门槛并不高,这款产品基本没有技术门槛,也没有可以改造的空间。相信卖家在上架了这款产品以后,得益于该产品的热度还没有完全消退,短时间内选品问题被大部分跟随网红经济的热情消费者掩盖。但是随着大量卖家涌入这个类目,产品同质化严重,卖家唯有依靠降价才能获得订单,经营利润也就这样一点点丧失了。

消费者经常会看到一些超低价网红产品 listing,其实这些产品背后很多都是在亏本出售。产品的售价不断被拉低,而产品的广告竞价却因为大量卖家的涌入而水涨船高。这样的产品售价和广告竞价在严重不匹配的情况下,一两个点击就可以把利润消耗殆尽。对于那些陷入价格战的类目,卖家们也应深刻反思。不应盲目跟风进入,而要提前做好市场调研与分析。例如,研究该类目的市场饱和度、消费者需求变化趋势、竞争对手的优劣势等。若

能发现一些尚未被充分挖掘的细分市场或差异化需求，或许能够避开价格战的红海，开辟出属于自己的盈利之路。而不是仅仅依赖低价策略来争夺市场份额。

2. 对侵权行为无概念

在 Amazon 平台，每天都有卖家反馈自己的 Amazon 账号被移除销售权限的情况，而在导致账号受限的众多原因里，所售产品侵权是占比最大的一种情况。导致侵权的原因有可能是卖家自己不够谨慎，没有在选品阶段做好侵权要素评估。也有一些卖家抱着侥幸心理，明明知道产品侵权，但看到有卖家在卖，于是也跟风去卖，账号受限后甚至还觉得冤枉，因为"别人的账号还好好的"，但不论如何，侵权是事实，没有被投诉或者没有被系统检测到，只能说是侥幸，不能以此来说明"侵权无忧"。

关于侵权，一般包含以下几种情况：商标侵权、专利侵权、版权侵权和盗图（图2）。

图2 "阿尔卑斯"糖

（资料来源：网络图片）

商标侵权是指未经对方授权，跟卖已注册商标的 listing，或者发布产品时把别人的商标写在自己的 listing 标题、五行特性、产品描述和 search term（搜索条件）关键词等详情信息中，这些都属于侵权行为。

专利侵权相对来说比较难识别，因为要判定一个产品是否有专利，必须要知道专利名、专利人或专利号，可这些信息对于第三方来说，一般是难以获取的，如果知道了这些信息，自然也就知道对方是拥有专利的了。为了避免专利侵权，卖家在选品和发布产品的过程中，一定要尽量通过多个渠道了解产品的相关信息，向供应商咨询，或向有经验的同行卖家请教，这些都是甄别专利侵权的有效途径。

版权侵权往往涉及设计和版权方面的侵权。卖一个未经授权的 DVD 影片，销售一本未经授权的图书，都属于侵权行为。版权侵权的重灾区在卡通图案方面，只要是耳熟能详的卡通图案，在未获得授权的情况下将其应用于任何产品上，基本可判定为侵权。

盗图一般发生在第三方卖家之间。卖家为自己的产品拍了一套图，其他卖家私自使用这套图片，作为原图拍摄者的卖家可以用原图来投诉。相较于其他侵权行为，因盗图被投诉是最应避免的，市面上有很多做外包图片处理的美工工作室，卖家可以轻松搞定自己的产品图片。

侵权情况发生后，轻则 listing 被删除，严重的可能导致账号被取消销售权限，甚至有时因为权利方诉诸法律，Amazon 也会冻结卖家账号中的销售款，用以支付权利方的索赔。总之侵权行为一旦被投诉,对卖家来说,既影响了运营的进度,还可能要面临高额的赔偿,都是得不偿失的。所以卖家在运营中,一定要尽可能以踏实的态度经营,尽量避免侵权行为的发生。

(三) 选品建议

爆款选品陷阱多,卖家应该如何正确选品呢?根据爆款选品陷阱中出现的问题,卖家除考虑市场需求量的因素之外,还要注意分析以下几点:

1. 分析市场竞争

一般而言爆款的产品很快会被卖家青睐,特别是销售门槛低的品类,短期内就会吸引大量卖家入场,所以在选品前要先分析产品的市场竞争情况,对于竞争激烈的爆款应谨慎入场。如果是入场之后竞争变大,为了不落后于人,卖家就要考虑站外推广,拓展渠道,以获取更多流量。所在平台的"爆品专区"可以帮助产品获得更多流量和更高的转化率。

2. 核算产品综合成本

衡量一个产品是否可以打造,要对产品成本进行综合考量,包括拿货成本、包装成本、运输成本、辅料成本、人工成本等,运输成本还要分别核算快递、空运和海运的成本等。扣掉综合成本后仍有较大利润空间的产品有利于卖家进行下一步运营推广,卖家可配合站内活动做促销活动,或者做站外引流。

3. 确认侵权风险

爆款产品的出现,有可能是由于产品受消费者欢迎从而带动了销量,也有可能是因消费者需求暴涨而销量增长。不论是哪一种情况,爆款产品都比较容易涉及侵权问题,卖家在选品时需要调查产品是否已有版权。否则,一旦被品牌方投诉侵权,产品也会被下架。

爆款,对于卖家来说,诱惑力确实很大,卖家也希望自己的店铺能够出现爆款从而带动整个店铺的销量,获取更多利益。但是爆款常常暗藏陷阱,选品时一定要谨慎,不要冲动入场。当然,创造爆款也不一定非要追随别人的热度,自己也可以创造热度。例如,卖家在平台上利用大量网红做推广,不仅可以为产品带来曝光量,同时也可以带来流量和销量,还可以利用"一键邀评"等功能,让买家为产品留下好评。

三、宠物电热毯选品失败案例

(一) 案例描述

"七分靠选品,三分在运营",凸显出选品在跨境电商运营中的关键地位。不少卖家在选品时陷入困境,毫无头绪且缺乏有效方法,致使产品运营状况不佳,收入微薄。

胡子(网络用名),一位 Amazon 平台的网络卖家,其团队主营宠物用品,规模虽有十人却无专门人负责产品部门。宠物市场在跨境电商行业选品中一直都是极具潜力的品种,冬季时,鉴于许多猫狗主人有给宠物购置冬季保温电热毯的需求,胡子团队敏锐捕捉商机,通过网络多渠道寻得货源后便大力开展销售与推广工作,全力压缩 FBA 成本,充分调动资源开启运营。

然而,运营的过程并没有想象中那么顺利,某天一位客户发来邮件,声称电热毯起火。胡子看到邮件后内心五味杂陈。他明明记得采购时在产品描述表明"产品最高温度45摄氏度,过高会自动断电保护",这让他对客户投诉一事倍感疑惑,遂立即联系供应商并提出质疑。次日,客户再次发来电热毯被烧出大洞的照片,惨不忍睹。此时供应商才坦白,因断电保护方案成本高,这批货采用了较差电路方案,存在起火风险。更恐怖的事情,客户的丈夫是盲人且需使用呼吸机并只能卧床,正是他先闻到烧焦气味,好在客户在家及时灭火,才避免了更严重后果。

胡子团队随后对此选品事件复盘:首先,高危类产品的生产厂家产品说明书与实际交付产品不符,团队自身缺乏基本产品质量把控意识,在产品检测与质量把关环节存在严重漏洞。其次,团队管理存在缺陷,采购流程不健全,采购高危产品时未签订相应采购合同明确双方责任义务,导致如今追责困难重重。最后,公司缺乏产品质量检测能力却执意销售高危产品,遇到问题便将质量把关责任全推给厂家,这无疑是让厂家身兼裁判与守门员双重角色,最终团队自食恶果。胡子团队的经历告诫广大卖家朋友,选品时若无质检能力,切勿涉足高危类产品,否则风险巨大。同时提醒高危类产品生产厂家,销售相同或类似高危产品时务必确保安全性,唯有品质可靠才能赢得消费者信赖。胡子团队面临的不仅是产品召回和赔偿问题,更严重的是品牌形象受损和法律责任追究。为避免此类情况再次发生,他们决定加强产品质量把控和供应商管理。

(二) 原因分析

在跨境电商这片竞争激烈的商海中,选品的优劣直接关乎着卖家的生死存亡,而其中产品质量更是重中之重,绝不容忽视。拿胡子的经历来说,他的失败犹如一盏醒目的红灯,警示着所有跨境电商从业者。跨境电商平台上的卖家主要分为两类:一类是有能力自行制造产品,并组建营销团队进行自产自销的卖家;另一类则是专注于在众多产品中筛选合适的货品,并依托平台开展销售的卖家,也就是需要在产品和供应商之间精挑细选的那一群人。胡子便属于后者,而他失败的根源就在于对产品质量把控的严重缺失。

胡子的团队既缺乏专业的质量管控团队,又在思想上轻视了产品质量在跨境电商运营里的关键作用。在这个全球化的商业舞台上,消费者对于产品质量的期望日益严苛,跨境电商运营涉及诸多复杂环节,如长途运输、不同国家和地区的质量标准差异等,这都使得产品质量的把控难度加大。胡子在选品时,由于自身没有检测产品质量的有效途径,无法在源头对产品进行把关,而且在整个运营过程中,也未充分意识到质量控制对于品牌声誉、客户满意度以及长期盈利的深远影响。

这种对产品质量的双重忽视,最终导致了他的创业之路走向失败。当遇到产品质量问题引发客户投诉甚至是危险情况时,他的团队便陷入了极度被动的局面。没有专业团队去提前预防和及时处理质量问题,也没有在选品初期就将质量作为核心考量因素,胡子只能眼睁睁看着问题不断发酵,客户流失,店铺信誉受损,之前的所有努力都付诸东流。

因此,跨境电商卖家在选品过程中,务必将产品质量放在首位,建立完善的质量检测机制,培养专业的质量管控团队,深入了解产品质量对跨境电商运营各个环节的影响,唯有如此,才能在汹涌的市场浪潮中稳健前行,收获成功的果实。

(三) 选品建议

在选品这一关键环节中,正确理解质量的内涵至关重要。质量并非单纯地等同于好、高档、奢华、奇特、时髦或时尚,其真正的定义是契合消费者的要求与预期。

以手机和拖把为例,便能清晰地洞察其中差异。当消费者购买手机时,倘若收到的手机屏幕存在指甲盖大小的划痕或亮点,绝大多数人会毫不犹豫地选择退货,因为在他们对于新手机的要求和预期里,是绝不允许有此类瑕疵的,这样的手机会被视作不良品。然而,若消费者购买的是拖把,收到时发现拖把头的布条不够整齐,长短有1厘米左右的差异,大部分消费者却能够接受,原因在于在多数消费者的认知中,这种程度的布条长短不一并不会对拖把的正常使用造成实质性影响。由此可见,针对不同的产品,消费者有着截然不同的要求和预期。作为跨境电商卖家,若期望实现良好的运营效果,精准把握消费者的这些要求和预期则是关键所在。

进一步而言,在选品过程中,切不可盲目地去追求所谓"最好的质量"。过度追求高质量可能导致质量过剩,这不仅会增加不必要的成本,还可能使产品价格失去竞争力。相反,如果能够精准定位,挑选出质量刚刚好的产品,也就是刚好符合消费者要求和预期的产品,便能在供应端有效控制采购成本,在销售端制定出具有竞争力的价格。如此一来,就能吸引到大部分的消费者,进而在运营过程中取得令人满意的成绩。所以,卖家在选品时,需在保证满足消费者质量需求的基础上,防止质量过剩,达成成本与质量的最优平衡,从而为跨境电商业务的成功运营奠定坚实基础。

四、发动机启停按钮盖选品失败案例

(一) 案例描述

卖家选择经营这款"发动机启停按钮盖"是因为该产品是小众产品,且个性化较强,竞争少,利润相对较高。但是在经营了9个月后卖家选择了停售,这宣告了选品的失败。

1. 市场分析,这款产品的名字叫作"Engine Start Stop Button Cover"(发动机启停按钮盖)。卖家在选择这款产品前做了大量市场调研。通过对Amazon TOP 100产品的销售情况进行分析,卖家总结了选择销售这个类目的原因(图3)。其中积极因素有:第一,市场均价12美元,价格适中,能够使消费者无负担购买;第二,产品属于新品,销量很好,且销售持续上涨,属于产品生命周期的成长期;第三,排行榜中销冠日销量为2 890件,销售额达到43 061美元;第四,新兴产品的市场容量大;第五,产品小而轻,且运输成本低、利润率高。消极因素有:第一,差评中提到产品本身黏性不够强,会出现脱落现象;第二,环的大小尺寸存在误差,买家不确定是否适合自己的车。以上两个消极因素可以通过在运营过程中充分与客户沟通来避免。

跨境电子商务案例

近30天销售额(元)	价格(元)	毛利率	FBA运费	评分	评分数	当月评分数	新增评分数	Q&A数	上架时间	上架天数	变体数	卖家数
17,905	6.59	41%	2.92	4.1	831	9.20%	250	9	2021-07-13	268	13	1
7,717	3.99	13%	2.92	4.4	5,856	0.00%	0	19	2020-11-14	509	14	1
6,178	4.99	26%	2.92	4.4	6,425	0.00%	0	11	2020-12-16	477	4	1
11,568	6.99	43%	2.92	4.4	2,830	11.90%	197	18	2020-06-01	675	14	1
7,633	6.99	43%	2.92	4.4	682	4.95%	54	6	2020-09-26	558	8	1
8,720	12.90	60%	3.54	4.4	127	0.00%	0	0	2021-09-10	209	5	2
9,219	13.99	60%	3.54	4.5	3,253	10.02%	66	106	2020-11-07	516	9	1
5,259	8.99	48%	2.92	4.3	1,007	0.00%	0	10	2020-09-10	574	1	1
4,091	7.99	41%	3.54	4.6	903	0.00%	0	12	2017-04-12	1,821	1	1
6,846	10.79	61%	2.92	4.4	144	0.00%	0	7	2021-08-25	225	5	1
3,912	6.90	34%	3.54	4.5	4,082	18.17%	103	91	2020-12-08	485	34	2
3,956	9.89	63%	3.54	4.4	671	0.00%	0	8	2021-05-27	315	9	1
6,365	12.99	63%	2.92	3.8	287	11.63%	57		2021-08-06	244	8	1
5,781	12.99	63%	2.92	4.5	627	0.00%	0	50	2020-02-09	788	3	1
2,469	7.99	41%	3.54	4.5	336	0.00%	0	3	2020-12-18	475	1	1
4,144	10.49	57%	2.92	4.7	975	0.00%	0	25	2013-11-26	3,054	1	6
4,504	12.24	53%	3.54	4.4	303	0.00%	0	36	2021-05-17	325	11	1
6,183	5.99	62%	2.92	4.4	1,830	0.00%	0	41	2021-04-18	354	22	1
3,277	9.99	50%	3.54	4.4	233	8.54%	28		2021-06-30	281	1	1
2,792	7.65	39%	3.54	4.6	404	0.00%	0	3	2020-05-21	686	1	1

图 3　Amazon 卖家销售排行截图

（资料来源：卖家精灵，2023 年 1 月）

2. 利润核算，从图 4 中可以看到无论是 FBA 模式还是 FBM 模式，运营该产品的利润都是较高的。

从以上的分析内容来看，卖家在选品前做足了功课，但最终这个选品计划还是以失败告终，这个案例中的卖家是否有思考不周全的地方呢？

物流方式1：Fedex（1周到）	物流方式2：空运
9KG大概700元+150元关税预付手续费（若有关税按实际关税收取）	21KG大概53/54/55元：1113、1134、1155元
成本：200*8+850+2.5*6.4*200=5650元	物流方式3：海运
销售额：均价：200*13.9*6.4=17792元；最低：200*8.9*6.4=11392元	21KG大概22、23、24元：462、483、504元
利润率：均价：(17792-5650)/5650=214%；最低：(11392-5650)/5650=101%	成本：420*8+504+2.5*6.4*200=7064元
结论：前期测款阶段，建议使用第一种物流方式	销售额：均价：420*13.9*6.4=37363.2元；最低：420*8.9*6.4=23923.2元
	利润率：均价：(37363.2-7064)/7064=428%；最低：(23923.2-7064)/7064=238%

图 4　卖家利润核算过程示例

（资料来源：作者整理自绘，2023 年 1 月）

（二）原因分析

1. 行业需求分析太过片面

首先在饰品行业中，一般而言男士的需求远远弱于女士，所以购买量上男士也远远落后于女士。另外，女性对汽车关注度较男性低，汽车装饰品市场中女性消费者并不是主流，只做男性消费品本身就是一个非常小众的市场，同时案例中的产品不是必需品，仅仅是一个装饰品，因此他的消费潜力是有限的。

虽然卖家通过市场分析了解到，这款产品在 2021 年 1 月—10 月期间搜索量猛增，但是卖家并未发现从 11 月开始便不断下降，可见这款产品仅为短期热销品，就好比一个销售平台出现一款热销品，大家一时疯狂购买，但这种热度只是短暂的，热度过后，消费者趋于冷静，产品的销量自然就会降下来。因此，对于非刚性需求的产品，卖家在做市场和行业需求分析时，不能只看产品短期的市场表现，短期市场表现很多时候是消费者的过度热情和一时兴趣造成的假象，卖家应尽可能拿到 6—12 个月的销售数据表现，才能对市场需求做出理智的判断。

2. 价格分析不到位

这个项目在策划时,产品的市场均价是 12 美元,但是卖家没有充分考虑后期的降价区间。在产品刚上架的时候,该卖家和其他卖家一样将产品定价为 13.99 美元,这样做卖家仅仅片面地考虑市场均价和短期市场价格。可是当后续 11 月份产品销量开始降低时,市场消费趋于理性,各卖家都在降价时,该卖家就处于完全被动的局面,毫无降价空间,如果一味追跌,就会导致自己的经营没有利润,甚至赔钱。

3. 利润分析过于片面

该卖家经过粗略的核算,认为该产品的利润率可以达到 100%～200%,于是被这个结果冲昏了头脑,完全没有考虑产品上架后降价、优惠促销、广告等一系列活动均会压缩后续的利润空间。其实这款产品的平均毛利率仅为 50.84%,卖家没有全面充分地分析利润率。后期产品销售价格已经降至 5.99～8.99 美元之间,这时毛利率仅为 30% 左右,还有每日的广告成本,外加作为新上架产品,没有销量和评论的支撑,广告效果并不理想,于是就出现了一个尴尬的局面——提高预算就赔钱,降低预算就接不到单。因此选品时必须对利润核算进行充分全面的考虑,将降价空间以及优惠促销、广告等成本核算进去,然后再计算大概的利润,这样卖家可以更好地掌握利润的可调空间,不至于后续销售处于被动局面。

4. 没有工厂做支撑

由于案例中卖家自己不生产这款产品,于是产品价格会受到供货方的影响,卖家的价格优势就低于其他人,成本则会高于拥有自有工厂的同行。这也导致了后期打价格战的时候,无自有工厂的卖家成为第一批被淘汰的卖家。

(三) 选品建议

1. 理智的数据分析过程

在理智的数据分析过程方面,古人云:"谋定而后动。"行动前全方位搜集目标信息对结果意义重大,如同在战场上知己知彼方能百战不殆。为确保店铺具备持续盈利的能力,大量的数据分析工作必不可少,通过分析可掌握市场、消费者和竞争对手的情况,做到有备无患。例如在卖家开店初期面临选品问题时,数据分析便能发挥关键作用。首先,借助数据分析可以了解产品的市场行情,判断产品是否适合在平台销售,知晓每日搜索该产品的人数,从而预估产品的市场潜力。其次,能明确产品的客户群,包括他们的喜好、购物习惯等,有助于卖家精准定位客户,提高成交率。最后,还可了解同行业卖家数量以及他们的主营产品、价格定位等,使卖家在竞争中知己知彼,脱颖而出。

2. 稳定的货源及给力的供应商

在稳定的货源及给力的供应商方面,选品过程中卖家常聚焦销售端数据,却易忽视前端供应商环节,而跨境电子商务的理性稳定发展应由供应链驱动,选品与选供应商紧密相连,对于新手卖家有如下建议:其一,在 1688 平台订货时尽量采用担保交易。新手卖家因货源

跨境电子商务案例

渠道受限常在此平台采购,虽平台成熟,但国内电商高速发展时涌入部分信誉低的商家,易产生货不对板、品质异常、退货纠纷等问题,所以订货时应利用平台担保交易,转账时务必保留信息,切不可因金额小或其他原因选择不安全付款渠道。其二,大额订单需签字盖章。确定订购意向后,应避免口头订单,采用书面形式并双方签字盖章,如此在出现交货纠纷时可保障自身权益,且在年底周期性结算时便于整理查询订购记录。其三,提前沟通交货要求及交货时间。由于大部分工厂客户群体不同,产品出货包装和细节会有差异,如包装和说明书文字是否与销售目的国相符、是否需贴 Amazon 条形码、能否分批交货或约定时间一次性交齐等,确定订单时需提前与供应商沟通,以防后期麻烦。其四,确认工厂是否有商品销售目的国的相关产品认证。品牌出海需遵循销售目的国政策,相关产品认证要准备好,一般常用认证工厂会有,订购时提前沟通,有品牌规划的卖家可在销售稳定后做自己品牌的认证。其五,了解产品起订数量限制。多数工厂对商品起订量设门槛,如 500 件、1 000 件或 2 000 件起订,新品不确定销量可与其他卖家拼单达起订量,多站点运营卖家可多站点相加。其六,多个供应商参考备选。对比多个供应商可避免信息单一误区,利于了解行业趋势格局,后期合作中若现有供应商供货出问题,可有备选工厂替代,减少损失。

◇ 案例小结:中国视角

从上述几个案例中可以看到,选品过程中应严谨、细心,充分利用数据信息,反复思考和取舍。这些选品失败案例中的共性问题是选品过程中,卖家并没有深思熟虑,给后期的运营埋下了失败的种子。

作为卖家,如何在选品的过程中尽可能考虑全面呢?结合中国的国情,我们应该考虑如下因素:

(1)把刚需放在选品的第一位。刚需产品的潜在消费群体是聚集的,消费者购买时从需求出发而不是从个人偏好出发,交易就更容易达成,也更便于打造爆款。

(2)避免从众心理。选择竞争热度小,相对冷门的产品,要避开红海类目,着力盯着偏蓝海的类目,在选品过程中要尽量避免从众心理。卖家处在一个庞大的供应体系中,只要用心寻找,一定能够发现很多小众且极具消费潜力的商品。

(3)选择更新换代慢、季节性不明显的产品。对于更新换代快、季节性明显的产品,跨境电商卖家要关注目标市场的季节变化,选择对应的产品。从风险控制的角度来看,应尽量选择季节性不明显的产品,因为远距离运输是跨境电商必须面对的现实。

(4)远离侵权。侵权是红线和底线,想要远离侵权,既要积累行业常识,培养对产品和行业的敏锐观察力,又要避免侥幸心理。面对一个疑似侵权产品,"宁可信其是,不可信其不是"。跨境平台也会提供查询和调研工具,便于卖家规避侵权问题。

(5)尽量不选敏感类产品。液体、膏状、粉尘、带电、需要特殊认证等的产品,也许销量好、利润高,但是物流方面的限制较多,跨境电商卖家一定要全面地考虑产品的特性和销售过程中可能会遇到的问题,才能保证后续顺利运营。

◇ 思考题

1. 从以上的案例中,可以看到新手卖家经常犯的错误有哪些?
2. 针对网红产品,有哪些措施可以规避选品误区?
3. 如果你打算在 Amazon 平台上经营店铺,你会选择怎样的产品经营?原因是什么?
4. 对于朋友给你推荐的产品,你会运用怎样的方法来判断该产品是否适合经营?
5. 在选品之前你会参考网上的数据和资料吗?为什么?

◇ 参考资料

[1] 雨果跨境,跨境老鸟 Mike:《亏损大几万的选品,再分享一个选品失败的案例》。
[2] 雨果跨境,亚马逊:《亚马逊大卖选品案例分析:一款失败又成功的产品》。
[3] 雨果跨境,跨境小当家:《注意!选品失败的首要原因:失败案例分析》。

跨境电子商务案例

案例 13　将流量转化为销量的 TikTok 平台

一、引言

　　TikTok 站在跨境电商发展的风口，同时也代表着业态发展的新趋势。2021 年以来，TikTok 进入了高速发展阶段。2021 年 5 月，TikTok 推出了 PC 版本，并在 PC 版本内着重打造直播功能；之后又在同年 7 月上线 LIVE Events（直播预告）、Go LIVE together（直播连麦）、LIVE Q&A（直播问答）、Topics（直播主题）、PiP（画中画）等一系列新功能；9 月，TikTok 更是官宣全球月活用户数突破 10 亿，一跃成为"互联网十亿用户俱乐部"中的第七位成员。

　　伴随着 TikTok 的完善和成熟，在 TikTok 站内，直播入口有关注页、推荐页信息流、视频头像小窗口、搜索 live 等。TikTok 沿着抖音的发展轨迹发展，功能包括橱窗、小黄车和直播带货等。TikTok 利用国内成熟的已经被验证过的玩法，去做海外市场。

二、"后来居上"的 TikTok 平台

　　TikTok 是字节跳动旗下一款针对海外用户的短视频社交平台，也被国内的玩家称为"海外版抖音"，于 2017 年 5 月正式上线，愿景是"激发创造，带来愉悦"（Inspire creativity and bring joy）。截至 2023 年 6 月，TikTok 全球下载量超过 35 亿次，全球用户超过 16 亿人，其中月活跃用户达到 11 亿人。目前已经覆盖全球 150 多个国家和地区，支持超过 75 种语言，是国内出海产品中，极其少见的可以席卷欧美主流区域的内容平台（图 1）。除了市场份额数据，更值得关注的是 TikTok 整体用户偏年轻化，61% 的用户是 Generation Z，即出生在 1995—1999 年的人群。显然，这些人很快就会成为市场消费的主力军。

　　麦肯锡的一份报告表示，自 2020 年疫情暴发后，美国 76% 的消费者开始转变消费习惯，把越来越多的精力投入社交媒体平台，由此催生了依托于直播业态的电商零售新形态。自 Amazon 爆发大规模封号潮后，大量卖家经营困难，一部分卖家出走"止血"，剩下的卖家也开始寻找新的机会、新的平台。

　　某卖家发现自己在 Amazon 开设的一家店铺在没有新增任何广告和推广的情况下，某一件商品的销量暴增。通过分析评论，卖家发现了端倪，很多评论都会说：是 TikTok 让我买下来的（made me buy it），是 TikTok 向我推荐了我购买的这个东西。TikTok 上"#TikTokmademebuyit"的话题标签下，几乎都是"种草"视频，商品涵盖了小家电、牛仔裤、化妆

图1 2022年3月全球热门移动应用下载TOP10

（资料来源：Senser Touer商店情报，2022年12月）

品、厨房用品、羽绒服等。其中不乏百万次播放甚至百万次点赞的视频。产品的开箱展示视频，可以获得百万次的曝光，很多粉丝会积极地在评论区就产品与博主进行互动。从这个案例中可以看出，TikTok在流量的带动上功不可没。可以想象，这种场景，对任何一位跨境卖家都具有无法拒绝的吸引力。

对比传统的跨境电商平台，TikTok平台带动流量的特点非常明显，且极具潜力。作为卖家，在选择TikTok平台前，需要了解该平台的特点及运营机制。

第一，用户群体丰富，流量多。2021年9月TikTok宣布全球超过十亿月活用户，成功登顶iOS和谷歌下载榜单，成为全球最火热的App之一。TikTok依旧沿用抖音的社交运营逻辑，下载用户越多，流量越大，商机就越多。从2020年开始，受疫情和平台的打压政策影响，越来越多的企业选择将TikTok作为他们的主要发展平台。

第二，原创内容短缺。TikTok的本质是UGC(user generated content，用户生成内容)平台。目前TikTok的优秀内容创作者寥寥无几，但是却有着数量巨大的用户，这意味着商家可以较为简单快速地获取大量的流量。目前TikTok的变现模式没有那么成熟，也就意味着目前很容易占住"坑位"且平台隐藏着巨大的商机。

第三，平台处于红利期，未来潜力巨大。一个品牌要想长久发展，就必须有稳定的流量和稳定的客户群体。目前国内的抖音变现模式已经非常成熟了。抖音海外版TikTok也仿照国内，上线了自己的TikTok Shop(TikTok小店)，也就是海外版的抖音小店。超大流量＋超高黏性＋高消费力的用户＋国内抖音可复制的"兴趣电商"的成功模式＝TikTok未来超强的变现能力。目前TikTok正处于快速发展期，这时候提前"占坑"布局，在未来的平台爆发期，便会获得意想不到的收获。

第四，平台算法规则推动人气。TikTok 的推荐算法机制是现在比较常见的信息流漏斗算法。用户上传的视频通过系统的审核后，会被随机推送给几百个用户，以获得最初的播放反馈。被推送用户包括发布视频的用户的粉丝、有相似观看爱好的用户以及地理位置相近的用户。然后根据完播率、点赞数、评论及转发数来判断视频是否受欢迎。反馈良好的话视频就会进入下一个流量池，不合格的系统就不会再进一步推送该视频了。

第五，判断新账号级别。平台账号大致可分为五个级别，分别是不健康账号、低权重账号、普通权重账号、潜力账号、高权重账号：① 不健康账号：播放量接近于 0，可能是网络登录环境问题，导致被系统判定为不健康账号。② 低权重账号：一周内或者前一二十个视频播放量都在一百次左右徘徊，建议重新考虑视频内容。③ 普通权重账号：一周内或者前一二十个视频播放量在一千次左右徘徊，建议精细化内容，确定好方向。例如，想做极限运动类的视频号，前期不知道要做哪种极限运动，就可以都试试，比较一下哪个方向的播放量更多，后续就可以朝着这个方向做，但是不能一次性删掉太多之前的视频，这样的操作会影响账号健康。④ 潜力账号：这种账号的视频播放量基本大于一千次，并且一旦出现较为优质的内容，随时可能成为爆款。所以这种账号需要及时关注并进行精细化的运营，在视频质量、点赞、评论、分享、与用户互动等方面下功夫，甚至可以推出一些投票环节，在视频中留下悬念让用户讨论。⑤ 高权重账号：这类账号就是创作者想做成的账号，视频播放量基本过万，这种账号必须保证视频的高质量输出，不断保持账号的权重以及热度。

TikTok 作为新的流量平台，正处于红利期，对新人极其友好，必将是未来的风口。

三、TikTok 平台选品策略

(一) TikTok 选品原则

1. 本土化原则

TikTok 是目前最热门的海外社媒＋电商平台，用户覆盖区域广，辐射人数多。同时 TikTok 坚持的是社交媒体逻辑，不同的社交群体具备不同的特征，国内外环境差异大，因此 TikTok 选品不能一概而论，不能觉得国内畅销的产品在国外一定畅销。卖家前期需要进行大量的调研，结合自身的资源和优势选择有潜力的产品。以英国为例，TikTok 英国站会提供英国本地市场的热门标签和搜索关键词，卖家进入市场之前，要长期跟踪英国市场的流行趋势，多了解英国的社会文化现象，紧跟潮流趋势，结合自身优势及时调整选品方向。因此，要重视本土化选品原则，在选品前充分调研当地市场环境和文化习惯，直击当地用户痛点，选择满足用户需求的产品。

2. 平价原则

超店有数(TikTok 电商选品与营销分析平台)数据显示，目前 TikTok 上的畅销商品大都是平价用品，价格多在 10～35 美元之间，东南亚地区甚至更低，这表明了把价格定在 9.9～35 美元之间能够提高转化率。除寡头垄断的产品外，TikTok 买家对价格比较敏感，因此采用平价原则才能吸引更多的客户。如果产品单价太高的话，无形中受众群体就会减少,并且价格较高会导致用户思考时长增加,这是影响消费者购买决策的重要因素。同时如果产品售价过低也会导致产品的利润空间非常小,商家无利可图。

3. 用户原则

一般选品要选择主体用户愿意消费的产品。由于 TikTok 是一个年轻化的短视频平台,它的核心用户群年龄在 16~28 岁,所以要选择年轻人喜欢的产品。TikTok 的用户一般具备以下特点:

(1) 主体用户地区分布方面:目前 TikTok 用户数最多的四个地区是东南亚、北美、拉丁美洲和欧洲。其中东南亚地区的 TikTok 用户更偏好美妆护肤类的产品,其后分别是服装配饰、健康和户外用品。欧美地区的 TikTok 用户同样也非常青睐美妆个护类产品,其次分别是服饰配饰、3C 配件、厨房小家电及家居户外产品。

(2) 主体用户性别方面:截至 2022 年 12 月,TikTok 用户中女性的占比是 59%,男性占比 39%。不难看出,TikTok 女性用户更多。任何地区女性用户的购买力都是不容小觑的,所以跨境卖家可以着眼于女性用户庞大的购物需求,关注女性的日常需求,如美妆、服饰等,在这些领域选品。当然女性用户还会不断产生一些新的或特殊的购物需求,因此也要及时关注媒体走向,敏锐地捕捉这些需求以便更好地迎合市场。例如,2020 年,在 TikTok 上非常火爆的关于女性自我防卫的话题就带动了女性防卫器具的销售,不少店铺甚至供不应求。数据显示,关于"自卫钥匙扣"一词的搜索量增加了 10 倍,同时"#selfdefensekeychain"的话题浏览量居然高达 4.8 亿次。

(3) 主体用户年龄方面:2023 年 1 月,TikTok 的用户中 18 岁以下占比 28%,19~29 岁占比 35%,30~39 岁占比 18%,39 岁以上占比 19%。从数据上看,TikTok 的用户群体是以年轻人为主的。尤其是"Z 世代",他们的消费特征非常明显,总结起来有如下几点:获取信息渠道多样化;务实,有财务意识;喜欢以社交为目的的购物;追求个性时价格敏感度下降。从这些特点出发,跨境卖家们就不能局限于 TikTok,而是要从多个社交渠道比如 Instagram(照片墙)、Pinterest(拼趣)、Youtube 这些国外主流的社交平台,了解当下流行的产品。在充分考虑物流成本的前提下,尽量选择客单价中等偏低的产品。与此同时,一定要重视产品的独特性和差异性,也可以尝试涉及 K-pop(韩国流行音乐人)、日本动漫这些元素的产品,来满足用户表达自我的需求。

(4) 主体用户收入方面:2023 年 1 月,数据统计,TikTok 用户中低收入和中产家庭的占比达到了 59.6%,这意味着相对中等或单价较低的产品会更受欢迎。

(5) 主体用户兴趣方面:在最受欢迎的 TikTok 标签中,用户对运动健身、DIY 及家居装修、美妆护肤、时尚、烹饪等类目比较感兴趣,那么与之对应的产品就意味着市场潜力很大。

4. 亮点原则

TikTok 起初只是个供娱乐的短视频社媒平台,大部分人只是想浏览有趣的视频以消遣时光。然而,随着 TikTok 上卖货的商家越来越多,竞争在不断加剧中。因此产品想要在TikTok 市场里脱颖而出,吸引更多的流量,就需要具有足够独特的亮点,以获得更多关注,否则视频一秒就被"刷"走了。选品时尽量选择一些热度较高的产品。想要判断产品是否具有高热度,可以在社交平台上搜索意向产品近期是否有爆款视频,并且查看用户在留言区的反应,比如是否表现出了明确的购买欲望。

(二) TikTok 选品误区

电商界有这样一句话:三分运营,七分选品。这足以说明选品的重要性。然而事实是对于新入行的跨境卖家来说,选品是非常难的一件事情,因为经验对于选品而言非常重要。大部分新手卖家的通病是盯着某些跨境电商平台上的热销品,更有甚者根本就不选品,也不看平台的规则和玩法,全凭自己的感觉来,因此在后续的运营过程中会遇到一个接一个的问题,最终结局就是铩羽而归,既浪费了时间,又损失了金钱。选品过程中常见的误区有以下几个。

1. 不熟悉规则

在选品之前应熟悉平台的规则,例如有些平台会规定不能出口的产品,不要花费了大量时间进行甄选最后发现产品连最基本的"能出口"都做不到。平台允许出口哪些产品,一般都会在平台说明中给出明确的说明,卖家在选品前一定要仔细阅读平台说明。

2. 选择季节性商品

众所周知,出于成本考虑,大多数跨境电商会选择海运,而海运在各种运输方式中周期最长,因此跨境卖家应尽量避免选择季节性商品,比如雨伞、泳衣、风扇等等,特别是作为还不能熟练掌控销售情况和物流进度的新手卖家,季节性商品更要谨慎选择。

3. 不考虑物流成本

物流成本是跨境卖家非常头疼的问题,选品时要充分考虑这一项因素,像体积大、质量重、易碎、易变质的商品要尽量避免选择,相反地,要尽量选择体积小、质量轻、不易碎易变质的产品,如果能够建立海外仓就更有利于后该的销售。同时,TikTok 平台在跨境销售中更多充当的是引流的角色,配套物流和仓储服务并不完善,因此卖家在运营前一定要做好物流成本预算工作。

4. 选择单价太低或者单价太高的产品

商品的售价正常应该是成本及运费总和的三倍,客单价太低则无法抵消物流以及运营成本,客单价太高又会面临叫好不叫座、无人下单的窘境。根据 TiChoo(提球)的统计数据,热卖商品的客单价通常在 20~70 美元,最好选择食品这类易消耗、复购率高的商品。

5. 盲目跟风

盲目跟风是新手常会犯的错误。TikTok 平台上很容易产生爆品,爆品诞生的速度快且迭代的速度也很快,在选品前,卖家一定要正确地评估类目市场、产品数据以及进入的壁垒。如果盲目跟风,完全不考虑市场是否已经被巨头商家占据,也不看产品数据和产品生命周期,最后只能无限压低售价,打价格战。

6. 选择"烂大街"商品

确保产品新颖有趣对于依赖内容创作的TikTok而言是非常重要的,同时从内容的角度讲也有利于短视频的传播。在TikTok上受欢迎的产品大多数是实用而又新鲜的日常生活用品。如:2023年TikTok上非常火的NoSame花洒头,它除了具备正常花洒的功能之外,还能够过滤水、调整水压。通过TikTok的传播,其销量增长了156%,价格上涨了67%。而太普通的产品一般情况下无法吸引流量,也就无法实现出单盈利的目的。

7. 不考虑受众

选品一定要结合TikTok的用户群体特征展开。以TikTok北美地区2023年的数据为例,41%的用户在16~24岁之间,用户多为"95后"甚至是"00后"。他们当中90%的人平均每天花费在TikTok上的时间多达52分钟,并且每10~15分钟就会看到一则广告。另外还有10%的购物者会在购物前用TikTok搜索商品,寻求可参考意见。因此,在选品时一定要充分考虑大多数用户的需求、审美以及消费水平。

(三) TikTok特色选品方法推荐

1. 数据调研选品

数据调研选品可避免主观臆断,让卖家了解到哪些产品在TikTok上好卖,哪些类目在TikTok上的销量在增长。或许数据调研选品有一定的滞后性,而且要做大量的数据收集整理工作,但数据调研选品仍值得推荐。卖家善于使用TikTok选品工具,可减少重复劳动,有更多时间洞察市场、洞察TikTok平台以及洞察消费者,从而真正了解一个产品到底有多大的市场容量、近期热度是上升还是下降,以及消费者最关心该产品的哪些方面等。

2. 本土化选品

不同国家和地区,在风土人情、节日特点及消费习惯等方面都不一样,用户画像差异非常大,因此选品一定要做到本土化,否则市场需求有可能只是伪需求。

3. 独特卖点选品

TikTok主要以短视频和直播的方式呈现商品,能够刺激消费者冲动消费。如果一个产品没有特殊的卖点和亮点,没有可以让人直观感受到的价值,没有让人眼前一亮的高颜值外观,就很难引起消费者的情绪波动,说服他们购买的成本也更高。通过热点事件选品,是非常好的思路和方向。但这考验卖家的信息敏感度、热点嗅觉及快速反应能力。卖家可根据近期的热点新闻、体育赛事、网红产品等,结合自身条件和资源进行考虑。

4. 标签好物选品

标签好物选品的具体方法是刷TikTok标签,不断在TikTok标签上做垂直深挖。TikTok平台会根据相应算法,不断给用户推送平台好物。卖家可在这些好物中找到相应的灵感和素材,从而助力自己选品。关键词往往能表明消费者的兴趣偏好以及购买意图,因此通过各种热搜关键词,卖家能洞悉产品热销背后的"秘密",并为自己的选品提供相应的参考依据,从而在选品时更加有的放矢,少走弯路。

5. 价格维度选品

TikTok主打兴趣电商，平台畅销的产品价格往往不是很贵。用户在刷TikTok的过程中，看到自己感兴趣的产品，产品价格也能接受时，就容易下单。如果价格相对比较高，用户可能会到Amazon、AliExpress等平台比价，订单极有可能流失。

6. 视频展示选品

指在选品时，考虑那些适合通过短视频展示的产品。因为TikTok是短视频平台，TikTok用户也更喜欢短视频的形式。因此，如果可以通过短视频展示出产品特色，尤其是产品的使用场景等，更容易刺激消费者的消费欲望，促使他们下单购买。

7. 爆款周边选品

爆款周边选品也称"产品拓展选品"，即根据卖家自身销量比较高的产品，进行周边产品的拓展、优化、升级，也可以拓展该产品的配套产品、互补产品、替代产品等，还可以选择大卖家的爆款产品进行上述操作。不过对于小卖家而言，选择大卖家的爆款产品进行上述操作，在具体实践上有一定难度。

8. 众筹方式选品

众筹就是将自己看好的产品发布在众筹网站上，从而更好地判断一个产品是否有市场、有多大市场等。除了众筹网站，也可以在TikTok平台上以短视频或直播方式进行预售和众筹。

9. "新奇特"选品法

TikTok与Amazon、Wish、AliExpress等跨境电商平台最大的不同就在于TikTok并非纯电商平台，卖货只是TikTok的一部分，其大部分功能仍以提供娱乐服务为主。"新奇特"产品可以让用户在刷TikTok短视频的过程中产生好奇心理，从而冲动下单。而且"新奇特"产品由于不常见，利润会更高。

10. 对标店铺选品

这种选品方法也被称为"优质店铺新品跟进法"。就是找到TikTok平台上的优秀竞争对手，观察他们新上架的产品以及新品广告等，然后择优模仿和跟进。其主要目的是节约成本，让同行帮自己"试错"，非常适合TikTok新手卖家。

11. 评论区选品法

不管是TikTok平台的留言，还是其他网站的留言，VOC（消费者声音）都可以帮助卖家获取选品思路，洞察买家需求。好评可以让卖家对产品优势把握得更精准，在文案等环节针对性地突出卖点；差评可以让卖家知道产品哪些地方有待改进，进而对产品进行升级。

12. 冷门类目选品

这是一种反其道而行之的选品方法，即刻意避开红海类目，选择一些偏冷门的产品。需要提醒卖家的是，不要选太过冷门的产品，那样出单量肯定不理想。要把握好平衡，找寻利润较高、竞争较小的冷门产品。

13. 社交平台选品

通过社交平台观察和了解市场,为选品积累线索和素材,也是一种非常好的方法。卖家可以在海外热门社交媒体上查看热门帖子与热门留言,了解消费者对产品的喜好与期待,再运用到自己的选品实践中,并不断总结经验与教训。

14. 评测网站选品

无论国内还是国外,都有非常多的产品评测网站,这些网站涉及的产品类目也非常丰富。卖家可以通过各种渠道,对这些网站进行搜索和整理,并充分利用这些产品评测网站,为自己的选品提供帮助。

15. 热销类目选品

根据热销产品所在类目进行选品,也是很多卖家会用到的选品方式。当然,热销既意味着市场需求量大,也意味着竞争激烈。所以,卖家并不能看到某个类目的产品卖得好,就不假思索地加入。只有掌握相应的营销技巧和方法,才能取得良好效果。

16. 飙升类目选品

飙升类目是指那些近期销量快速飙升的产品类目。一般而言,卖家只要在合适的时机加入,就能分得一杯羹。究其原因,是这些产品更好地满足了消费者的某些需求,从而销量陡然上升。把握住了这些产品的销量飙升期和红利期,也就把握住了商机。

17. 灵感乍现选品

卖家学习和使用过的选品方法越多,脑海中的选品模型和选品模板就越多。这时,卖家会时不时灵感乍现,脑海中跳出各种选品灵感。先不要管这些灵感是不是切合实际,应赶紧把想到的内容记录下来,然后再从中挑选适合 TikTok 平台的产品,这样做往往会有所收获,甚至获得意外惊喜。

四、TikTok 平台选品爆款案例

Peter Thomas Roth(彼得罗夫)的 Instant FirmX 眼霜在 TikTok 用户 Trinidad 1967 发布视频后迅速走红。2021 年,TikTok 在其全球流行文化洞察报告 *What's Next* 中剖析了这款爆品是如何从走红到脱销。下面沿着这个线索回看该案例,探讨该案例对于跨境新卖家的启发。

(一) 种草阶段

创作者或品牌发布一个以产品为特色的有趣视频。2021 年 8 月 26 日,54 岁的用户 Trinidad1967 在 TikTok 上发布了视频,她把 Peter Thomas Roth 的 Instant FirmX 眼霜涂在自己的一侧眼袋上,然后眼袋就奇迹般地消失了。

(二) 分享阶段

让更多用户喜欢该视频,并广为传播。该视频在一周内获得了 2 300 万个赞、数千条评

论以及一连串的反应——护肤KOL、美容专家、女演员等加入了讨论，TikTok用户们在社交媒体进行了数千次"合拍"和"点评"，促使这条视频迅速传播。品牌方Peter Thomas Roth也于2021年8月27日在其官方TikTok账号上传了用户Trinidad1967的内容，此时品牌方使用的标签是"#fyp"。爆款标签可能隐藏在这些标签中，在这个阶段，可以观察到这些进行二次创作的用户们习惯使用的标签有"#Viral""#viralproducts""#Fyp""#Foryou""#Foryoupage""#learnonTikTok"等。品牌方Peter Thomas Roth使用的"#foryou""#TikTokbeaty"等这些都是常用的"种草"标签。

但是如果想直接从"#fyp"中依靠系统推荐来获取热门视频，那也不太现实，卖家可通过将自身经营的类目和商品关键词标签与这些热门"种草"标签进行组合搜索来挖掘"爆品"。如果借鉴的是其他电商平台数据，如Amazon等，也可以尝试使用主营产品关键词，搭配1~2个"种草"标签来进行选品。

（三）引爆阶段

商品在品牌独立站和平台上连续数周多次售罄。该品牌的创始人兼首席执行官表示，得益于TikTok，他们6周内的产品销售额大约为平时6个月的销售额。同时品牌方也继续围绕这个产品发布视频，虽然有好几条都是为了向用户解释供货紧张的现状。此时"#peterthomasroth"标签就已经颇具流量了，品牌方也在TikTok上联合一些网红继续造势和持续营销，因此在"#peterthomasroth"标签池下能看到的主要内容是一些护肤达人的作品。

在这个引爆阶段，网红们的热情参与无疑为Peter Thomas Roth的这款眼霜成为爆品助势不少。因此，卖家可以寻找一些与主营品类相关的网红，他们对标签的使用更有经验，视频发布频率高，内容也较为精致，包括网红们使用的背景音乐和视频特效等也可以作为搜索项来帮助自己找到更多相关热门产品。

（四）维持阶段

品牌方与视频原创者联系并计划合作复刻新的明星产品。在眼霜产品陆续脱销的情况下，品牌方开始计划推出加量版眼霜，同时也与用户Trinidad 1967取得联系，考虑与她合作推广视频，希望可以再打造新明星产品和爆款视频——"Trinidad 1967 2.0"。

这是一个经典案例，凸显出TikTok搭建话题社区和话题造势方面的能力。Peter Thomas Roth利用热门标签搜索、评论区测评及"种草"等TikTok独有的运营方式，迅速获得客户流量，短时间内让自己的产品在具备某一属性的人群中扩散，达到推广的效果。

◇ 案例小结：中国视角

TikTok作为中国出海品牌，在短短的几年时间里，发展势头迅猛，在跨境电商领域区别于传统平台开发出一种全新的玩法。然而TikTok的成长可谓一路艰辛。从2019年开始，《卫报》《华盛顿邮报》便开始围绕TikTok的媒体属性进行攻击。在地缘政治风险持续升级的当下，TikTok遭遇围困的主要矛盾，已经变成TikTok中国身份与海外偏见之间的矛盾。

TikTok 在海外遭遇的围困，或许是中国互联网出海以来的最严峻的一次。只有认清问题的主要矛盾，才有可能彻底地解决问题。而作为和 TikTok 一起出海的广大跨境卖家，要秉持文化自信，勇敢踏出出海第一步，在危机中寻找商机，全面提高曝光率和流量，真正实现品牌及产品出海。

◇ **思考题**

1. 相较于传统的跨境电商平台，TikTok 在运营和推广方式上有哪些创新？
2. TikTok 的选品策略有哪些创新？
3. TikTok 平台的选品原则有哪些特点？
4. 如何将 TikTok 平台上的流量变成销量？
5. 如果你选择在 TikTok 平台上创业，你会如何选品？

◇ **参考资料**

[1] 知乎,TK 运营:《2022 年 TikTok 即将成为跨境电商最大风口？实操经验分享》。

[2] 雨果跨境,豆小包跨境数字金融:《带你了解跨境电商的风口——TikTok》。

[3] 百度文库,凝望有我存在:《海外版抖音 TikTok 运营宝典:30 个 TikTok 销量 10 000＋的爆款选品秘籍》。

[4] 网易,敦豪电子商务大中华区:《TikTok 上的爆品是怎么火的?》。

跨境电子商务案例

案例 14　节庆日爆品打造攻略

一、引言

对于每个跨境电商来说，节庆日促销无疑是提升 GMV 的好时机。区别于日常选品，节庆日爆品打造具有强烈的节日属性。

二、导入案例

每年的 11 月 1 日是西方的传统节日万圣节；在这一天，西方人认为夏天已经彻底结束，严寒的冬天就要开始。而万圣节前夜的 10 月 31 日是这个节日最热闹的时刻。为庆祝万圣节的来临，小孩会装扮成各种可爱的鬼怪逐家逐户地敲门，要求对方赠送糖果，否则就会进行恶作剧。

现在，万圣节已经成为西方国家一年中最流行和最受欢迎的节日之一，许多人以极大的热情来庆祝这一节日。现在万圣节的庆祝活动主要有三大项：第一，小朋友戴面具索要糖果，大人不给小朋友就要捣乱；第二，每家每户的万圣节派对；第三，各大城市的万圣节"僵尸"大游行。

从儿童产品和万圣节相关元素入手，南瓜灯、卡通元素等产品每年都大受欢迎。不过，并不是只有鬼怪类元素才是万圣节的标志，还有很多父母喜欢把孩子打扮成天使或者孩子喜欢的卡通人物。因此卡通类元素的产品同样会因为节日氛围的带动获得不错的销售业绩。此外，装饰类产品如万圣节贴纸、气球、摆件也一直是万圣节热销产品。

在万圣节当夜，除了儿童以外，许多成年人也会盛装打扮参加派对或者音乐节，如把自己装扮成某个动漫角色、热映电影人物、鬼怪……越新奇、越富有创意的服装越受欢迎。除了骷髅、南瓜、巫师帽、蝙蝠等万圣节经典元素以外，cosplay（角色扮演）戏服、道具以及小礼物都成了节日前的热搜产品，甚至包括宠物的万圣节服装。

作为跨境电商，卖家想要做到爆单，就要提前开始准备选品，并通过线上线下结合的方式推广自己的产品，比如通过 TikTok、Youtube、Facebook 等社交媒体，展示产品的使用效果，积极挖掘产品的网红属性。针对各市场的不同特性选择不同的营销模式，同时还要了解不同售卖平台的节日活动方案，精准把握产品的节日属性和上架节奏。

就万圣节这个节日而言，不同场景对元素的运用也反映在电商平台的热搜"标签"中：
（1）万圣节派对。营造万圣节气氛少不了带有经典元素的各类装饰，如南瓜造型的灯笼，带有蝙蝠、蜘蛛等节日元素的横幅挂饰、气球等，都是常见的热销单品。（2）万圣节聚餐。除了装饰家居，聚餐派对也是庆祝万圣节的常见方式，一些应节的餐厨用品烘托了节日氛围感，可爱的南瓜杯和搞怪的蜘蛛图案餐具是消费者青睐的选择。此外，人们还会自己动手制作点心，因此带有万圣节元素造型的烘焙模具不可或缺。（3）万圣节装扮。万圣节服饰常以经典或是近期火热的恐怖题材作品的主人公为主，如狼人、科学怪人、吸血鬼、女巫等。百搭的斗篷是最经典的单品。同时，还有一些经典的恐怖人物造型配饰，比如女巫帽子、面具与各类型服饰最为"百搭"。（4）糖果。不要忘记小朋友们的糖果，"不给糖就捣蛋"，这是万圣节最经典的环节，糖果是这个节日的必要需求。

从以上案例可以看出，首先，万圣节作为一个全球性的节日，具有广泛的受众基础和浓厚的商业氛围。通过针对这一节日进行精心策划和营销，跨境电商能够吸引大量寻求节日特色商品的消费者，从而有效促进销售量增长。这种增长不仅帮助商家获取更大的利润，还能够带动品牌知名度和影响力的扩大。其次，万圣节作为一个充满趣味和创意的节日，为商家提供了丰富的创意空间。通过设计独特的万圣节主题商品和促销活动，跨境电商可以展现出创新能力和市场敏锐度，吸引消费者的目光。这种创新不仅能够激发消费者的购买欲望，还有助于提升品牌形象，进一步促进销售。最后，万圣节制造跨境电商商机还有助于商家拓展市场渠道和增加用户黏性。通过针对万圣节推出特色商品和服务，跨境电商可以吸引更多新用户，并增强与老用户之间的联系和互动。这种互动不仅有助于提高用户黏性，还能够为商家提供更多的市场信息和用户反馈，有助于商家不断优化产品和服务，实现商业增长。

节日即商机是不变的真理，据统计，70％的用户表示节日会激发他们的购买欲。即便节日元素不那么明显，卖家同样可以通过了解不同国家、不同民族的节日背景和习俗，提前规划，营造节日氛围，确定营销重点，控制营销节奏，打造节日爆品。

三、跨境电商节庆日选品策略

对于跨境电商卖家来说，把握节庆日商机，不仅可以大幅提升销量、增加店铺曝光度、激活潜在客户并提升客户黏性，同时也可以卖家测试新品、打造爆款以及清除库存。不过在实际操作中，不少卖家还是缺乏针对节庆日选品的敏锐嗅觉，同时在促销方式及广告投放上也缺乏针对性和科学性。每个节庆日都有自己的特色，卖家如何把握地域差别、节日差别选择适合的产品呢？

按照一般情况下的选品逻辑，卖家会做一些海外调研，或者参考同行和第三方平台的选品思路等。虽然这些选品维度并非有误，但最终获取到的信息是否准确合理、是否能为卖家所用则有待商榷。

就海外调研来说，因受空间限制，更多的卖家是将海外媒体报道或者第三方机构得出的调研数据作为选品支撑。比如海外媒体根据往年数据对比，或是通过市场观察整理出来的热销品类，对于卖家选品而言是有一定参考意义的，但这样的方式本身也存在一定的局限性，数据来源是否可靠、数据采样是否足够、数据是否存在地域性等，都会成为影响调研可信度的因素。可能卖家最终得到的信息只是针对某个市场的热销产品预测,或者是某个品类的热销趋势,但这与卖家自身所经营的品类或面对的市场仍有差异,在这类信息指导下得出的选品方向有可能和市场实际情况大相径庭。

另外,不少卖家在选品时,也会参考同行的选品策略,这种方式同样也存在局限性。一方面,卖家选品取决于后端供应链,因此不同地域间的选品存在差异,例如深圳以3C产品为主,而福建的鞋服箱包资源非常丰富。另一方面,如果同行是运营独立站的卖家,其品类相对垂直的同时,品牌性也较强,消费者在独立站上的购物行为,某种程度上源自对是品牌的信赖,而这样的属性其他卖家是很难拥有的。

由此看来,虽然以上两种选品方式都有一定的参考价值,但毕竟覆盖范围有限。跨境电商卖家选品除了需要顺应市场,同时也要考虑自身供应链、品类和品牌影响力。那么跨境电商应该如何在节庆日前做好选品预备工作呢?以下介绍一些针对节庆日选品的策略。

(一) 选品过程利用大数据进行分析

要打造爆品,卖家首先要了解清楚节庆日属性,知道哪些商品在节庆日期间会热卖,会成为爆款。爆款需要具备的属性有:(1) 和节庆日特色有关,符合消费者需求;(2) 产品具有大量潜在需求,且有一定热度。要确认这些信息,卖家需要充分利用大数据来进行分析和判断。

站内数据分析:每个跨境平台会有自己的数据分析工具,利用这些工具,卖家可以很直观地看到平台上的销量排行榜,进而针对TOP3或者TOP10的商品及卖家,分析它们的特点。分析应由浅到深,先分析商品的标题、售价、描述、图片及广告等,再更深层次地分析商品的适配人群、市场容量、差异化、复购属性等。这些分析是打造爆款的支持与依据。

站外数据分析:利用搜索引擎快速了解产品搜索热度,也是有效的途径之一,例如Google AdWords 搜索引擎可以直接展示产品的搜索热度及排名。此外,还可以在其他跨境平台、社交媒体,通过热搜话题、热搜榜等了解消费者的需求。进行站外选品时,首先要参考其他跨境电商平台中的热销商品,其次使用一些数据搜集工具来分析不同国家消费者的需求,还可以利用一些第三方网站来分析其他跨境电商平台的热销款,最后卖家还可以在Facebook、YouTube、TikTok等国外社交平台上查看潮流趋势,根据趋势以及消费者需求进行选品。

(二) 选择具有价值特性的产品

通过很多对节庆日爆品的分析可以看出,本身具备一定价值特性的商品更容易制造话题和吸引流量,成为爆款的速度也会更快。

1. 视觉价值

视觉价值不是指美观,因为审美见仁见智,而是指让用户眼前一亮的惊喜感。一个App能不能火,"aha moment"(爽点)很重要,它决定了能不能把用户留住。在英语里新奇"novel"这个词很有意思,跟小说是同一个词,新奇的东西就像故事一样自己会"说话"。在视觉上就能给人新奇感的产品,在后期运营中具备两个优势:一是便于制作出有冲击力的视频广告;二是免费的红人营销机会。利用社交媒体,提前把握节庆日的流行趋势,找到给人新奇感的元素,融入自己的产品,将大大提高产品热销的概率。

2. 实用价值

在不同细分领域,不同品类的实用价值不同,这里举一个车载手机支架热卖的例子。车载手机支架的出现拓展了智能手机的应用场景,为驾驶员提供了极大的便利。在驾驶过程中,驾驶员需要频繁地查看导航、接收电话等,而手持手机进行操作无疑会分散注意力,增加驾驶风险。车载手机支架能够将手机稳定地固定在车内的合适位置,使驾驶员在查看或操作手机时,只需简单地调整视线或手势,即可轻松完成。同时它的实用价值还体现在其广泛的应用场景上。无论是家用轿车、商务车,还是货车、旅行车等,车载手机支架都能够找到合适的应用场景(图1)。对于一个被广泛认可的消费品,如果能在节庆日配合节庆日特点,在色彩或者造型上融入一些节庆日元素,则加大了其再次成为店铺爆品的可能性。

Skiva 3-in-1 Universal Smartphone Mount Air Vent Dashboard Windshield Mount (AH113)
$ 12.99 $ 39.99

Skiva Air Vent Car Mount Holder (AH111)
$ 8.99 $ 29.99

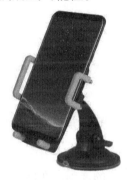
Skiva Car Phone Holder, Universal 2-in-1 Dashboard Windshield Cell Phone Car Mount (AH116)
$ 11.99 $ 39.99

图 1　车载手机支架 Amazon 平台搜索截图

(资料来源:Amazon 平台,2023 年 1 月)

3. 认知价值(图 2)

图 2　减肥瘦腰带网络实物对比图片

(资料来源:网络图片,2022 年 12 月)

4. 情感价值

具备情感价值的产品,最典型的即为带节庆日元素的亲子套装,打开店铺网页就让人感受到浓浓的亲情,这种产品经常会让人产生情感共鸣。

5. 趋势价值

产品要热销,通常有两种策略:一是产品挖掘策略。在一个产品还没有火爆之时布局,如果产品有前面所述这些特点,即具备新奇的视觉效果、超实用的价值、用户认知价值且容易形成情感共鸣,则可认为该产品有一定的潜质值得布局。二是趋势跟卖策略。一个产品已经在热卖了,也未必不能跟进,因为市场可能还没有饱和,只要整体销售趋势是往上走的,特别是节庆日爆品的生命周期较常规产品更短一些,因此销售这类产品对卖家把控上新节奏的能力要求更高。

6. 热点价值

一般来讲,节庆日本身就具备一定的热点属性,在所售产品中融入节庆日元素,可以迅速提升搜索量及节庆日期间的销量,同时辅以 Facebook、TikTok 等社交软件的流量和红人效应,可以在短时间内打造出爆品。

(三) 借鉴优质卖家的成功经验

没有竞争就没有突破,卖家不仅要超越竞争对手,还要向竞争对手学习,好的竞争对手就是最好的老师。在确定销售品类后,找到该品类销售最好的优质卖家,通过对优质卖家畅销产品的全面调研,深度剖析产品受众的痛点,找到产品热卖的原因。剖析优质卖家并非为了一成不变地跟随,也要注意差异化经营。

(四) 爆品选择不能不计成本

除了考虑消费者的需求,首先,卖家还要考虑物流仓储成本,选择体积小、质量优的产品可以减少物流成本,进一步提高利润。其次,尽量选择没有侵权风险的产品。如果卖家存在侵权行为,会严重影响节庆日店铺的运营,严重者面临平台封号的惩罚。卖家应着重避免商标侵权、专利侵权、品牌名称侵权等问题。最后,卖家还要考虑客单价。在节庆日,消费者常常会冲动购物,合理的价格能激起消费者的购买欲望。同时,海外节庆日期间,卖家之间的竞争相当激烈,有吸引力的客单价才能让产品获得优势。

四、全球主要节庆日介绍及选品推荐

本文按照时间轴顺序整理出跨境电商运营需要经历的全年节庆日及选品方向推荐。

1. 一季度主要节庆日介绍及选品方向推荐

时间	节庆日名称	节日介绍	选品方向推荐
1月1日	新年（全球）	公历1月1日是全球公认的新年日期之一。全球各个国家和地区在新年伊始举行"跨年""展望""庆祝"和"祝福"相关活动	与新年主题相关的产品，例如体育用品、书籍、健康有机食物以及新年贺卡等
1—2月	春节（华人区域）	春节作为华人的重要节日，在各国的华人聚集地区同样也有重大庆典。春节期间，放烟花、舞狮、庙会、花灯展等活动在各地上演	电子送礼产品、红包、对联等具有春节氛围的产品
2月14日	情人节（西欧、北美等地区）	情人节，起源于基督教，是西方国家的传统节日之一	象征爱情的植物、情人节贺卡、巧克力、女性用品等
3月8日	国际妇女节	妇女节目前被电商人打造成面向所有女士的购物节，卖家也称其为"女神节"	香水、美发、彩妆、服装、家居及健康护理等女性用品

2. 二季度主要节庆日介绍及选品方向推荐

时间	节庆日名称	节日介绍	选品方向推荐
春分月圆之后第一个星期日	复活节（欧洲、美洲等地区）	复活节是一个西方的重要节日，复活节的象征有复活节彩蛋、复活节兔等	塑料蛋、复活节彩蛋装饰、兔子主题的物品、节日装饰品、基督教宗教用品等
5—7月	夏日购物季（美国、德国）	盛夏来临，正是让衣橱大变身、为穿搭增添亮点的最佳时机	服装、鞋类和配饰零售类商品等
5月第二个星期日	母亲节	母亲节起源于美国，在每年5月的第二个星期日。除美国外，全球许多个国家和地区也会庆祝母亲节	服饰箱包、美妆产品、鲜花、礼品卡、珠宝饰品、数码产品、智能家居产品以及咖啡、茶等与母亲节主题有关的产品
6月第三个星期日	父亲节	父亲节是一个为感谢父亲而设立的节日，世界各地因历史、文化不同而选择不同日期作为父亲节，其中以6月的第三个星期日为最多	户外烹饪产品、户外运动产品、服饰、电子产品、高科技产品等

3. 三季度主要节庆日介绍及选品方向推荐

时间	节庆日名称	节日介绍	选品方向推荐
7月4日	独立日（美国）	独立日是美国的主要法定节日之一，以纪念1776年7月4日在费城正式通过《独立宣言》。美国的独立日与宗教、民俗节日一样隆重，老百姓在节日前清扫院落、装饰家居、悬挂国旗	国旗、独立日纪念品、户外用品、大型帐篷、野炊工具、烧烤架等
8月15日前后	盂兰盆节（日本）	日本人对盂兰盆节很重视，现已成为日本仅次于元旦的重要节日	祭祀用品、家庭聚会用品、清凉解暑用品、出行用品、学习用品等
8—9月	返校季	8—9月对于跨境电商卖家而言也是一个可进行大促布局的重要节日，"开学季""学习用品""返校季"等关键词搜索热度居高不下	学习用品、休闲服装、家居收纳、桌面日历、耳机等电子产品、床上用品等
9月	亚太购物节	东南亚一直都是"9·9"（9月9日）大促的主战场，而这个地区的市场近年来正经历着一个加速发展的进程	居家生活产品、3C电子产品、时尚配饰及美妆保养产品
9月15日之后的第一个星期六到10月的第一个星期日	慕尼黑啤酒节（德国）	慕尼黑啤酒节在德国慕尼黑的中心地区举办，至今已有二百多年历史，目前已经成为德国最盛大的传统节日之一，每年会吸引数千万的游客	帐篷、啤酒杯、啤酒桶、游乐玩具以及啤酒节纪念品等

4. 四季度主要节庆日介绍及选品方向推荐

时间	节庆日名称	节日介绍	选品方向推荐
11月1日	万圣节（美国、英国、澳大利亚、加拿大等）	万圣节是小孩子们最喜欢的节日之一，万圣节前夜小孩会穿上装扮成可爱鬼怪的服装、戴上面具，挨家挨户敲门收集糖果，这是西方热门节日之一	羽绒服、时尚产品、美妆个护、珠宝、户外装备、手套、围巾、毛线帽、装饰品、工艺品、滑雪装备和滑雪服等、厨房用品、餐具用品、烘焙产品、火锅、锅和围裙等
11月最后一个星期五	黑色星期五（美国）	黑色星期五是美国人一年中购物最疯狂的日子，现在也有很多国家和地区以各种形式庆祝"黑色星期五"	所有类别产品均适合促销，需以有竞争力的优惠价格抢夺流量
感恩节后的第一个星期一	网络星期一（美国等）	网络星期一源自英文"Cyber Monday"，是美国一年当中最火爆的电子商务购物日之一	所有类别产品均适合促销
12月24日	平安夜（西方国家等）	平安夜是西方传统节日，同时也是为了庆祝耶稣的降生，这天会互相寄赠圣诞卡，装饰圣诞树，在袜子里装礼物，吃以火鸡为主的圣诞大餐，举行家庭舞会等	玩具等圣诞礼物、圣诞装饰品、圣诞节贺卡、一次性餐具等

续表

时间	节庆日名称	节日介绍	选品方向推荐
12月25日	圣诞节（西方国家等）	圣诞节是西方传统节日，在西方国家的重要程度堪比中国的春节。这也使得每年从11月末到12月25日整个时间段内以圣诞节为主的礼品都是热销款	派对用品、杂货类、美妆个护产品、电子产品、厨房用品、玩具、服饰、礼物包装用品、室内装饰用品、厨房用品等与圣诞节相关产品
12月31日	跨年夜	不少地区于元旦前一日举行迎接新年的活动，近年来流行于此时进行跨年倒数，以庆祝新的一年的来临	聚会活动所需的一切产品及滑雪户外用品、毛绒玩具、电子产品等

◇ **案例小结：中国视角**

节庆日的特别之处在于每个节庆日都有自己的特色，伴随着节庆日的是促销和狂欢，如果能够精准选品，那么爆单便极有可能发生。但是想要准确地找到消费者喜欢的并且符合节庆日氛围的产品，并从众中产品中脱颖而出可不是一件简单的事情。跨境电商卖家需要对国外从文化层面了解这些节庆日的意义，包括对多元文化的了解和包容，从文化背景中提取出具备节庆日氛围的元素并落实到销售的产品中。同时，还需掌握选品数据分析法，从站内和站外的运营数据中分析得出大卖的细分品类和营销热点，突出节庆日元素，打造节庆日氛围，通过极具氛围感的界面、具备竞争优势的价格和产品本身的节庆日属性，吸引更多消费者的眼球。

另外因为节庆日具有一定的特殊性，在选品时一定要排除敏感类、危险品或平台禁限售的，门槛无法突破的，利润不达标的，以及需要类目审核的产品。

（1）敏感类、危险品或平台禁限售产品：一般是指液体状、膏状、带粉末、带电、带磁、有异味以及需要特殊认证等类型的产品。这类产品也许销量好、利润高，但如若销售此类产品，卖家必须付出更高物流成本走特殊渠道，且敏感类产品、危险品存在很多不确定的因素，哪怕其中一个环节出了问题，则会影响产品正常上架，甚至引起其他相关纠纷，对店铺运营造成不利影响。

（2）门槛无法突破的产品：不符合当地法律法规、不符合平台要求、不符合物流运输条件等的产品。

（3）利润不达标的产品：一般来说，节庆日运营成本会高于日常，如对到货时间要求高，且有一部分冲动消费，导致退货率提高，因此运营过程中产生的费用具有极大的不确定性，产品利润模型中必须做出充分利润预算。

◇ **思考题**

1. 跨境电商卖家打造节庆日爆品过程中，有什么特殊的选品方法？
2. 根据文中提供的节庆日时间表，你如何策划跨境电商卖家的年度运营计划？

3. 选择文中提及的一个节庆日,思考如何打造该节庆日的爆品。
4. 节庆日爆品有哪些特点?
5. 如何有效地将节庆日元素与选品相结合?

◇ **参考资料**

[1] 知乎,FunPinPin:《"造爆品"? 100+跨境电商爆款案例背后的"选品逻辑" 内附选品成本数据》。
[2] 网易,深圳市本本科技:《速领!2023年跨境出海热门营销日历和对应选品推荐出炉!》。

案例 15 "小生意中的大学问":解密绿联科技选品

一、引言

2022年6月深交所披露的信息显示,深圳市绿联科技股份有限公司(简称"绿联科技"或"绿联")的创业板 IPO 申请获得受理,保荐机构和主承销商为华泰联合证券有限责任公司。2019—2023年绿联科技实现营业收入分别为20.45亿元、27.38亿元、34.46亿元、38.39亿元、48.03亿元,2019年至2021年,绿联科技跨境电商业务营收分别为8.19亿元、12.04亿元、14.14亿元,占境外主营业务收入比例分别为92.25%、93.04%和89.23%,3年营收超34亿元。

二、绿联的创业历程

(一) 一根数据线的出生史

2007年,张清森大学毕业后南下深圳,做起了外贸业务员。2年后,张清森选择辞职创业。2009年,绿联科技的前身绿联公司成立。绿联的最初业务是为各大国际品牌代工,主要是帮客户生产数据线。不需要设计,也不用技术,当时的绿联只是个"无情的生产和贴牌机器"。

那时候出口贸易正火热,遍地都是华强北同款,为争取客户,厂家间打起了价格战。由于没有定价权,厂家只能任由客户摆布。2010年7月,绿联公司收到客户对已签合同要求降价的邮件,客户指出其他公司在价格上便宜1美元,要求绿联降价。即使绿联知道这是竞争对手的恶意竞争,但产品已经做好,如果客户取消订单,不仅拿不到货款,还会增加库存。无奈之下,绿联接受了降价。也正因为如此,事情有了转变——张清森坚定了自己做品牌的决心。

(二) 弯道超车,迅速成长

2011年,绿联品牌正式成立。凭借前两年做代工厂的经历,绿联起步时还是选择了老本行——数据线。细心的张清森发现,市面上大多数产品都是按国外标准来做的,比如连接高清电视的数据线,6英尺(约合1.83米)的长度在国外是常见尺寸,但1.8米似乎并不符合国人的使用习惯。面对国内市场这一空白领域,张清森迅速做出了行动。0.5米、1米、2米、3米、5米长度的数据线一经问世就受到了客户的喜爱(图1)。

如果说数据线的改良使绿联获得了好口碑,那入驻电商平台则是绿联弯道超车的决定

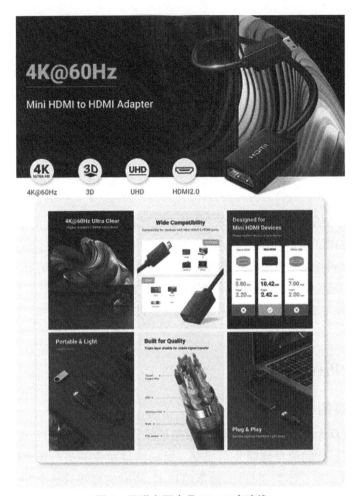

图1 绿联主要产品 HDMI 高清线

（资料来源：网络来源，2022年12月）

性因素。2011年7月，天猫绿联数码店启动。在山寨货满天飞的年代，人们对国产电子品牌仍持怀疑态度。为了赢得消费者的信任，绿联说出了让人难以拒绝的话："如果你收到产品不满意，哪怕是心情不好，都可以包邮退货。"包邮退换的客户服务为绿联的业绩带来了巨大的飞跃。线上店营业不到4个月，绿联一天的销售额就达到了1万元。

掌握了营销密码的绿联开始横向发展，将产品扩张到其他IT数码配件。在多次与客户的沟通中，张清森发现智能手机用户经常面临在排插上找不到充电头的问题，于是绿联研究起了排插＋USB充电口的组合。2013年底，绿联设计出了带有双USB手机充电接口的排插，又为品牌收获了一波客户，此时绿联的营业额已超6 000万元。

绿联分别于2014年和2018年通过了苹果公司的MFI(Made for iPhone/iPad/iPod)认证和华为的DFH(Design for HuaWei)认证，即被授权生产相关周边产品。

（三）乘风破浪，扬帆出海

2014年，Amazon改变在中国的策略，将重点放在了跨境电商业务上。绿联趁机布局海外市场,入驻 Amazon、eBay、AliExpress 等跨境电商平台,半年时间,绿联在 Amazon 的营销额就达到了日均 2 万多美元。

绿联科技以线上销售为主,主要通过天猫、京东、Amazon、AliExpress、Shopee(虾皮)、Lazada(来赞达)等国内外主流电商平台进行销售。各平台已逐渐在全球范围内发展成为成熟的开放式电商平台,与平台卖家形成了相互依存、互惠合作的关系。Amazon 成为绿联最大的销售渠道,绿联在 Amazon 的销售收入呈现逐年增长的趋势,2021 年,Amazon 平台上的收入占公司主营业务收入的比例达 33.41%。绿联向 Amazon 平台申请开设店铺并运营,创建相关商品页面并持续优化,同时将所售产品出口运输到海外 Amazon FBA 仓。消费者可以通过浏览网站店铺下单购买特定商品并完成支付,随后商品由平台配送给终端消费者(表1)。

表 1　绿联各线上平台主营业务收入情况　　　　　　　　单位:万元

线上销售平台	2022 年 1—6 月	2021 年	2020 年	2019 年
Amazon	58 627.02	114 885.14	97 893.00	64 102.89
京东	35 386.75	69 153.55	54 766.72	40 634.66
天猫	29 382.70	55 051.85	49 229.60	45 309.95
AliExpress	4 609.14	11 292.23	10 058.86	9 954.99
Lazada	2 912.49	6 715.58	6 493.46	4 772.12
Shopee	3 697.01	7 032.76	4 808.35	1 588.71

数据来源:绿联招股说明书。

另外,绿联境外线上 B2C 销售的仓储物流模式主要为平台入仓,也有部分境外电商平台采用自主仓、第三方仓发货的方式。其中,Amazon 主要采用平台入仓模式;AliExpress 以自主仓发货模式为主,同时该平台在部分欧洲国家也采用平台入仓及第三方仓发货模式;Shopee、Lazada 则以自主仓发货模式为主,同时也在部分东南亚国家采用平台入仓模式。

基于全球化自主品牌战略,绿联科技现已成功打造成为一个全球化品牌,公司形成了"线上+线下"以及"境内+境外"的全方位布局。业务范围现已拓展至美国、英国、德国、日本等多个国家和地区,主要产品持续入选 Amazon 平台 Best Seller(最畅销产品)、Amazon's Choice(亚马逊之选)。据招股说明书披露,线上平台已成为绿联的主要收入来源。另外,2019—2021 年,绿联主营业务境外收入占公司主营业务收入的比例分别为 43.49%、47.38% 和 46.09%。

三、从仅生产数据线到成为 Amazon 销冠的产品策略

十几年前,消费电子细分领域在多数人眼里或许是一个"不太引人注目的行业"。数据线这门随处可见的小赛道生意,技术门槛低、可替代性强,并不具备催生造富风口的资质。绿联又是怎样一步一步从仅生产完全不起眼的高清电视线把自己打造成 Amazon 销冠的呢?

(一) 打造自有品牌,拥有自主知识产权

"工厂不做跨境电商,不做品牌,5 年后会死掉一半。"这是曾流传于外贸工厂圈的一

句话。

绿联的前身是一家代工厂,一直在国外品牌商的背后,做着默默无闻的"幕后英雄",不能自主掌握定价权,利润极为微薄。绿联在给国际品牌贴牌代工阶段,"难以掌握定价权,被竞争对手以低价抢夺业务"让绿联吃了很大的苦头。正因如此,在跨境电商还处于无序竞争的 2014 年,绿联就已经决定以"UGREEN"品牌身份出海。

当时中国跨境电商行业的发展处于快速上升阶段,很多中小企业不断加入跨境电商的队伍,使得行业的内部竞争不断加剧。然而对于没有生产能力或者自主货源的卖家而言,这种竞争主要集中于销售措施方面,价格战为主要表现形式。而绿联从出海之际就同步推出了"UGREEN"品牌,自主品牌带来的优势在经营过程中逐渐凸显出来。跨境电商企业通过品牌建设与推广,可以利用自身的品牌效应提高商品的出售价格,提高企业的盈利能力,增强企业发展的可持续性。

从消费者的角度来看,通过电商平台经营某种特定商品的跨境电商企业不在少数,消费者在进行选择时眼花缭乱,不知道该如何抉择。通常情况下,消费者对品牌产品的关注度及认可度要更高一些,企业便可以通过建立品牌的方式销售更多的商品,以此在消费者群体中树立良好的形象,形成品牌的竞争优势。

绿联一直坚持品牌原创,截至 2022 年 6 月已拥有境内专利 698 项,境外专利 506 项,计算机软件著作权 35 项。多款产品荣获 iF 设计奖、红星大奖、红点奖、当代好设计奖等众多设计界的荣誉和奖项。好的设计不只是满足使用者的功能需求,更需要为使用者带来幸福感与满足感。

有了品牌的加持,绿联的数据线在出海之际就具备可辨识的身份标签,这也决定了与其对标的竞争对手不会是市场上的劣质数据线。

(二)做好细分市场,关注产品的垂直布局

消费电子类产品是功能性强、同质化较严重的产品,因此更考验企业的产品力。在短期内,品质的差异可能很难体现;但从长期来看,细节的优化对用户体验的提升却是显著的,产品力强的品牌在行业竞争中往往能够与产品力弱的品牌拉开明显差距。

创业初期,绿联科技瞄准的并不是 3C 消费电子产品,而是数据线。彼时,恰逢国内高清电视消费崛起,高清电视的普及和数字电视的兴起,让数据线成了炙手可热的配件。当时市场竞争已经非常激烈,打开淘宝或者天猫搜索关键词"数据线",搜索结果往往让消费者目不暇接。企业应让自己的产品更具特色,拥有自己的特色关键词从而区别于其他搜索结果。张清森发现,当时市场上数据线大部分是 1.8 米,基本是按照国外的标准来做的,而其他尺寸的数据线基本搜索不到,或者成为厂家口中的非标长度,没有批量生产,也不容易在市场中买到。而消费者的需求往往是多样化的,因此绿联考虑到不同的使用场景,推出 0.5 米、1 米、1.5 米、2 米、3 米、5 米等长度的数据线,满足了消费者多样的选择。在产品质量上,也力求做到极致。很快在市场中要选择不同的数据线,大家首先会想到绿联。在这个品类,绿联获得了一席之地。

同样的一根数据线,绿联的技术团队并没有止步于尺寸上的创新,为满足用户对视频传

输类产品的更高要求,绿联潜心钻研视频传输的核心技术,紧跟行业趋势,对绿联 HDMI 数据线进行多次技术升级,在视频信号的传输版本、视频画面的处理技术、可兼容设备等方面进行了多次更新换代。绿联目前在售的 HDMI 2.1 数据线搭载先进的音视频传输技术使得它在视频、音频传输方面有着出色的表现。在视频方面,它支持 4 K/120 Hz 和 8 K 60 Hz 的视频信号传输格式,满足用户对超高清画质的极致追求。同时,这条绿联 HDMI 2.1 高清线支持的可变刷新率技术,可以同步屏幕和信号源的刷新率,使得用户在游戏体验方面减少撕裂和卡顿现象。此外,它还支持动态 HDR(高动态范围成像)技术,可以增加画面中明暗的差别,让画面更贴近真实的色彩。在音频方面,它能够通过 eARC 音频传输技术,高度还原无损音质。

绿联对 HDMI 数据线产品在外观上有着独特的思考,例如推出的简约大气的合金款、铿锵有力的电竞款,还有影院款、经典款等,通过外观设计赋予产品鲜明的个性,更直观地展现产品适合的使用场景。

绿联创始人张清森曾经在采访中将这种战略称为"草根"创业和"富二代"创业的区别:普通创业者最可行的方式是切小口找准一个行业,花足够的精力去做重度垂直。当生存问题解决后,必须巩固自己的地盘,尽量做到重度垂直。

同样的思路,绿联用到后续其他系列产品的开发上,不断发掘消费者的需求,并将现有的产品升级迭代。以常见的充电器为例,虽然外观看似平常,但其实除了需要在产品体积、充电效率、温控水平等方面严格把控外,墙插的稳定性、外观材质等细节也需反复打磨。将简单的产品做到极致,其实更考验品牌的功力。

(三) 加大技术投入,力求产品品类创新

从 2012 年成立之后的几年里,绿联着力于手机、电脑周边硬件产品的研发设计、生产及销售,以传输类、充电类产品为主。

2020 年,苹果公司(简称"苹果")取消随机附送充电头的举措,几乎为整个第三方充电配件市场带来井喷式的需求,而作为最早一批获得苹果官方 MFi 认证的绿联,也成为广大"果粉"的首选。作为苹果首批第三方授权品牌之一,绿联为 iPhone 12 打造的 PD 20W 充电器,一经上市便收获大批"果粉"的支持,迅速跃居各电商平台销量 TOP 榜。而随着一代代产品的更新,绿联也稳步迈入了充电器品类 TOP 卖家行列(图 2)。

随后的两年里,绿联陆续推出 MFi 认证的自带线充电宝、Magsafe 磁吸无线充电器/充电宝、三合一磁吸无线充电器等数十款苹果充电产品。"内置苹果同厂磁芯""采用苹果原装磁吸模组""兼容 iOS 全系统",绿联一款接一款热销的充电产品,都像是在为 iPhone "量身定制"。然而,"绿联的苹果周边产品不错"的认知在深深烙入用户心底的同时,也让不少消费者对绿联产生了刻板印象,绿联甚至被一些业界人士贴上了"苹果配件厂商"的标签。

但事实真是如此吗?显然不是。除了在苹果周边产品领域经营得风生水起以外,绿联在品类拓展、渠道开拓等方面的表现也让人刮目相看。

2018 年,绿联成为华为首批 DFH 计划合作伙伴,被授权生产华为官方认证的周边产品。2021 年,绿联与华为签署深度合作协议,推出首款 40W USB-C 超级快充。

跨境电子商务案例

图 2 绿联充电器 Amazon 展示图

(资料来源:Amazon 店铺截图,2022 年 2 月)

2020 年,绿联跨品类推出 TWS(真无线)蓝牙耳机、NAS(网线附属存储)私有云存储。2021—2022 年,绿联先后进军智能穿戴、办公键鼠及户外储能领域,推出头戴式主动降噪耳机、便携式无线蓝牙鼠标、无线机械键盘、便携式户外电源等多款自主研发的跨品类新品。从数码充电到手机周边,从影音周边、网络工控到电子存储,如今的绿联,在消费电子领域可谓全面开花。先做强再扩张,多品类的周边产品让绿联打出一套完整的产品组合拳,这是绿联独到的产品扩张战略(图 3)。

图 3 绿联主要产品 typec 扩展坞

(图片来源:2022 年官网截图,2022 年 12 月)

从公开的财务数据来看,2019—2021年绿联传输类、音视频和充电类三大品类产品的营收占比较为均衡,绿联也完成了从数据线到"数码大超市"的蜕变(表2)。

表2 绿联主营业务收入构成

项目	2022年1—6月		2021年		2020年		2019年	
	金额/万元	占比/%	金额/万元	占比/%	金额/万元	占比/%	金额/万元	占比/%
传输类产品	63 836.40	35.47	123 539.14	35.93	100 527.33	36.79	73 616.75	36.05
音视频类产品	42 918.94	23.85	87 265.18	25.38	76 874.45	28.14	57 820.37	28.32
充电类产品	43 263.77	24.04	78 768.73	22.91	56 070.60	20.52	42 788.58	20.96
移动周边类产品	18 933.61	10.52	33 232.10	9.66	24 229.89	8.87	18 142.52	8.89
存储类产品	8 511.44	4.73	15 905.54	4.63	11 935.22	4.37	9 278.78	4.54
其他	2 500.86	1.39	5 143.63	1.5	3 579.52	1.31	2 538.58	1.24
合计	179 965.01	100	343 854.33	100	273 217.00	100	4 185.59	100

数据来源:绿联招股说明书。

(四)坚持不断创新,为品牌注入新的活力

在互联网时代,产品本身就是品牌的明星,将工业设计引入产品中,全力提升产品形象,继而提升品牌形象。在产品同质化竞争日趋激烈的今天,仅仅靠低价竞争和跟风模仿来站稳脚跟的时代早已过去。尤其是在乱象丛生的消费电子行业,新品类的顺利拓展,考验的是一家公司的研发创新和资源整合能力。

虽然绿联在经营模式上依赖于外协生产,但是产品的研发与设计权始终都严格把控在绿联研发团队的手上。从绿联近几年推出的多款产品身上,不难看出绿联对产品的"技术含量"非常重视。比如看似普通的PD 20 W快充,绿联推出的小金刚20 W充电器搭载绿联Mini-X技术,充电器内部采用立体堆叠技术的同时还融合了迷你变压器、高集成芯片两项行业黑科技,在打破体积局限、实现更高充电效率的同时减少了充电过程的发热量。再比如绿联推出的首款头戴式蓝牙耳机,其最大的亮点就是国内首款全场景适配的空间音频头戴耳机,这项技术支持耳机通过陀螺仪感知人体头部运动,为用户带来"影院般"的聆听效果。这种看似常规又具备差异化优势的新产品,无疑是在作为主要营收引擎的传输、充电品类基础上所做的合理延伸。

经过十多年的发展,绿联呈现给客户的早已不再是早前的"科技直男"形象,年轻、个性、新潮元素在绿联科技这几年的产品上有了更多的体现。据了解,绿联已连续数年斩获德国红点设计奖、iF设计奖等国际工业设计类大奖。2021年,绿联的产品设计部被广东省工信厅认定为"广东省工业设计中心",被深圳市工信局认定为"深圳市工业设计中心"。

与此同时,绿联也更加注重科技美学与实用性的结合,以其智充魔盒系列为例,该系列产品将快充技术应用到排插上,并倾注一定的人文情感,赋予产品全新的设计语言。从用户思维角度出发了解并迎合消费者的需求变化,能在产品宽度和深度上满足不同层次的需求,

也能让消费者产生眼前一亮的"兴奋点"。

2022年10月,比亚迪与绿联科技在绿联总部签署深度合作协议。此次绿联与比亚迪共同研发的户外电源新品命名为"星辰"系列,其最大的亮点就是绿联独立研发的"优闪充"和"超能模式"两大核心技术。它不需要笨重的电源适配器,只需连接一根普通的电源线就能进行自充。从0充到满电只需1.5小时,充电速度比多数普通的户外电源快5.3倍。

近几年来,绿联不仅依靠着自己的技术实力,不断推出以客户为导向的新产品,同时也与比亚迪等企业联名开发产品,通过强强联合,不断丰富产品线,为品牌注入新的活力。

四、消费电子品类跨境选品的机遇和挑战

绿联在成长过程中始终以产品说话,在竞争激烈的消费电子行业,品牌口碑往往是重要的影响因素。消费者对品牌的忠诚度,在一定意义上也可以说是对其产品质量和服务的忠诚度。只有过硬的产品质量和贴心的服务才能真正在消费者的心目中树立起"金字招牌",受消费者喜爱。在跨境电商平台上,"UGREEN"的搜索热度较同类品牌更高。从产品的好评率可以看出,目前绿联的产品综合好评率非常高,用户主要的称赞点在于产品的外观手感、做工质量、功能实用性等等。在Amazon平台,一款绿联的PD 20W的充电器的评分为4.7分,有17 331条评论(截至2023年1月);速卖通平台上,一款蓝牙适配器有接近23 840个订单,10 254个卖家参与了评论,且评分高达4.9分(截至2023年1月)。登录Amazon、AliExpress、Lazada、eBay等平台,会发现绿联的高销量与高评分产品比比皆是(图4)。Amazon为绿联科技最主要的跨境销售平台,主营电子传输类产品持续位居Amazon最畅销产品榜。

图4 绿联Lazada平台销售排名

(资料来源:Lazada平台,2023年1月)

(一) 机遇

在移动互联网技术不断发展、居民收入增加的背景下,消费电子行业呈稳定发展态势。数据显示,2013—2022年,全球电子消费品市场收入总体较为平稳。受疫情影响,相比于2021年,2022年市场收入略有下降,为1.06万亿美元。但预计2026年将达1.14万亿美元,回暖趋势明显。未来,5G、AI等新兴技术与消费电子的融合,将会加速消费电子产品的更新迭代,推动电子消费品市场扩大规模。

在智能物联网时代,除了手机、电脑等主件市场,主件周边产品如TWS耳机、充电器等已成为行业关注的新增长点,消费电子产品个性化、多样化成为重要发展趋势。细分市场释放出强劲的消费潜力,各大品牌的精耕也卓有成效,在用户层面逐渐积累起品牌心智,用户对产品也有了更高的要求。

如今,消费电子市场似乎已步入红海,但在日趋个性化、多样化的消费电子细分市场中,企业也会迎来更多发展机遇。对于跳出传统思维并能拥抱变化的品牌来说,红海之下的蓝海更需要专注创新和价值挖掘,这样才能取得长足发展。

换言之,产品力和用户体验才是推动品牌增值的核心所在。绿联科技这种能够沉下心打造优质产品,致力于提升用户体验的企业,能够走得更高更远也在情理之中。如今,越来越多的企业发现并认识到用户体验的重要性,并往这个方向深耕发力,这对整个行业而言,是一次不小的进步。

(二) 挑战

在全球数字化的趋势下,美国、日本、韩国等发达国家都对信息产业的发展进行了战略调整,将信息产业作为新一轮经济增长的动力,并纷纷在该领域加强投资、布局。消费电子行业作为信息产业下的细分行业,随着美国等国家对信息产业逐步进行战略部署,行业内人才的竞争、投资资源的竞争、战略竞争将日趋激烈,也加剧了行业内的市场竞争。走向国际,面对的是竞争更加激烈的市场。面对不同区域的电商平台由于市场竞争、经营策略变化或电商平台所属国家或地区的政治经济环境变化而造成的平台市场份额降低,如果不能及时调整销售渠道策略,可能对企业收入产生负面影响。

中国品牌出海,并不仅仅是将中国品牌推向国际市场,获得国际消费者的认同,同时也是文化传播的过程,只有中国人自己真正认同自己的文化,以自己的文化为骄傲,才能够在中国品牌出海的过程中坚守底线。应将中国的文化融入跨文化传播链中影响全球,而不是被强势国家的文化所影响。

消费电子产业是典型的专利密集型产业,中国品牌产品要想进入欧美等成熟市场必须遵守当地的游戏规则。这一点,中国企业曾经有过惨痛的教训。中国电子企业上一轮出海在2000年左右,当时海外跨国企业凭借大量的专利储备,在提起一次次专利诉讼的同时一再提高专利侵权索赔额,对中国企业"走出去"造成很大障碍。

跨境电子商务案例

据了解,中国企业电子产品走向海外时,除面临同行竞争对手的专利挑战外,还要面对NPE。所谓NPE,就是指那些拥有专利但不从事专利产品生产的机构。

2015年,国内某著名手机品牌尚未正式进入美国,就被一家名为BlueSpike的NPE诉至美国当地,指责该品牌通过TomTop(通拓)销售的智能通信设备涉嫌侵犯其在美国拥有的专利权。按照美国专利法规定,在专利有效期内,任何人未经授权在美国境内制造、使用、销售或进口受专利保护的发明进入美国,都涉嫌专利侵权。因此在做出海产品规划时需要做足调研工作,避免因侵权事件造成损失。

◇ 案例小结:中国视角

随着消费电子行业的火热发展,与之相匹配的消费电子配件企业也迎来了繁荣发展期。不过,十几年前,消费电子和配件领域曾是产品质量重灾区,"山寨机""三无充电宝"等产品充斥市场,行业混乱不堪。绿联科技作为从行业混乱期走出来的3C配件知名品牌,依托"UGREEN绿联"品牌,从数据线起家,目前产品已经覆盖传输类、音视频类、充电类、移动周边类、存储类五大系列,并布局境内外市场,采用线上、线下相结合的模式,在2021年实现了34.4亿元的营收,成长为行业龙头企业。

纵观绿联科技过去十几年的发展,从电商红利的早期受益者到如今高投入做营销买流量,从卖数据线、充电器等数码配件到如今成为营收达几十亿元的专业品牌,绿联不仅在国内顺风顺水,在出海业务上也做得有声有色。

从绿联的产品策略中,我们看到其成功的秘诀主要在于其强大的垂直研发能力。这种能力使绿联科技能够紧跟行业发展趋势,结合市场需求大力拓宽产品矩阵,研发出具有竞争力的新产品。出海最大的困难点就是产品和用户需求在不断地变化。真正理解用户需求,打磨产品,用心进行本土化营销,是品牌出海成功的关键。而绿联是深知这一点的,从客户需求和痛点入手,将小产品的性能开发到极致,并能够不断与时俱进完成产品的技术迭代,时刻保证产品的新鲜度和与相应技术发展的同步性。同时针对不同的海外市场推出不同产品策略:在东南亚主要做低价的产品;来到消费能力更高的欧美市场,就侧重于蓝牙耳机、磁吸充电器或者是高端的穿戴电子产品。

如今是中国品牌出海的黄金时代,跨境电商卖家踏踏实实地做好产品,合规化运营,慢慢筑高自己的项目壁垒,构建自己在产品、品牌、渠道等多方面的核心竞争力,必能在自己的赛道上闯出一片天地!

◇ 思考题

1. 绿联能从简单的数据线生产做到Amazon销冠,成功的关键因素是什么?
2. 绿联在产品策略上有什么特点?

3. 自有品牌和非自有品牌出海的选品有哪些区别?
4. 绿联目前的产品系列中,你认为最具出海优势的产品有哪些?
5. 如果你是绿联产品部的负责人,对于未来的市场,你会如何策划?

◇ **参考资料**

[1] 海猫荟:《3C类目"隐形冠军"? 一根数据线造出34亿!》。
[2] 搜狐,刘竞陵:《下一站"安克"? 看3C配件大卖绿联出海战略布局》。
[3] 金融界:《从"华强北配件小厂"到"数码大超市",看绿联科技的转型》。

第四篇 04

跨境电商运营篇

案例16 电子邮件营销：家居品牌 Brooklinen 的获客之道

一、引言

在欧美床上用品市场中，行业巨头 Bloomaingdale's（布鲁明戴尔百货）和 Macy's（梅西百货）等零售商几乎垄断了高端市场的供应链。新的品牌要想进入这样一个竞争激烈的市场并生存下来，要么得降低价格，要么得创新商业模式，例如略过第三方零售商，建立独立的生产和供应链。

然而，由于床上用品庞大的市场规模，当下欧美地区的床上用品市场依然在陆陆续续涌入新的品牌。其中成立于 2014 年，总部位于美国纽约的家纺品牌 Brooklinen，成立后短短几年就获得独立站月访客量 100 万的佳绩，成为 Amazon 床上用品和家居产品类目的明星品牌（图1）。它是如何通过电子邮件营销（EDM）获取和转化客户，获得独立站单月 100 万访问量的？希望本案例中对 Brooklinen 的电子邮件营销分析，能为出海品牌尤其是独立站的营销带来新思考。

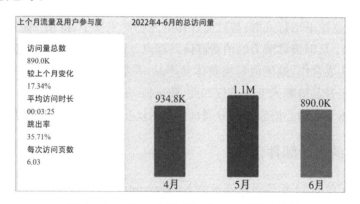

图 1　Brooklinen 官网 2022 年 4—6 月访问量

（资料来源：Morketing 官网，2022 年 11 月 2 日）

二、Brooklinen 成长史

Brooklinen 由 Rich Fulop（里奇·富勒普）和 Vicki Fulop（薇姬·富勒普）夫妻二人联合创立。在一次度假中，他们偶然发现酒店床单十分舒适，但却不对外出售。于是尝试从家居品牌中寻找价格合适的类似床单，搜索后发现同等质量的床单价格不菲，单价高达 800 美元,而且在论坛上发现许多消费者有相同的诉求。

Rich,这位曾于金融行业深耕 4 年之久的专业人士,与 Vicki——一位由律师跨界转型至公共关系领域,并凭借卓越才能在品牌构建、媒体报道斩获颇丰的企业高管,他们敏锐洞察到床上用品市场潜藏的商机。二人凭借各自的专长与优势通力协作,为 Brooklinen 的诞生铺就道路。2014 年,Fulop 夫妇于美国纽约正式创立 Brooklinen 品牌。他们致力于为广大消费者呈献兼具性价比优势的优质产品,帮助人们提升家庭生活的舒适质感,开启家居生活新篇章。

Rich 和 Vicki 夫妻俩在创业之前从事的职业与家居行业相差甚远,那么这两个"门外汉"是如何做到从无到有,并且公司销售额在 2019 年至 2020 年间增长了 100％以上,2021 年虽然增幅放缓,但依然保持着增长势头的呢?

首要原因在于 Brooklinen 始终秉持聚焦单一品类的策略,坚持走产品深耕的道路。自 2014 年创立伊始,直至当下,该品牌始终专注于与"睡眠"相关的产品领域。起初聚焦于床单产品,待积累一定销量、奠定市场基础后,逐步将产品线拓展至被子、毯子、枕头、床垫等品类。品牌持续保持这种精准聚焦,直至成功塑造口碑,才谨慎地向周边适度延展,诸如涉足家居服、休闲服领域,以及开发浴室用品,涵盖各类毛巾、浴室垫、地毯、浴袍、浴帘等。尽管产品品类有所拓宽,但其核心始终围绕"睡眠"主题,或是与"睡前睡后"的场景紧密关联。

其次,Brooklinen 极为擅长为品牌独立站招揽流量。毫不夸张地讲,其多样化的营销、引流、获客策略,值得众多 DTC(direct to customer,直接面向消费者)品牌借鉴学习。除运用电子邮件营销手段之外,该品牌的营销举措还包括开设"Space by Brooklinen"数字店铺,以此拓展线上销售渠道;积极与其他品牌开展联合营销活动,实现资源共享、优势互补;投放地铁广告,精准触达线下出行人群;与社交媒体的宠物博主携手,推出"宠物 ＋ 床品"的特色平面广告,挖掘小众但极具潜力的消费群体兴趣点。同时,Brooklinen 还与诸多颇具知名度的网红及博主达成合作,邀请他们免费体验产品,并借助其个人账号分享使用心得,借助口碑传播的力量提升品牌曝光度。不仅如此,Brooklinen 还分别在 Facebook、Instagram 这两大主流社交媒体平台精心搭建品牌专属页面与粉丝互动交流,强化品牌形象塑造(图 2)。

三、Brooklinen 的电子邮件营销

Rich 和 Vicki 在 2014 年通过众筹网站 Kickstarter 推出 Brooklinen。创业初期,这对夫妇向大约 500 名目标消费者通过电子邮件和面对面调查的形式,询问了他们想要的床上用品以及愿意支付的价格。两人还调查询问了这些目标受众经常访问的博客、阅读的杂志是什么,甚至访问了目标受众去过的咖啡店。Brooklinen 很注重客户信息收集,它认为客户反馈能有效帮助他们评估哪些产品最受欢迎,并且能够根据客户的期望进行产品调整。

作为主打线上销售的品牌,Brooklinen 选用 Shopify Plus 平台搭建电子商务架构。独立站不像 Amazon 等平台自带流量,引流对其至关重要。起步阶段,Brooklinen 邀请博主、网红试用产品,借其分享提升品牌认知度。之后拓展宣传路径,投放地铁广告覆盖线下人群、强化品牌印象,利用电子邮件营销挖掘潜在客户,还在 Facebook 与 Instagram 加大投

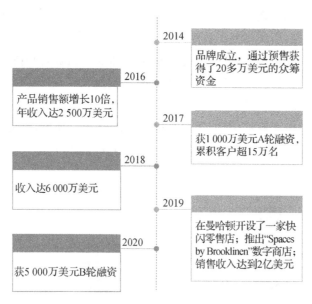

图 2　Brooklinen 成长史

(数据来源:作者整理自绘,2023 年 6 月)

入,借助社交媒体提升品牌认知度。尤其重视挖掘用户原创内容(UGC),鼓励消费者分享互动点滴,这些内容汇聚形成口碑效应,助力品牌在线上市场站稳脚跟。

1. 为何选择电子邮件营销

Brooklinen 在其营销实践中,运用 Klaviyo(一项营销自动化软件服务)开展电子邮件营销(EDM),将战略核心聚焦于产品与价格维度。联合创始人 Rich Fulop 认为,EDM 营销可以针对特定客户群体实施个性化营销。商家能够借由发送当日特惠促销邮件直击客户需求,或者在客户生日、特殊纪念日等时间发送祝福邮件,快速拉近与客户的心理距离,有效强化客户黏性。

在创业初期,Brooklinen 便高度重视客户信息采集工作。公司并未急于推出产品,而是通过电子邮件问卷及面对面深度访谈,广泛收集消费者对于床上用品的多元偏好、精细需求以及心理价位预期。这一举措助力其精准勾勒出目标客户画像,为后续的产品研发、定价体系以及营销策略提供了指引。基于前期的信息沉淀,Brooklinen 在后续 EDM 营销进程中,得以依据不同客户的个性化诉求,撰写高度适配的邮件文案。

相较于视频广告、KOL 带货等热门营销形式,EDM 营销成本优势突出。无需庞大的人力团队,仅需设计师、数据分析师、执行专员协同,依托专业模板即可高效打造时尚吸睛的 EDM 邮件。据 Smartinsights 网站 2020 年度权威统计,商家于 EDM 营销每投入 1 美元,平均可斩获 40 美元的丰厚回报。诚然,成本低廉赋予商家高频触达客户的便利,但内容品质始终是吸引客户驻足的首要前提,且营销节奏把控至关重要,营销频次以每周不超过一次为宜,谨防过度推送引发客户反感,导致客户流失风险。

尽管 EDM 营销成本较低,但其功能完备性毫不逊色于自媒体传播、直播带货等新兴营销模式,更是网站推广的有效形式之一。与搜索引擎推广相比,EDM 营销具有独特优势:网站一旦被搜索引擎收录,后续多处于被动等待用户检索的情况,且极易淹没于海量同质信息之中;而借助电子邮件渠道,商家能够主动出击,精准推送至目标客户邮箱,巧妙避开同行竞争干扰,推送形式灵活多样。电子邮件作为双向互动交流工具,在维系客户关系层面较其他网络营销手段更具深度价值。EDM 营销依托长期、策略性的客户沟通,通过构建并运营客户邮件列表,有序开展电子邮件营销,不仅能够稳固既有客户关系,更能在存量客户群体中高效驱动复购行为,相较于新客户开发,显著降低营销成本(图3)。

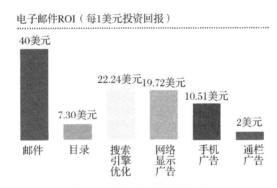

图3 电子邮件营销投资回报

(资料来源:深圳市卧隆李信息科技,《Shopify 独立站怎么做邮件 EDM 营销-邮件营销-邮件群发?》,2020 年 8 月 14 日)

Brooklinen 的联合创始人 Rich Fulop 称:"电子邮件可以批量群发,且非常便宜。经过一段时间的努力,我们升级了电子邮件策略,在每封邮件上插入 A/B 测试,并进行细分。"相对于传统的广告形式,EDM 营销在营销效果评估以及洞察客户参与度方面展现出显著优越性。商家能够从生成的报表中轻易且精准地识别出诸多关键信息,诸如客户确切点击的链接位置、所偏好的排版风格以及喜爱的促销内容类别。借由这些详实的数据反馈,商家得以全方位、深层次地洞悉客户的喜好倾向与参与程度,进而为精准把握消费者生命周期各阶段的特征与需求,有利于营销策略的适时调整与优化。

2. EDM 营销类型

Brooklinen 初期主要通过 Shopify 独立站进行运营,Shopify 独立站自带的电子邮件功能一般分为两类。

(1) 自动化电子邮件(欢迎邮件、弃购邮件、索评邮件、感谢邮件等)

自动化电子邮件营销模式下,用户的行动可以触发一系列有针对性的电子邮件的发送。这种类型的电子邮件系列(如欢迎邮件)往往具有更高的打开率和转化率,在销售中起到非常关键的作用。有研究显示,超过 70% 的 EDM 收入是通过自动化电子邮件产生的。

在"欢迎邮件"方面,Brooklinen 做得特别好。在消费者订阅 Newsletter(通讯)频道后,Brooklinen 将连续 5 天向其发送邮件,以期增加转化概率。

在客户完成订阅的首日,Brooklinen 将自动推送一封标题为"Thanks for joining"(即"感谢订阅")的欢迎邮件,该邮件会附带近期促销活动详情。如图 4 所示,邮件不仅向用户致以欢迎之意,还用加粗字体着重提示,临近 Memorial Day(美国阵亡将士纪念日)之际,将推出 15% 的折扣优惠活动。此外,订阅当日,Brooklinen 除发送"感谢订阅"邮件外,还会发出标题为"Checkout this deal"(意为"瞧瞧这笔交易")的邮件,其中涵盖品牌故事、品牌承诺以及退货政策等内容,帮助消费者树立对品牌的信心。

图 4　Brooklinen 欢迎邮件 1

(资料来源:雨果跨境,雨果营销达人创造营,《邮件营销玩很 6! 家居独立站 Brooklinen 的获客增长之道》,2021 年 5 月 10 日)

欢迎邮件用加粗大号字体向用户宣传该品牌的理念(图 5):

We believe in comfort, quality, care and convenience.(我们相信舒适、品质、关怀和便利。)

图 5　Brooklinen 欢迎邮件 2

(资料来源:雨果跨境,雨果营销达人创造营,《邮件营销玩很 6! 家居独立站 Brooklinen 的获客增长之道》,2021 年 5 月 10 日)

这与该品牌创始人坚持"质量是最重要的,产品只需要很棒"的原则是不谋而合的。在邮件文案中,Brooklinen 还向顾客承诺:高质量的产品及公平的价格;提供个性化的服务;及时更新新产品;国内免费退换货。通过这些文案,消费者对该品牌的理念、风格都有了大致的了解。

在用户订阅的第一天,Brooklinen 会继续跟进,发送侧重点不同的"欢迎邮件"。

用户订阅第二天,发送第三封邮件,提醒用户购物车中还未下单的商品有"独家折扣",同时介绍其他的产品,说明有哪些支付选项。

用户订阅第三天,发送第四至第六封邮件,再次表明品牌承诺,以及目前累积的评论数量(好评),强调品牌的宗旨[Brooklinen 关注的是"quality and comfort"(品质与舒适)]。

用户订阅第四天,发送第七封邮件,强调加入品牌返利计划的好处。

用户订阅第五天,此时发送邮件的重点在于介绍产品本身,以及捆绑购买的优惠。邮件中有产品独特卖点的快照,涉及客户在铺床时遇到的烦恼(图 6)。

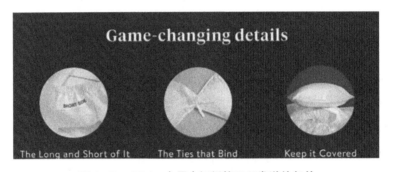

图 6　Brooklinen 在用户订阅第五天发送的邮件

(资料来源:雨果跨境,雨果营销达人创造营,《邮件营销玩很 6! 家居独立站 Brooklinen 的获客增长之道》,2021 年 5 月 10 日)

在连续几天对品牌进行介绍后,Brooklinen 就开始将宣传的重点放在五星产品的介绍上,因为与其对所有产品进行泛泛的介绍,不如将重点放在提高明星产品的客单量上。

在用户订阅邮件的第六天后,Brooklinen 开始尝试将观望的用户进行转化,鼓励用户进行购买,用户会收到以下两封邮件:

- Memorial Day Savings are BACK
- Don't snooze on this

(2) 其他营销邮件

除自动触发的邮件外,Brooklinen 还利用 Shopify 网站的 Klaviyo 发送其他营销邮件,归纳起来细分如下:

① 节假日活动宣传,祝福语传达;

② 新品发布宣传;

③ 品牌宣传;

④ 老用户回馈活动;

⑤ 折扣活动;

⑥ 行业资讯；
⑦ 月度邮件/年度邮件；
⑧ 日常"种草"。

四、EDM 营销沟通技巧

电子直邮营销(EDM)具备营销成本低廉、投递高效快捷、精准定位受众、可实现个性化定制以及操作便捷等优势，很多企业正是基于这些因素，将其做为重要的沟通渠道。尤其在当前经济形势低迷、市场预算吃紧的大环境下，电子邮件营销对众多企业的吸引力愈发凸显。然而，要想做好电子邮件营销绝非易事，那种不加区分、"一网打尽"式的邮件群发模式，不但难以达成预期的投资回报，反而极易引发收件人的抵触情绪。事实上，夺人眼球的标题与精心策划的邮件内容，才是决定邮件营销点击率、打开率与转化率高低的关键所在，同时也能降低营销邮件的退订率与投诉率。

如同其他沟通模式一般，借助电子邮件与客户交流，同样需要达成特定目的。以促销邮件为例，其核心目的在于拉动销售，推动顾客付诸购买行动，故而传递的是极具说服力的信息。鉴于此，在着手撰写文案之前，卖家务必明晰营销目的、精准锁定沟通对象，并充分考量沟通所处的场景（如节日、促销日等）。综合上述要素，卖家才能创作出针对性强、沟通成效显著的优质邮件文案。

以节日促销邮件为例。与国内常见的"双十一""618"等促销不同，国外的跨境电商对于大促更加集中于感恩节、"黑色星期五"、"网络星期一"、"星期二回馈日"等。因此，跨境电商卖家在编写促销邮件时选择入乡随俗，更加能够赢得买家的好感。"黑色星期五"和"网络星期一"在感恩节之后，人们往往会在这段时间为圣诞节进行大采购，是美国一年当中最火爆的购物节之一。在这几个购物节前夕，各大平台和商家将会发出成千上万封电子邮件给特定的用户进行促销。下面是一些可供参考的沟通技巧。

1. 吸引人的邮件主题

要想确保邮件拥有一定的打开率，创建主题行时遵循特定规则至关重要。如今，开门见山的表达方式已广泛普及，电子邮件营销领域同样如此。消费者的电子邮箱每天都会涌入海量促销邮件，他们没有时间研读每一封，这就要求商家必须直陈意图。以苹果公司为例，其在"黑色星期五"向用户推送的促销邮件，醒目地写着"Friday is just the beginning"，未采用悬疑式开篇，而是径直点明促销时段与商品。这种简短有力的文案，既能迅速吸引用户目光，又能精准传递信息，且邮件主题与"黑色星期五"高度契合（图7）。相关数据显示，邮件主题与节日主题的贴合度越高，打开率就越可观。如万圣节期间，标题含"ghost"（鬼，幽灵）字样的邮件，相较普通邮件，打开率可高出 60%。类似的开门见山式的英文标题举例如下：

- Black Friday is ON!
- SALE is HERE!
- 70% OFF Everything!

- The best deal of the year!

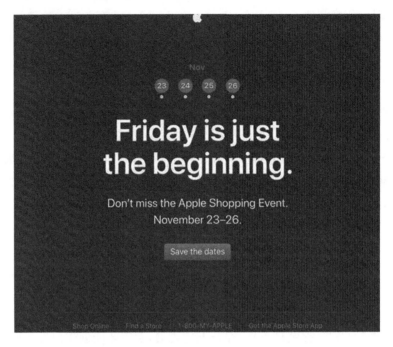

图7　苹果公司"黑色星期五"促销电子邮件

（资料来源：知乎，Bytesk邮件营销：《45个节日英文邮件标题模板，黑五、网一"一网打尽"！》，2021年11月16日）

在进行邮件营销时，华而不实的辞藻不一定能吸引用户，商家宜采用简洁的方式呈现自己的意图，将关键信息以通俗易懂的词汇置于主题行开端。"Free shipping"（免运费）作为最为常用的EDM促销策略，在各类策略中占比较高，它能使邮件营销成交率提升54%，远高于其他邮件促销手段的成效。除免运费策略外，含有报价、降价内容的标题也能达到较好的营销效果，在节日期间，92%的营销邮件会提供报价，并采用"off""discount"（均表示折扣）等字样，以提升点开率。以下为常见的英文促销信息示例：

- Starts now：40% Off site-wide!
- 35% Off, Free Shipping 35%!
- Last Chance!
- 50% Off!
- SALE Starts Now!
- Huge Discount!

虽然常规的邮件主题行可容纳50到60个字符，但在"黑色星期五"和"网络星期一"期间，营销邮件的主题行却是越短越好，通常用10至12个字符就可以有效地传达信息，而且许多订阅者更喜欢在手机上阅读邮件，太长的主题行在较小的屏幕上可能无法完全显示出来，因此应尽可能地创建简短的主题行来传达信息。

至于主题行所采用的词汇，据研究表明，行为动词可以很好地激励消费者进行购买，"黑色星期五""网络星期一"的营销邮件主题行亦是如此。具有力度的词汇往往能发挥效用，不过应尽量避免给人留下负面的印象。商家可采用下列行为动词：take（携带）、buy（买）、get（获得）、find（发现）。

美国零售商在2017年的"黑色星期五"创造了79亿美元的线上销售记录。以下也是一些可以参考的"黑色星期五"促销邮件的英文标题：

- Mystery Sale—How Much Will You Save? —Forever 21
- Don't wait until tomorrow! Take up to 50% off our most popular inventions right now. — Quirky
- FOMOBF：Fear of Missing Black Friday. The time is now. — Lucky Brand
- Save 40% at our Black Friday Savings Event. — Rockport
- If You Open One Email This Black Friday… — Steve Madden

消费者们通常对"黑色星期五"期间极具吸引力的疯狂交易以及惊爆价秒杀活动表现出浓厚的兴趣，因此建议商家借助邮件主题精心营造悬念，以提升营销效果。以下是一些可以参考的英文邮件主题：

- Don't tell anyone about this.
- You've been waiting for this.
- You know it's coming.
- Something special for you this season.
- It's the Friday you've been waiting for …
- It's finally here!
- 3,2,1,GO! Your 24 hours start now.

当然策划营销邮件主题的前提是契合节日的特色，不同的节日，促销邮件的标题侧重点也应有所不同。

例如"星期二回馈日"（Giving Tuesday）是一年一度的庆祝活动，主要是为慈善和有价值的事业筹集资金。那么商家可以参考以下这些展现良好精神风貌的英文标题模板：

- $25 provides 100 meals. — The St. Louis Area Foodbank
- Plant 5 000 native trees to help wildlife. — The National Wildlife Federation
- There's a sea lion pup who wants you to open this e-mail. — Oceana
- Why the cheerleaders shaved their heads? — Livestrong Foundation
- We cannot stop Alzheimer's without you. — UsAgainstAlzheimer's

2. 突出卖点的邮件内容

标题是吸引客户的首要环节，在此之后，需确保邮件内容具备足够的吸引力，避免客户在浏览初始便丧失兴趣，应当在邮件开篇精准点明客户的"痛点"。

以问句作为开头吸引客户，是促销邮件常用的方式之一，运用该方法能够快速激发客户的好奇心，促使他们产生阅读完整封邮件的动力。具体可参考以下英文示例：

- Would you like to reduce your rising domestic fuel cost?
- Why not enjoy the colorful spring by joining the Flying Horse Tourist Group after

a completely busy winter?

除运用问句引发客户兴趣之外，邮件内容务必突显促销优势和力度，详细阐述该款商品的独特优势，以及此次促销活动的具体优惠幅度。单纯罗列"最好""最新"等词汇并无实际价值，关键在于清晰阐释相较于同类产品，产品自身最为突出且具实质性的优势所在。另外必须写明本次促销活动能够为客户带来的实际益处。"黑色星期五"期间交易节奏远超平日，多数客户期望能迅速判定卖家所提供产品和服务是否为最优，因此邮件篇幅不宜冗长，以简洁精准的表述满足客户快速获取关键信息的需求。具体可参考以下英文示例：

• You will be more cost-effective to buy two, free shipping. If you don't act quickly, the items in your shopping cart will be sold out.

• There is no checkout in your shopping cart. The original price will be restored at 0:00 on November 7. Please take the time to buy it. Buying 3 products will be more cost-effective, free shipping. If you don't act quickly, the items in your shopping cart will be sold out.

• You will be more cost-effective to purchase two products, free shipping. If you do not act quickly, the goods in the shopping cart will be sold out.

• Now the store launches new activities, over ＄25 minus ＄3, and deducts the payment directly. If you don't act quickly, the items in the shopping cart will be sold out. Please use PayPal or credit card to complete the purchase.

• Send you a ＄2 coupon, input DS2 when you initiate the checkout, it will automatically deduct 2＄. Wish you a happy shopping.

当前社会物质水平发展较高，消费者的精神需求也随之升至更高层次。在当下，千篇一律的文案已难以吸引消费者的目光，甚至极易引发反感。鉴于人们期望被视作独特的个体，在拟定营销邮件文案时，凸显个性化便显得尤为关键。以撰写邮件开篇称呼为例，若营销对象为固定客户，采用"Dear MR. ××/Dear John"（亲爱的××先生/亲爱的约翰）之类的称呼，相较于"Dear Customer"（亲爱的顾客）这类模板化用语更为适宜。此类具有针对性的称呼，能够使客户真切感受到商家正与其展开一对一的专属交流，商家将客户视为独一无二的个体，而非面目模糊的消费群体一员。

尽管电商平台在邮件营销文案创作过程中通常会提供参考模板，但为了达到良好的沟通效果并切实推动顾客付诸行动，以统一文案应对所有客户及产品的做法并不可取。

譬如面对新客户，营销邮件内容应以主推畅销产品为宜。由于尚不了解新客户的具体需求，主推畅销产品有助于提升转化率，降低邮件被移入垃圾邮箱的风险。而对于已成为固定客户的群体，则需依据其过往购买记录与浏览历史，针对性地推销契合客户兴趣点的产品。

同样，因产品类型各异，营销文案的侧重点亦有所不同。就消费类产品而言，商家应着重突出折扣力度，因为这类产品市场竞争激烈，价格因素对消费者购买决策影响重大；对于耐用型产品，文案内容则应聚焦于产品功能以及可为消费者带来的便利。

综上所述,商家在撰写营销邮件文案时,唯有依据具体客户、特定产品以及不同促销节日,精心打造具有针对性与个性化的内容,才有望达成提升销量的终极目标。

3. 使用具有号召性的语言

在撰写促销邮件的过程中,商家有必要运用一些具备号召性的语言,以此激发客户采取后续行动。事实上,许多客户正是在阅读到此类号召性语言后,才会与商家展开进一步的商谈沟通。下面是一些常常用在英文广告中具有号召力的语言:

- Why wait? Come and buy right now since a special discount of 15% will only be offered for a month.
- Don't delay! Those who order by October 5 will receive 100 Christmas cards free.

4. 署名

商家需要在邮件结尾的地方署名,署名需要简洁、专业和品牌化,还应包括电话号码,以便客户直接联系。另外,促销邮件中还需要加上一些能公开的个人社交账号。

5. 邮件中的视觉沟通

邮件沟通不是单纯的文字交流,它也包括视觉层面的沟通。营销邮件中所使用的图片应当少而精,并且要与文本内容具备高度关联性,切不可本末倒置、喧宾夺主。图片的核心功能在于以形象化的方式点明主旨,或是直观展现品牌形象。

在开展 EDM 营销活动前,独立站卖家务必先明确自身品牌所契合的海外用户群体类型。跨境电子商务独立站的整体风格与品牌自身类型应当相得益彰:如服装类品牌独立站,可着重凸显时尚潮流风格;3C 电子品牌独立站,则应聚焦展现科技风格。鉴于其营销目标受众为生活节奏较快的年轻群体,Brooklinen 主打简约质朴风格。在该品牌创立初期,创始人便期望将自身品牌与高端床品加以区分,毕竟高端设计师品牌的床上用品虽然样式精美,但价格高昂,且可选品类繁多,反而可能会使生活节奏快的年轻人陷入选择困境。因此 Brooklinen 的营销邮件风格素朴平实,在颜色选用方面,主要以灰色、蓝色、奶油色为主色调,这也是从视觉上凸显其产品的市场定位与特色(图 8)。

图 8　Brooklinen 产品

(资料来源:Brooklinen 官网,2023 年 2 月 3 日)

跨境电子商务案例

◇ 案例小结：中国视角

据艾媒咨询数据显示，2023年中国企业在海外建立的独立站数量已超20万个。中国跨境电商独立站市场规模从2021年的1.1万亿元提升至2022年的1.4万亿元，同比增长27.3%。预计到2025年跨境电商独立站市场占跨境电商B2C市场的份额将上升至41%。与通过第三方跨境平台运营跨境业务相比，独立站运营模式更具有灵活性，便于商家收集和剖析用户数据，进而运营私域流量，且能够规避第三方跨境电商平台所涉及的合规风险，未来呈现出强劲的发展态势。尽管拥有此类优势，然而相较于Amazon、Shopee等国际知名综合性跨境平台，独立站缺乏自带流量的特性。在出海品牌蓬勃兴起的当下，新兴品牌如何吸引流量、打造具备影响力的原创品牌，Brooklinen给出了极具参考价值的范例。

首先，需秉持创新精神，着力塑造独具特色的品牌，切忌盲目跟风潮流行业或产品。创新并非无本之木，而应基于客观实际，凭借实践探索开拓新思路、提出新举措。Brooklinen的创始人在创业初始阶段，并未冒然投资，而是依据个人生活体验，通过大量邮件问卷调查、访谈等途径深入了解消费者需求，最终确定简约、舒适且兼具价格优势的床品这一利基市场。与之相仿，中国的家居品牌如成立于2016年的无锡尚佰环球旗下家纺品牌Bedsure，同样专注于深耕细分市场，不断创新和优化，赢得了众多客户的信赖和喜爱。该品牌曾在2021年亚马逊家纺类目夺得第一的位置，也曾在黑五销量榜上名列前茅。Bedsure致力于提供高质量和时尚设计的家纺产品，注重为消费者创造舒适、优雅和实用的睡眠和居家体验，它根据市场的变化和客户的反馈，不断地研究和开发新的产品，除在产品上进行创新外，该品牌还在品类上进行创新，推出宠物品牌lesure，精准迎合年轻消费者对宠物产品"高颜值"的需求，使品牌风格更加年轻化。

在当今竞争激烈的全球电商市场中，创新对于跨境独立站品牌而言具有举足轻重的地位。创新是吸引消费者的关键磁石。随着互联网的普及，消费者眼界日益开阔，对产品的需求愈发多样化与个性化。跨境独立站品牌唯有不断推陈出新，在产品设计、功能等方面别出心裁，才能在海量信息中崭露头角。另一方面，创新有利于品牌突破地域限制，深度融入当地市场。不同国家和地区文化、消费习惯差异巨大，墨守成规难以扎根。以家居跨境品牌为例，深入了解目标市场的居住风格偏好、生活方式后，创新性地改良产品尺寸、风格，甚至研发适配当地气候的特殊材质家居用品，能让品牌迅速拉近与当地消费者的距离，实现本土化扎根，为长期发展筑牢根基。

同时，Brooklinen成功的核心也源于创始人成立品牌之前对用户的深入研究调查，足够了解消费者，足够注重客户的体验，以客户为中心，并且从2014年创立至今都坚持不断探索各个营销渠道，跟进时代趋势。由于第三方平台侧重于产品、爆款的营销方式不利于企业品牌的建立，近年来许多中国品牌尝试建立独立站，但如何能成功在国外消费者中建立起品牌形象并让品牌经久不衰，Brooklinen以客户为中心的做法就是秘诀之一，这个秘诀也体现了中国文化中"以人为本"的思想。无论是EDM营销，还是其他社交媒体营销，营销的对象最终都是有着自己独特需求的人，只有真正了解了客户的需求，营销才能有效触达客户。这不只是一个DTC品牌的成功秘诀，更是每个行业、每个品牌的成功秘诀。

◇ **思考题**

1. 请查阅资料并分析除案例中提到的因素外,Brooklinen 成功的因素还有哪些。
2. EDM 营销和其他媒体营销的区别是什么?
3. 成功的 EDM 营销的关键是什么?

◇ **参考资料**

[1] 深圳市卧隆李信息科技. Shopify 独立站怎么做邮件 EDM 营销-邮件营销-邮件群发?[EB/OL].(2020-08-14)[2023-06-08]. https://baijiahao.baidu.com/s?id=16749939020699840069&wfr=spider&for=pc.

[2] 蓝海亿观网. 外行夫妻卖床单,做出 100 万访客独立站,他们是如何搞流量的?[EB/OL].(2021-11-12)[2023-06-08]. https://www.bilibili.com/read/cv13967998/.

[3] Bytesk 邮件营销. 45 个节日英文邮件标题模板,黑五、网一"一网打尽"![EB/OL].(2021-11-16)[2023-06-08]. https://zhuanlan.zhihu.com/p/433903522.

[4] 新消费智库. Brooklinen:受到 Airbnb 的投资者青睐的家纺品牌,如何实现四年收入超过 2 亿美元?[EB/OL].(2022-06-07)[2023-06-08]. https://lifeve.cn/Wx8hwLHRJjMbzq.html.

[5] 艾媒咨询.2023—2024 年中国跨境出口电商产业运行大数据与商业决策分析报告[EB/OL].(2023-09-27)[2024-12-26]. https://www.iimedia.cn/c400/96044.html

案例17 解密跨境电商中的广告投放策略

一、引言

当今社会,提到电商,我们常常会想到流量这个概念,可以说没有流量,就没有销量。跨境电商广告就是为了获取更多的流量,以此为商家创造更多的销量。跨境电商广告投放不同于传统的广告模式,并不是简单的砸钱就可以,毫无技巧的广告投放,效果往往不尽如人意,只有掌握一定的技巧才能收获好的广告投放效果。

跨境电商广告投放方式一般包括站内广告投放、SEM(搜索引擎营销)、EDM(电子邮件)营销、社交媒体营销四种方式。跨境电商卖家可以根据企业所处的发展阶段、店铺商品的表现和营销目标等情况选择不同的广告组合方式(表1)。

表1 跨境电商广告投放方式比较

项目	站内广告投放	SEM	EDM营销	社交媒体营销
广告方式	商品推广 品牌推广 展示型广告 自动广告 手动广告	SEO优化 PPC广告 SEM竞价推广	订阅 主动推送	Facebook Twitter(推特) YouTube Pinterest Instagram KOL
适合商家类型	Amazon、eBay、AliExpress、shopee等平台店铺	独立站商家	拥有目标客户邮箱地址的商家	平台店铺和独立站商家均可
特点	技术性较强,新手适合采用自动广告,一般选择表现良好的商品投放	网站建设与维护是搜索引擎营销的基础	需要有足够多的客户数据,成本较低,但容易被当成垃圾邮件	属于兴趣电商,具有较强的互动性和用户黏性

二、站内广告投放——以亚马逊为例

几乎所有的跨境电商平台商家都会选择站内广告投放方式,站内广告投放也是跨境电商平台主要收入来源之一。通常新店入驻、新品上架的时候,平台会分配给店铺一部分自然流量。平台发展初期为吸引更多商家入驻,能实现高转化率和良好评价的商家和商品也会被分配到较多的自然流量。但是商家如果想要进一步发展,就需要更多的流量,这个时候可以通过站内广告投放提升销售额。

每个跨境电商平台都有自己的站内广告投放方式,差别不是很大。亚马逊是全球最大的网络零售商之一,也是目前市面上使用较多的跨境电子商务平台之一。该平台能够覆盖全球200多个国家和地区,是进行跨境电子商务广告投放的首选平台,它的广告投放方式相对而言也是最复杂的。我们以亚马逊为例来讲一讲如何进行站内广告投放。

(一) 亚马逊的三种广告类型

亚马逊目前有三种广告类型:商品推广(sponsored products)广告,简称"SP广告";品牌推广(sponsored brands)广告,简称"SB广告";展示型推广(sponsored display)广告,简称"SD广告"(图1)。

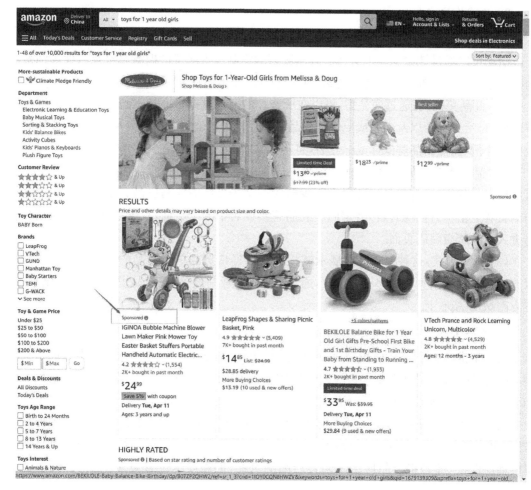

图1 亚马逊关键词广告展示

(资料来源:亚马逊美国站点,2023年2月3日)

1. 商品推广广告

商品推广是一种按单次点击成本（CPC）付费的广告解决方案，广告有可能出现在亚马逊非常显眼的广告位，包括自动广告和手动广告，手动广告投放又细分为关键词匹配和商品匹配。

自动广告：最基础的广告打法，直接选择要打广告的产品，设置好竞价即可开启。亚马逊会根据商品 listing 的描述和关键词匹配相关流量。匹配方式分为紧密匹配、宽泛匹配、同类商品匹配和关联商品匹配。

手动广告：分为关键词匹配和商品匹配两种类型。关键词匹配是根据商家选择的推广词来展示产品，可以选择广泛匹配、词组匹配和精准匹配；商品匹配会把产品的广告展示在选择的竞品或分类的页面上使产品获得曝光。

2. 品牌推广广告

品牌推广活动可帮助消费者在显眼的搜索广告位中发现商家的品牌并与之互动。此类广告活动可以通过链接到落地页或品牌旗舰店的定制广告来帮助提高商家知名度和消费者的购买意向。品牌推广广告允许商家使用不同的广告模式来展示品牌：

（1）商品集模式：通过商品集，可以在所选择的落地页推广商品。此类广告可以展示品牌徽标、自定义标题以及三种或更多种商品。当亚马逊的消费者点击商品图片时，会转到相应商品详情页；点击品牌徽标或标题后，将转到品牌旗舰店或自定义落地页。

（2）品牌旗舰店焦点模式：这种广告模式可以帮助提高品牌旗舰店的流量。此类广告可以展示品牌徽标、自定义标题以及至少包含三个子页面的亚马逊品牌旗舰店。当亚马逊的消费者点击广告模块时，将会定向转到品牌旗舰店中的子页面；点击品牌徽标或标题后，将进入主品牌旗舰店页面。

（3）视频模式：这种模式可以展示链接到商品详情页的单个商品的视频。视频广告可以选择在亚马逊网页版和移动端投放，通常会出现在亚马逊首页、商品说情页、搜索结果、第三方网站及 App 上。

3. 展示型推广广告

展示型推广能够触达在亚马逊网站内外浏览的相关受众，可以帮助激发消费者的购买欲望，并且在外观和风格上与亚马逊一致。根据选择的投放选项，广告可以选择在亚马逊网页版和移动端投放，通常会出现在亚马逊首页、商品详情页、搜索结果页、第三方网站及 App 上。

展示型推广有 2 种方式：受众投放和商品投放。受众投放是基于目标人群的一种投放方式，比如可以将广告展示给曾经看过与商品类似产品的人群。商品展示类似于商品推广里的商品匹配，都是将产品展示在同类产品的页面，但是展示位置更多，曝光机会也更多一些。

展示位置：亚马逊网站首页顶部、商品页头部、竞品描述的正下方、购物车下、竞品描述的右侧、竞品 review（客户评价）模块的左侧、站外网站等（位置过多，可在创建广告时查看）。部分坑位展示带"Shop now"（立即购物）标志、部分坑位展示图为灰底、展示 coupon（优惠券)折扣力度("SB 广告"不展示)。

(二) 亚马逊广告结构层级及常见设置误区

1. 亚马逊广告结构层级(图 2)

从逻辑角度来看,广告结构有三个层级:广告组合、广告活动、广告组。

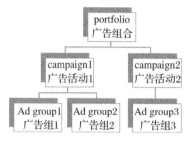

图 2　亚马逊广告层级结构示意图

(1) 广告组合(图 3)

广告组合本身是没有权重的,它的存在主要是为了方便卖家管理多个广告活动。卖家在对广告组合进行定义和命名的时候也是大有学问的。广告组合的命名类型,主要分为以下 3 种:

第一,根据产品命名。建议新手卖家采用此种方式来命名广告组合。

第二,根据类目命名。按照产品的品类来划分,对于品类比较泛或者泛精品运营的卖家来说,是值得推荐的广告组合命名方式。

第三,根据节日及特定季节命名。专门设置与节日相关的广告组合,例如万圣节、圣诞节,在广告组合中提前放入与这些节日相关的关键词;或者与特定的季节相关,例如可以设置夏季或冬季等。此类型命名方式适合销售节日性及季节性较强品类商品的卖家。

图 3　亚马逊的广告组合命名示意图

(资料来源:亚马逊卖家后台截图,2023 年 2 月 3 日)

(2) 广告活动和广告组

广告活动和广告组是有权重的。一个广告活动下面可以设置多个广告组,广告活动分为自动广告和手动广告。一个广告组可以设置多个 SKU 和广告关键词。同一个广告组的关键词是公用的,广告组之间则是会抢预算的。

同类产品,可以放在一个广告组中,但若产品不同或者差别明显,建议分别设置广告活动或者广告组。

2. 亚马逊广告结构常见设置误区

(1) 预算有限的情况下,一个广告活动下多设置个广告组,导致广告组之间抢预算。例如用 20 美元开 20 个广告组,就相当于很多广告组根本起不到应有的作用,也就浪费了不必要的预算成本。

(2) 预算有限的情况下,一个广告组中放很多投放词,导致投放词之间抢预算。例如一个广告组中放了 300 个广告词,因预算有限,广告词之间就会抢预算。

(3) 一个广告组中,没有 SKU 投放策略,却投放太多 SKU,导致单个 SKU 无法达到广告效果最大化。例如一个广告活动投放了 100 个 SKU,在和精准的竞争对手竞争时,可能排名第 100 名的 SKU 会展示在最强劲的竞争对手之下,那么广告转化有可能会呈现最低效的状态。

(4) 在一个广告组中,选择 SKU 时,所选 SKU 互斥或者不相关。例如投放了 4 个 SKU,分为有包装和无包装,有包装的产品价格是 5 美元,没有包装的产品价格低于 5 美元,2 个 SKU 都在一个广告活动中,可能导致没有包装的产品曝光率比较高。还有的卖家会把相关的平板电脑和水杯放在一个广告组中进行投放,不建议卖家进行此操作。

(5) 在一个广告组中,选择的关键词互斥或者抢预算(比如大词和小词在一组)。若大词和小词在一组,主要曝光的会是大词。例如预算是 20 美元,可能 18 美元会被分配给大词,2 美元被分配给小词,导致投入与产出的不协调。

(三) 如何设置广告竞价

1. 理想状态下,按 CPC(单次点击成本)出价

理想状态下,可以通过想达到的 ACOS(广告销售成本比率)来倒推 CPC 数据。假设售价 100 美元,转化率为 10%,目标 ACOS 20% 以下。当 ACOS 要求低于 20% 时,广告每出 1 单最多花费 20 美元,根据 10% 的转化率,则出 1 单至少需要 10 个访客,那单次出价的 CPC 最高就是 2 美元。

2. 如何设置 CPC 才是持平的状态

一般来说,低于理想状态下的 CPC 出价,在转化率正常的情况下,可以达到持平的状态。但是如果希望更精准一点,就可以通过利润来推算 CPC 的出价。

假设售价 100 美元,转化率为 10%,利润率为 30%,那出 1 单的利润是 30 美元,出 1 单至少需要 10 个访客,CPC 出价最高 3 美元。所以当 CPC 竞价为 3 美元的时候可以达到持平的状态。

3. 手动广告 CPC 出价参考推荐出价

关于手动广告,亚马逊也会提供一些类似的投放词以及推荐出价,其实是可以参考的。普遍来说,亚马逊的推荐 CPC 价格都比较高,一般的"穷人"玩不起。所以卖家可以根据实际情况进行调整,在中意的广告位置可以提高加价百分比。

所有的广告数据对转化率都是有要求的,所以当转化率达不到要求时,就要进行不断的调整。广告数据在一开始一般不会达到理想数值,但是在不断调整测试下可以越来越靠近期望的理想值。

(四) 如何优化 CPC 竞价

在亚马逊广告投放中,出价很关键,价格高了利润降低,价格低了投放效果不明显。

(1) 参考建议竞价,避免不必要的过高出价。如果商家调整竞价的时候很迷茫,不知道调整到哪个价格更合适,这个时候就应该选择亚马逊的建议竞价。建议竞价是经过亚马逊系统精确计算得出的平均值,这个建议竞价可以帮助商家获得有效的曝光以及流量。然后商家可以根据后续数据情况再进行调整,避免前期的预算被浪费。但是在参考建议竞价设置自己的竞价时,一定要避免陷入"建议竞价=默认竞价"这一误区,默认竞价是指可同时关联多个关键词的单个竞价,并不是"系统提示的价格"。

(2) 尽量避免自定义竞价。如果是自定义竞价,可以适当降低出价,然后根据想要达到的效果逐步增加出价,从而获得更多的流量。当整体预算有限的情况下,可以通过这种方式获得更高效的流量,然后覆盖更大的消费群体,加大转化率高的词的预算,提升效率。比如:想让仍在进行购物搜索的消费者看到广告商品,可对流量大、曝光多、转化高的搜索结果首页首位关键词进行加价。又比如:想让已进行选品的消费者看到并将商家的商品放进购物车,或者正在进行清库存处理,可以考虑对商品详情页进行加价,以此帮助广告商品获得更多关联流量,提高转化率。

(3) 每天查看广告,及时否定转化率低或者不转化的词。说到底,只有增加了产品的转化率,亚马逊才会给产品提供更多精准的流量。精准流量越多,获得的订单才会更多。当然,在投放任何广告之前都要明确自己投放广告的目的,然后根据自己的目标进行策略调整。如果是上架新品,那么可以在搜索结果首页位置采取"竞价较低+激进加价"并在商品详情页位置采取"竞价较低+适中或激进加价"的策略,这样在保持整体预算不变的情况下,只需要调整广告组的结构,就可以获取更多的流量。如果是做爆款或冲排名,那么可以在搜索结果首页位置并在商品详情页位置同时采取"竞价较高+激进加价"的策略,这种策略可以将所有广告位锁定,最大限度地引流。如果是清库存,那么可以在搜索结果首页位置采取"竞价较低+适中或不加价"并在商品详情页采取"竞价较低+适中或激进加价"的策略,这种策略可以根据清库存的情况调整预算,重点注意详情页的转化,从而以更低的花费获得更高的转化率。

(4) 考虑商品的类型。季节性或节日性产品需要快速出单成交,此时关键词需要迅速占到广告位,建议出高价,如果预算充足,可以出到最高价;日常性产品一般有较长的销售周期,可以从低价开始出价,循序渐进,每次投放后做好复盘,结合数据分析找到价格合适、流量比较充足的价位。

(五) 站内广告投流案例分析

1. 案例 1

(1) 假设

有一款产品,进入小类目排名前 30,日出 20 单,评估过最畅销的销量,也知道向上的销售预期和利润空间,卖家备足了货,有 2 000 多件,想继续往上冲销量,该如何做?

(2) 案情梳理与分析

本款产品属于小类目产品,日出 20 单,有利润,但利润不太多,排名也并不靠前,不上不下,而卖家的备货足足 2 000 有余,按照当前的销量,足可以卖上 3 个多月了,这显然不是卖家想要的结果。从资金周转率来说,一款备货卖 3 个多月,即便赚钱,考虑到资金成本,利润也不高。

但卖家的困惑是,从店铺流量数据来看,转化率较高,有将近 25%,但遗憾的是流量不够多。对于一个产品而言,转化率高说明产品本身没问题,listing 优化也没问题,排名进入前 30,说明产品的整体竞争力还是不错的,剩下的就是要解决流量问题了,如果流量能够翻倍,销量和排名也会有不小的提升。

但从哪里获取流量呢? 就站内流量来说,一般主要来自四个渠道:关键词流量、BSR(亚马逊销售排名)流量、站内广告流量和销量排名推动所带来的关联流量。

转化率高,说明 listing 撰写基本没问题,这也就意味着关键词流量已获取,当前排名第 30 名,得到的就是第 30 名的流量比例,不能单独形成增长,只有在销量增长、排名上升之后才可能获得更多流量。经过分析,确定卖家的站内广告投放比例较小,每天的预算只有 10 美元左右,所以建议在当前较高的订单转化率下,提高站内广告的预算,以此来吸引更多的广告流量和订单。可以预想到的是,随着卖家的广告投入的增加,广告带来的订单也必然增加,然后就可以形成流量、销量和排名三驱联动上升的局面。

当然,对于运营来说,并不是广告投放大,订单数量就必然增多。通过前期评估和对竞品做横向对比后发现,在排名前 50 名的产品中,这个卖家的售价是最低的,价格占有绝对的竞争优势,在排名前 50 名产品的对比中,这个卖家的 listing 整体表现相对较好,不会出现因为 listing 表现不好而使转化率低于同行的情况。

(3) 建议方案

广告竞价不变,但广告预算加倍,随着广告带来更多的订单,BSR 上升,直至 listing 的 BSR 进入前 10 后,逐步降低广告竞价,减少广告支出。当然,在减少广告支出的同时,还要确保销量和排名的稳定,确保 listing 排名能够维持在前 10,如果能够达到这样的结果,这条 listing 成为前 5,那么销量和利润翻番也指日可待。

2. 案例 2

(1) 假设

有另外一款产品,小类目排名在 260 名左右,日出 10 单左右。因为产品竞争激烈,又因为是季节性产品,产品的销售高峰期已过,而卖家的库存还有不少,卖家应怎么做?

(2) 案情梳理与分析

卖家的产品处于季节的末尾期,还有大量库存,卖家的价格是 19.99 美元,同时设置了 10% 的优惠。在售价的对比上,19.99 美元的售价虽然已亏损,却也有同类卖家打出与 19.99 美元持平或者更低的价格,所以这个价格并没有明显的竞争优势,而优惠的设置,虽然让 listing 看起来比没有设置优惠的卖家显得更有吸引力,但原始价格没有竞争力,优惠的显性价值也被大大稀释了。与此同时,卖家对店铺里的每一款产品都投放了广告,但每一款产品的广告预算都很少,这样的结果就是虽然产品页面被点击,但转化率却惨不忍睹。

针对这种情况,既然销售旺季即将过去,并想快速清货,就必须接受沉没成本高这个现实。也就是宁可亏损,也要快速了事。另外,为产品设置优惠的总成本约为 3 美元,那为什么不能将这 3 美元直接让渡到价格上呢?如果直接在产品售价上减去 3 美元,售价的竞争优势就格外明显了。拥有了价格竞争优势,而卖家得到的还和之前的相同,并没有额外的损失,何乐而不为呢?

(3) 建议方案

把当前不准备重点打造的产品的广告全部停止,把广告预算集中在想重点销售的产品上,同时取消优惠设置,把原价格降低 3 美元。通过这样的调整,既可以确保广告聚焦在当前重点清货的产品上,又可以节省整体的广告成本;而将优惠让渡到售价上,价格具有了绝对的竞争优势,销量也可以在一定程度上得到提升,从而盘活呆滞库存,或许还可以推动这款滞销产品成为爆款呢!

三、搜索引擎营销

搜索引擎营销是最常见的站外引流方法之一,一般是通过关键词引导客户通过搜索引擎到访自己的网站或店铺。搜索引擎营销通常会使用的方式有:SEO(搜索引擎)优化和 PPC 广告按点击付费广告(图 4)。

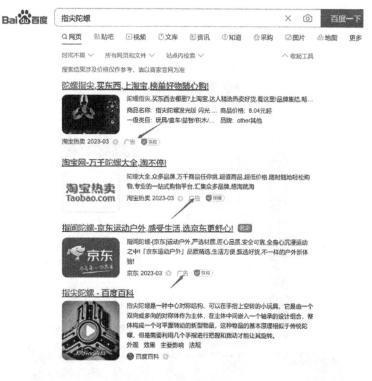

图 4　PPC 广告位置

(资料来源:百度搜索,2023 年 3 月 12 日)

对搜索引擎营销的方式进行简单的比较可以发现,SEO 是没有广告推广费用的,获取的是自然流量,PPC 广告虽然推广效果明显,但只能获取付费流量,两种方式配合使用推广效果更持久(表2)。

表 2　搜索引擎营销方式的比较

项目	SEO	PPC 广告
费用	只有建设网站和网站维护的费用	在搜索引擎上竞价,按点击次数付费
优势	只要网站维护得当,那在所有搜索引擎中的排名就相对稳定;管理简单	能精准锁定用户;投放灵活;见效快
缺陷	搜索引擎优化技术不成熟;排名在搜索引擎竞价排名之后	无收费标准;广告效果不持久;会被恶意点击,付出天价广告费;带有广告标识,有被排斥的风险
适用范围	独立站引流	独立站引流和跨境平台店铺推广

四、EDM 营销

EDM 营销目前仍是一种非常有效的营销手段,可仍然有很多商家不知道到底该不该选择这种营销方法。

EDM 营销指的是通过客户订阅和卖家主动推送的形式将卖家所想要传达的信息提供给客户。用电子邮件推广产品,卖家需要先知道目标客户的邮箱地址,然后发送促销广告、新品发布等信息给客户,并附上链接,方便客户点击链接进入购买界面(图5)。

图 5　圣诞节 EDM 营销邮件模板

(资料来源:百度搜索,2023 年 3 月 2 日)

（一）EDM营销的优点

（1）成本低。与传统的营销方式相比，EDM营销的成本更低廉，且更为迅速。

（2）操作简单效率高。目前市场上有很多成熟的EDM营销产品，企业可以通过专业的EDM营销平台，根据需求快速制作出营销邮件，并在短时间内批量发送邮件。

（3）精准性高。EDM营销可根据用户的兴趣、需求等信息，有针对性地制定相应的邮件内容和营销策略，还可以通过分析用户的行为数据，进行精准的营销分析和调整。

（4）可监控营销效果。企业可以通过查看邮件到达率、用户下单率等数据，来分析EDM营销的效果，便于商家根据分析结果进行优化，以达到营销目的。

（二）EDM营销的缺点

（1）如果EDM营销选定的目标用户定位不准确，短时间大批量发送邮件，容易被目标用户列入黑名单。

（2）如果商家自身在客户群体中进行EDM营销，很容易会被客户邮箱归入垃圾邮件。所以建议有EDM营销需求的商家和成熟的EDM营销平台合作，从而解决达到率低的问题。

（3）EDM邮件通常被视为推广邮件，大多数用户只会看看题目或者直接删除，对这种营销方式感到反感。

（4）EDM营销在国外非常普遍，但在我国，人们更习惯使用微信等工具进行沟通交流，所以邮件打开率会比较低。

（三）使用建议

（1）一定要精准发送给目标用户，要么发送给现有客户，要么发送给潜在用户。

（2）初期小规模使用，积累种子用户。

五、社交媒体营销——以KOL（网红）营销为例

社交媒体已然颠覆了全球电商市场，其中包括直播、应用内购买、内容营销（软文推荐或视频）等。随着社交电商规模的扩大以及越来越多的电商工具问世，社交电商的影响越来越大。

跨境电商中所指的社交媒体主要指在国际上使用频率较高的几个软件，如Facebook、Twitter、YouTube、Pinterest、Instagram、TikTok等。卖家可以根据自己的目标受众、广告预算、广告类型和地域特点等因素，选择适合自己的社交媒体平台进行广告投放；与KOL和相关专业领域的达人合作进行推广，也可以为品牌带来可观的流量。

当下KOL营销是最成功的推广形式之一。KOL即关键意见领袖（key opinion leader），通常被定义为拥有更多、更准确的产品信息，且为相关群体所接受或信任，并对该群体的购买行为有较大影响力的人。在移动社交媒体时代下，KOL的产生伴随着小红书等攻略型内容媒介的兴起，被热捧的短视频模式中如美食测评、视频日志等让KOL的内容输出有了更多的可能，其发展也愈加职业化和娱乐化，不仅如此，顶级的KOL能为品牌带来巨大的

流量。

不管是社交媒体营销或是KOL营销,都是目前极有影响力的营销方式,若能寻找各自的特点互相搭配使用,必定可以加乘营销效益。以下列出5个国外品牌,在Instagram上做网红营销的精彩案例,经过拆解与分析后,看看他们是如何加乘品牌营销效益的。

(一) 经营特定主题hashtag(话题标签)策略

品牌:Marc Jacobs(马克雅克布)时尚精品品牌。

很多品牌会利用网红推广品牌在Instagram上特定的hashtag,因为hashtag是用户在平台上的共同语言,他们习惯通过hashtag标签寻找想看的内容。

Marc Jacobs使用这样的策略来推广新香水产品"Daisy",该品牌在广告宣传上设计专属hashtag"#mjdaisy",并找来多位网红合作。让网红们不管在任何形式的贴文上都务必标记此标签,目的是让标签深植于消费者心中。而这样的标签策略,也有助于让"#mjdaisy"这个标签在帖文上的爆光率更高。

(二) 运用"纳米网红",共同集气力量大

品牌:Dunkin' Donuts(唐恩都乐)浓缩咖啡。

粉丝数介于1 000到10 000之间的网红被称为"纳米网红"或"小型网红",他们虽是成长中的网红,但可别小看他们的威力。有别于大网红的广泛影响力,"小型网红"或"纳米网红"展现出绝佳的粉丝互动率,他们非常愿意跟粉丝交流,与粉丝有着更紧密的情感。

Dunkin' Donuts就抓住这个特点,邀请"小型网红"或"纳米网红"共同参与Coffee First品牌活动。网红们发布帖文,与粉丝分享享受美味咖啡的真实感受与愉悦心情。网红们高度参与互动,让粉丝感受真实,也使活动产生了更高的营销效益。

(三) 赞助网红各项活动的内容策略

品牌:Revolve流行服装品牌。

当品牌跟网红合作时,让网红写写体验文这种合作方式,已经成为过去式,取而代之的是品牌更积极地找网红实际参与品牌活动。

许多品牌会与一些有策展能力的网红合作,不仅邀请他们参与品牌活动,甚至赞助网红个人的活动,例如旅游、粉丝见面会等等。这些网红必须在Instagram发布活动照片,并提及品牌或相关产品及hashtag。

Revolve就是使用这种策略的品牌,Revolve在Instagram上的亮点是,充满了网红们的精彩故事,有工作,有生活,还有旅行等。Revolve借由赞助网红们的各项活动,从中得到更多得以推广品牌的内容,而网红的每则帖文也都可见Revolve的痕迹。

(四) 更原味、更生活化的品牌置入

品牌:Warby Parker(沃比帕克)眼镜品牌。

Instagram因为能展现出生活中精彩时刻而被年轻人喜欢,若能趁势好好发挥,创造出色、有真实感的贴文,就能收到很好的宣传效果。

基于平台这一特性,Warby Parker邀请网红戴上Warby Parker眼镜进行拍摄,不特别

营造广告形象,而是捕抓网红们生活中最真实原味的自我。由于每位网红各自职业、个性及生活样貌不同,因此也展现出不同穿戴眼镜的风格,若粉丝刚好有类似的生活情节,就很容易将产品代入自己的生活中,想象若是自己戴上 Warby Parker 将会是怎样的模样,品牌便不着痕迹地得到宣传。

(五)寻根旅程故事,引起情感共鸣

品牌:AncestryDNA 基因检测公司。

若品牌属性比较刚毅或是生冷,是否就不适合 Instagram 营销呢?答案是否定的。虽然消费者第一时间没有理解这个产品是什么,也可通过照片的搭配引起消费者的共鸣,间接地让消费者认识产品。

AncestryDNA 就是一个很好的例子,他们的产品可以通过血液检测 DNA。为了让消费者了解产品,公司发起"travel DNA"(DNA 溯源之旅),通过找寻根源的"旅程",将专业术语转换成消费者可以理解的语汇。

在策略上,与网红合作开展寻根之旅,网红分享自己的 DNA 检测结果,进而开启一段寻根之旅。

◇ 案例小结:中国视角

近些年越来越多的中国企业和品牌开始走出国门,尝试将电商与传统的国际贸易相结合,打造一条具有中国特色的出海之路。从亚马逊到独立站,从 Facebook 到 TikTok,越来越多的中国企业和品牌成为跨境电商平台中的头部卖家,创造了无数区别于传统国际贸易的新岗位,对国际贸易从业人员提出了新的要求。

相比于传统的国际贸易,跨境电商行业进入门槛并不高,然而传统的国际贸易企业要想成功转型成为跨境电商企业,取决于企业拥有懂跨境电商运营的高端人才。除了要了解产品和市场之外,他们还需要熟悉跨境电商运营的技巧,比如懂数据分析,会广告投放,进行广告成本核算、建网站,学习搜索引擎优化技术,甚至会拍视频、写文案、做直播等。在跨境电商领域,中国急需大量的复合型专业人才。值得欣慰的是,很多出口企业已在跨境电商领域培养了很多高端人才,相信会有越来越多的人加入这个领域,中国传统外贸企业的转型必将成功着陆。

◇ 思考题

1. SEO 和 PPC 的区别是什么?如何结合使用实现更好的效果?
2. 请讨论如何制定亚马逊的广告投放策略?
3. 出海品牌如何制定社交媒体营销策略?

◇ 参考文献

[1] 陈香寒,李菁苗.亚马逊平台店铺广告对店铺收益的影响探讨[J].全国流通经济,2022

(21):11-14.

[2] 张晓丽,程琳,贾庆霞.浅析亚马逊卖家商品搜索关键词优化策略[J].对外经贸,2021(2):72-75.

[3] 徐慧婷,陈志铁,李鸿冠."亚马逊"平台店铺运营的主要环节及操作方法分析[J].企业科技与发展,2021(8):156-158.

[4] 刘雨佳.GDPR视域下定向广告的隐私合规:以亚马逊受罚案为例[J].吉林省教育学院学报,2021,37(12):167-170.

[5] 高佳佳.亚马逊站内推广对店铺销量影响分析及优化策略研究[D].太原:中北大学,2020.

[6] 施梵琦.亚马逊长尾模式广告投放策略效果研究[J].当代经济,2017(33):62-63.

案例18　跨境电商不可触碰的侵权红线——知识产权

一、引言

曾经在很长一段时间内,国人对专利并无具体概念,盗版、侵权司空见惯,价格更为低廉的盗版产品似乎更受消费者的欢迎。随着跨境电商异军突起,越来越多的中国制造乘势出海。但在重视专利、知识产权的欧美市场,中国制造却屡屡遭遇"围追堵截",如涉外知识产权的专利申请、商标注册等问题。在面对专利大战时,国内企业时常被控诉侵权,并被勒令下架禁售,辛苦建立的品牌也会因此受到重创,面对对手的不公平竞争却无力还击。

比如在Amazon平台经营的企业需要提供注册成功的商标进行平台品牌备案。热门产品跟卖容易被投诉,仿造热销产品经常被告外观专利侵权,有些账户被冻结甚至账户余额会被直接转给权利人。

近年来,Wish、Amazon等第三方跨境电商平台也在不断出台规则、政策来打击各类侵权行为。面对如此境况,中国跨境电商要如何打破"新壁垒"?

二、跨境电商中知识产权侵权的主要类型

知识产权一般是指人们就其智力劳动成果所依法享有的专有权利。它是依照各国法律赋予符合条件的著作者、发明者或成果拥有者在一定期限内享有的独占权利,一般包括版权(著作权)和工业产权。

版权(著作权)是指创作文学、艺术和科学作品的作者及其他著作权人依法对其作品所享有的人身权利和财产权利的总称;工业产权则是指包括发明专利、实用新型专利、外观设计专利、商标等在内的权利人享有的独占性权利。

其中,知识产权下的工业产权,包括商标权、专利权,是跨境电商业务中特别容易侵权的对象。目前发生的跨境电商平台账户被封、罚款、索赔、诉讼案件,绝大部分集中在商标和专利侵权上,而由此造成的资金被冻结、高额赔偿、钱货两空等事件,已经成为跨境电商中经常发生的事情。

三、跨境电商中常见的知识产权侵权行为

1. 词语、描述语言侵权

在电商平台上,描述产品的词语和语言也可能造成知识产权侵权。

例如,eBay 上一款 MIZO(米卓)的手机,仅仅在产品描述语言中使用了"Camera Android smart phone NOTE3 NOTE4 Mobile phone"(摄像头智能安卓 NOTE3 NOTE4 手机),就惨遭权利人投诉,被冻结账户。原因是三星公司对"NOTE4"商标拥有专有使用权,而商品描述使用了该单词,在消费者搜索"NOTE4"这款手机时会同时出现上述 MIZO 手机,让消费者产生混淆,误认为该商品与三星的 NOTE4 存在关联。在美国,这种行为明确属于商标侵权行为中规定的"未经许可复制、模仿、假冒他人商标,用于商品销售,并有可能造成混淆、误导、欺骗的商标侵权行为"。

所以,如果不恰当地使用商标所有人已经获得商标所有权的单词对自己的产品进行介绍和描述,就很有可能造成侵权。

2. 颜色侵权

说到颜色侵权,最经典的莫过于蒂芙尼蓝(Tiffany Blue)。

蒂芙尼蓝于 1998 年被珠宝公司蒂芙尼 Tiffany 注册为商标,2001 年被专业色彩机构潘通(Pantone®)赋予代码"1837 Blue",仅供 Tiffany 使用。除了注册"Tiffany Blue",蒂芙尼还注册了"Tiffany Blue Box",这两项商标用于珠宝。所以,如果用这种蓝作为商标的蓝色,用于珠宝首饰的包装,或者其他与珠宝、贵金属相关的产品及产品描述上,可能就造成侵权(图 1)。

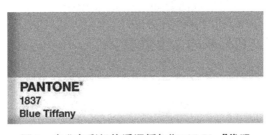

图 1　专业色彩机构潘通授权"1837 Blue"代码

而目前,这种趋势正在不断蔓延,越来越多的特殊颜色被注册成商标与产品来进行关联,例如可口可乐的大红色,某些化妆品公司发布的特殊色号的口红的颜色,甚至某些鞋类品牌下系列鞋款的特殊颜色等。

3. 排列摆放侵权

除了词语、描述语言侵权、颜色侵权外,还有一种容易被忽视的排列摆放侵权。

例如,苹果公司一款耳机在盒子中的摆放形状,也注册了外观专利(图 2)。所以当时很多电商平台销售相似摆放形状的耳机均遭到了苹果公司的投诉。而且,现在越来越多的品牌厂商开始大量地对自己的产品摆放和包装注册外观专利。

所以,很多时候品牌商品的摆放形状、包装设计等很可能已经申请过外观专利,这种情况下,商品包装或展示的方式很可能也存在侵犯别人专利权的情况。

图 2　苹果公司耳机的外观专利图

4. 打马赛克仍属侵权

跨境电商平台上进行宣传总少不了图片,盗取其他品牌官网图片和使用显示别人商标的图片是众所周知的侵权行为。于是一些人就想到了修图法宝"马赛克",正所谓马赛克一打,品牌没了、商标没了,就能用了。但这可能聪明反被聪明误,本来很可能只存在无意侵权的客观行为,但是打马赛克的行为则证明了主观上的侵权故意,可能将面临更大的惩罚。

5. 未销售也算侵权

我们来看一个案例:

A 公司与 B 公司取消了一笔关于毛巾的订单,这笔订单的货物已经生产了出来,毛巾上有 B 公司的刺绣商标。取消订单的时候,B 公司明确说明,由于有自己的品牌商标,A 公司不得对货物进行销售。其后,A 公司向自己的其他客户询单,其中询单的过程中发送了 B 公司产品的照片,但由于照片上显示有 B 公司的商标,所以并没有达成相关交易。结果询单的事被 B 公司知晓,B 公司以 A 公司侵犯商标权要求赔偿。而 A 公司以未对货物进行销售,因此并没有实际侵犯 B 公司的商标权为由进行反驳。结果 A 公司败诉,赔偿了 B 公司一笔费用。

从这个案例我们可以看出,侵犯商标权并不是以实际发生销售行为为前提条件,而是以商标权是否归他人所有、是否非法地使用了该商标、是否可能对商标所有人产生侵害为判断依据。

所以说到底,跨境电商企业要有品牌意识,要有知识产权保护意识,对自己的知识产权进行全方位保护;规范自己的行为,不心存侥幸,不侵犯别人的知识产权。

四、跨境电商应对知识产权侵权的方法

知识产权法律纠纷已经成为阻碍跨境电商自身良性发展的障碍,那么在跨境电商业务中应如何避免知识产权侵权呢?

1. 提升对侵权行为的认识

提升对侵权行为的认识,可能涉及侵权的事情坚决不做。国内有些电商平台对于侵权行为可谓睁一只眼闭一只眼,没人举报平台不查,平台查出了之后关掉店铺,商家还可以重新开一个店铺,导致我国很多从国内电商平台转战到跨境电商的企业和个人缺乏知识产权意识。

想做出成绩的跨境电商企业,务必对自己主营产品的同类品牌的商标权、专利权等有所了解,避免出现侵权的行为。一般情况下,在他国电商平台进行销售前,应在相关国家和地区的专利机构进行查询,避免在自己不知情的情况下侵权。同时,如果拥有已经具有一定价值的商标和专利技术,一定要及时在跨境电商平台所在销售国家和地区尽快进行注册,避免因他人抢注等行为造成不必要的损失,避免出现"李逵被李鬼干掉"的情况。

2. 熟悉侵权法律法规

在进行跨境电商业务时,一定要做到两熟悉:一方面要熟悉所在跨境电商平台的管理规定,明确知道一旦出现侵权投诉时,平台的相关处理制度和规定,知道平台的处理流程,在第一时间根据平台的规定进行相应下架、申诉工作。另一方面,必须熟悉当地关于侵权行为的法律法规,做到心中有数,一旦出现被投诉侵权的情况,要根据当地法律规定和要求,及时展开抗辩等自救行为。

有很多跨境电商企业遇到侵权投诉的情况时,由于对平台管理制度和当地法律法规不了解,要么不理不顾,导致最后损失惨重;要么操作不当,导致原本可能并不侵权的行为,或者轻微侵权的行为,变成侵权行为或者严重侵权行为,损失大幅增加。所以跨境电商从业者一定要多了解当地侵权法律知识,或者委托当地或国内具有专业侵权案件处理经验的人员进行处理。

3. 做好侵权排查

在产品上架售卖之前,跨境电商企业一定要做有效的产品检索,分析该款产品是否在国外请过相关的知识产权,做好侵权排查。要想知道某款产品是否在国外申请过相关的知识产权,一定要掌握基本的防侵权排查技巧。当产品涉及专利技术时,跨境电商企业还需要请专业人士提前做好侵权风险分析和评估,避免侵权。

4. 定期转移账户资金

跨境电商企业定期转移 PayPal 账户资金,有利于企业的资金周转。如果企业没有定期转移 PayPal 账户资金,从而使账户留存资金数额较大,万一账户资金被冻结,即使最后法院判定没有侵权,资金冻结这段时间也不利于企业的资金周转。

5. 打造自己的商标和品牌

对跨境电商企业来说,产品为王。想在跨境电商道路上走得长远,就一定要注重产品的创新,需要打造自己的商标品牌,研发自己的专利设计,更需要学会保护自己的知识产权。坚持合规,坚持创新,才能开创更美好的未来。

五、知识产权侵权典型案例分析

(一)李维斯公司诉商标侵权案

1. 案件信息

(1) 原告:Levi Strauss & Co.(李维斯公司)。

(2) 代理律师事务所：Greer，Burns & Crain，Ltd.（GBC 律师事务所）。

(3) 起诉法院：District Court for the Northern District of Illinois Eastern Division（伊利诺伊州东部分区北区法院）。

(4) 案件详情：案件共起诉了 36 名被告，主要来自阿里巴巴国际站、速卖通等出口跨境电商平台，它们既有专营牛仔服饰的出口 B2B 厂商，也有小额零售 B2C 卖家，说明 GBC 律师事务所起诉对象具有无差别性。2019 年 8 月 16 日案件发案，2019 年 9 月 5 日开始冻结被告资金账户，推进速度非常快，从起诉到出口跨境电商平台收到美国法院起诉书被冻结资金账户仅仅相隔 20 天。

2. 速卖通平台 A 店铺 TRO（临时限制禁令）案件

被告 A 为速卖通专卖牛仔服饰的一家店铺，2019 年 4 月，来自美国伊利诺伊州芝加哥市的一名买家在 A 店铺下单购买了一条牛仔裤，A 店铺按照速卖通平台的发货流程，在备货期内发出包裹，买家在 35 天后确认收货。在 2019 年 9 月 5 日，A 店铺发现店铺后台速卖通账户中的所有可用资金被冻结，4 天后收到速卖通的邮件被告知由于侵犯李维斯公司的知识产权，受美国伊利诺伊州东部分区北区法院的 TRO 要求，冻结速卖通账户 2019 年 9 月 5 日当天的所有可用余额。同时 A 店铺所有商品被强制下架，速卖通要求其对所有商品进行检查确认后再手动上架销售。

A 店铺通过对后台订单和商品进行过滤筛选，发现该侵权商品侵犯了李维斯公司在 1980 年 9 月 2 日注册的牛仔裤后袋海鸥线设计。李维斯公司不但注册了海鸥线设计本身，还连带注册了海鸥线裤袋、海鸥线牛仔版型设计，因此海鸥线的商标具有系统性，即海鸥线设计不但被禁止在牛仔裤上使用，而且在任何长裤、短裤、衬衫以及夹克上使用都是违法的（表1）。

表1 李维斯公司"海鸥线"商标注册信息

注册号码	商标	注册日期	商品和服务
404248		1943-11-16	适用于 025 类腰带式工装裤
1139254		1980-09-02	适用于 025 类裤子、夹克、裙子和短裤
2794649		2003-12-16	适用于 025 类裤子、牛仔裤、短裤、裙子和夹克

3. 速卖通 A 店铺案件分析

A 店铺负责人收到速卖通资金账户冻结邮件和 GBC 律师事务所的起诉书邮件后,由于没有相关法律知识和专业人员的帮助,一时间惊慌失措,无从应对。通过与速卖通平台"小二"对接后,对方建议 A 店铺通过和解的方式与 GBC 律师事务所达成协议,在支付相应的赔偿金后,速卖通平台会解冻 A 店铺的速卖通账户,并恢复资金的提现与转账功能。

A 店铺评估了自己的侵权事实与被冻结资金的数额后,同意与 GBC 律师事务进行庭外和解。A 店铺聘请了美国律师与对方沟通,在己方律师协助下登记了侵权信息与被冻结账户信息,提交给 GBC 律师事务所。在等待 1 个月后,GBC 律师事务所通过己方律师发来和解书,要求承认侵权事实,同时赔偿冻结金额的 50%,须在 3 天内提交和解书,过期作废。A 公司通过综合评估最终签署了该和解书,并同意通过速卖通平台资金账户扣除冻结金额 50% 的和解金。一个半月后,A 店铺速卖通账户被扣除和解金,账户恢复功能。

4. TRO 的特点

(1) 美国各大知识产权律师事务所收集证据的方式不断更新,从最初的对话截图证据和产品网页截图证据,发展到实物购买保存证据。这种证据采集模式更加具有可信度,被法院采纳的可能性大增,卖家基本没有办法否认侵权事实。

(2) 批量取证、批量起诉模式越来越成熟。GBC 律师事务所在一个时间段内集中采集某品牌的侵权证据,积累到一定数量后,批量起诉。这种模式可以让这些律师事务所以最小的成本获取最大的利益。同时也提醒中国卖家,不能以为一个案件刚结束,律师事务所会暂时停止取证,知识产权的红线需要警钟长鸣。

(3) 知识产权侵权要注意细节,避免"踩雷"。如本 TRO 所揭示的,虽然 A 店铺已经极力避免使用国际品牌关键字标题和商标,但是仍然在细节上疏忽了具体的设计元素,最终导致较大的经济损失与店铺发展的严重衰退。

(4) 高压逼迫同意和解条件。GBC 律师事务所在发出和解书时要求卖家必须在 3 天内签署,否则该和解书无效,通过这种高压紧逼的方式迫使卖家在短时间内签署和解书。

(5) 中国卖家对知识产权侵权的严重性认识不足。很多中国跨境电商卖家有意无意地销售侵犯知识产权的产品,这样做虽然能够带来较大的流量和丰厚的回报,但是知识产权侵权会导致不生的后果。例如一个 TRO,如果顺利和律所和解,会赔钱伤店,如果不和解不应诉,那整家公司都会有极大的涉外法律风险。

(6) 中国卖家的抵御知识产权 TRO 的能力极其薄弱。当美国法院对中国卖家发起 TRO 后,中国卖家的应对能力极其有限,即使有些被错误取证、误伤的店铺也没有较好的应对策略,无非就是和解、应诉和不应对,无论哪种应对方法,都会造成极大的经济损失和潜在的法律风险。

(二) 骑客公司诉波速尔公司专利侵权案

1. 案件信息

浙江骑客机器人科技有限公司(简称"骑客公司")是一家从事电动车研发制造和出口的

科技企业,在专利领域深耕多年,其在中国国内享有 CN201520407602.9 号"一种改良电动平衡车"实用新型专利权及一系列关联专利,并以其在先申请的 CN201410262353.9 号"纵向双轮车体"发明专利为主张的优先权依据。

浙江波速尔运动器械有限公司(简称"波速尔公司")曾与骑客公司签订知识产权授权使用合同,获准使用骑客公司的涉案专利,并约定,若波速尔公司制造和销售的产品上未使用骑客公司授权的指定标识,即为非授权产品。

后来波速尔公司未经许可为骑客公司的竞争对手代工,并贴附了该竞争对手的商标,而未使用骑客公司授权的指定标识。该产品经宁波海关出口时,被骑客公司以专利侵权为由申请予以扣押。波速尔公司向宁波海关提交了未侵权的初步证据及保证金,申请海关放行其被扣押的货物。

骑客公司随后向宁波市中级人民法院提起侵权诉讼,要求波速尔公司承担停止制造销售侵权产品并赔偿损失 100 万元的专利侵权责任。

本案历经一审、二审及最高人民法院的再审审查,最高人民法院的判决书显示,波速尔公司虽对产品的技术进行了一定改动,并相对于骑客公司的涉案专利权专利要求增加了部分技术特征,但被诉侵权技术方案仍然完全具备了权利要求记载的全部技术特征,落入了骑客公司专利权的保护范围。

骑客公司就涉案专利所主张的优先权成立,优先权日即为涉案专利申请日,波速尔公司提交的作为现有技术抗辩的比对文件在时间要件上不能成立,其抗辩不能得到支持。波速尔公司为他人代工,且未按约贴标的行为,既构成对知识产权授权使用合同约定的违反,同时又侵害了骑客公司的涉案专利权,应承担停止侵权、赔偿损失的侵权责任。

本案例是一起在跨境电商出口业务中发生的典型专利侵权案,案件双方均为浙江省内的主要电平衡车生产商,法院的最终裁判结果对国内乃至中美之间的电平衡车贸易都产生了一定的影响。

2. 案件分析

本案例涉及多个跨境电商出口中易发的专利问题,值得引起相关跨境电商企业的高度关注。

(1)误读专利侵权判断规则的风险

本案例中,因为骑客公司要求波速尔公司承担侵权责任,所以被诉侵权技术方案是否落入骑客公司涉案专利权的保护范围是本案例的主要争议焦点之一。

发明或实用新型专利权的侵权判断采用全面覆盖原则,即需审查被诉侵权技术方案是否包含了与权利人所主张据以确定专利权保护范围的权利要求所记载的相同或等同的全部技术特征,若被诉侵权技术方案不完全具备涉案专利权利要求所限定的全部技术特征,则不落入涉案专利权的保护范围。如果被诉侵权技术方案在完全具备涉案专利全部技术特征的基础上,另行增加技术特征以实现额外的技术功能,即所谓的"锦上添花",则并不影响侵权的判定。

本案例中,与涉案专利权利要求记载的技术特征相同或等同的技术特征在被诉侵权技术方案中均得以呈现,应认定落入了涉案专利权的保护范围,虽然波速尔公司在被诉侵权电平衡车电池部分的设计上采用了方便拆装的卡合装置,但电池的安装位置仍然符合涉案专利的对应限定描述,所以并不影响专利的侵权判定。实践中有部分技术人员认为通过增加技术特征实现额外技术效果即可规避专利侵权,这实际上是对专利侵权判断规则的误读,隐含了较大的侵权风险。

(2) 违反专利授权许可使用合同的风险

专利技术主要通过自我研发、受让或许可取得。在通过获取许可实施专利技术时,应严格按照许可合同的约定履行。

我国《民法典》第八百六十七条规定:专利实施许可合同的被许可人应当按照约定实施专利,不得许可约定以外的第三人实施该专利,并按照约定支付使用费。

本案例中,双方曾有良好的合作关系,波速尔公司已获得骑客公司的专利授权,可以依约实施相关专利,并可贴附骑客公司认可的商业标识进行出口销售,以获取相应的经济利益。

同时,该合同明确约定波速尔公司使用涉案专利技术所生产的产品若贴附的标识未经骑客公司认可,即使该产品系严格按照授权专利生产制造,仍应视为非授权产品。波速尔公司在未按约使用产品标识的情况下,自然无法依据合同行使相应抗辩权利,已构成违约。

若该产品落入涉案专利权的保护范围,亦构成对专利权的侵害,实际上就产生了违约责任和侵权责任的竞合。《民法典》第一百八十六条规定:因当事人一方的违约行为,损害对方人身权益、财产权益的,受损害方有权选择请求其承担违约责任或者侵权责任。本案例中,波速尔公司即面临上述困境。

所以,专利许可实施过程中,当事人在许可合同缔约之时,就要审慎对待合同条款的约定,只要该条款是基于双方真实意思表示所订立的,不存在无效或可撤销或效力待定的情形,即属于对双方均具有法律约束力的约定,违反即需按约承担法律责任。

(3) 行使现有技术抗辩存在的风险

在专利侵权诉讼中,如果被诉侵权方能够证明其实施的技术属于现有技术,即属于专利申请日以前在国内外为公众所知的技术,则不构成侵犯专利权。但如果专利权人主张的优先权成立,则将优先权日视为申请日,用作现有技术抗辩的技术文件公开时间不仅要早于该专利的实际申请日,并且应该早于优先权日方为适格的比对文件。

本案例中,经法院审查认定骑客公司主张的涉案专利与优先权文件属于相同主题,所以骑客公司主张的优先权成立。而波速尔公司据以主张现有技术抗辩的专利文件申请日与涉案专利的优先权日为同一天,即不具备现有技术的比对资格。因此,跨境电商企业如果未对时间节点予以充分重视和准确把握,则容易使现有技术抗辩落空。

(4) 出口时未合理使用或有效应对海关保全措施的风险

目前,跨境电商企业在遭遇知识产权摩擦时,容易忽视海关对及时有效保护知识产权的重要作用。对权利人而言,要有效维护自己的权利,就要尽可能及时制止侵权行为,斩断侵权链条,避免损失扩大化。这就需要在侵权货物出口前通过海关保全的方式及时予以扣押,否则待侵权货物已"远走高飞"而无法固定证据,维权就无从谈起。对于出口企业而言,如果货物因涉嫌知识产权侵权而被海关扣押,却未能积极正确应对,就可能因延迟交付而承担高额违约金,并且还可能承担高额的海关仓储费用及后续可能产生的侵权责任,这样做隐含较大的经营风险。

本案例中,骑客公司和波速尔公司分别合理使用了海关保全措施,成功避免了一定的经营风险。

◇ 案例小结:中国视角

现阶段,我国部分跨境电商企业知识产权意识薄弱,常因贪图短期利益而忽视知识产权风险。跨境电商企业应该正视知识产权的重要性,对知识产权保持敬畏之心,提升知识产权意识,学习国内外知识产权法律,熟悉国内外知识产权规则,强化权利意识,尊重他人知识产权和自己的诉权,提升自我保护意识。在保证不违法的前提下,学会用法律维护自己的权益。

我国跨境电商企业应充分尊重他人的知识产权,特别是刚刚进入某一产品领域时,建议委托专业机构对该产品的目标市场专利状况开展细致全面的检索、评价、分析,并在此基础上对自有产品进行改进,力求不落入专利权的保护范围,以确保贸易的安全性和有效性,避免被诉侵权,努力降低经营风险。

我国跨境电商企业应特别注重对自有技术专利的保护。根据我国《专利法》的规定,授予专利权的发明和实用新型,应当具备新颖性、创造性和实用性。特别是新颖性,要求该发明或者实用新型不属于现有技术,也不属于抵触申请。所以跨境电商企业在技术研发过程中,应严格采取保密措施,避免技术的不当泄露,比如发表学术论文、在展会公开展示或销售等,均可能构成《专利法》意义上的公开,至于上传朋友圈,虽然并非一概构成公开,但若该微信作为宣传推广产品的营销工具,并且朋友圈内容也对所有人可见,此种情形同样可以认定该技术方案进入了公知领域。若在专利申请之前,跨境电商企业已经以上述等方式公开技术方案,使之处于公众想获知就能获知的状态,则该技术方案就会因此丧失新颖性而难以再被授予专利,所以广大跨境电商企业应尽量避免此类公开行为的发生。

我国跨境电商企业只有不断进行自主创新和研发,打造和维护自有品牌,维护大国尊严,才能在众多跨境电商中脱颖而出,获得更多的利益。同时,也能够尽可能地避免知识产权侵权纠纷的产生。

品牌化是中国出口跨境电商企业可持续经营的必由之路,是"中国制造"向"中国质造"转变的软实力保障,也是中国企业破解知识产权TRO的终极武器之一。中国企业可以通过国内商标、美国商标以及马德里商标等注册行为,为中国产品实现走出国门、享誉世界提供载体。

我国跨境电商企业遭遇国外知识产权侵权诉讼时,应积极应诉,维护大国形象。要在第一时间立即停止销售被控侵权的商品,这一举措并非承认侵权而是尽可能降低有可能发生的赔偿数额。要积极寻求境外优质的法律服务资源,聘请合适的境外律师,尽量降低赔偿数额。由于跨国知识产权诉讼是在原告提起诉讼地应诉,聘任的律师必须是深谙知识产权诉讼业务,了解中国语言文化,有代表中国公司在原告所在国诉讼的经验,并且最好在品牌商提起诉讼地有办公室的当地律师。要尽力寻求诉讼期间的调解。对于我国跨境电商企业而言,烦琐冗长的知识产权诉讼程序不仅耗费金钱,还要花费很多时间和精力,影响企业正常的生产经营活动。因此,制定短、中、长期的调解策略会节省很多费用,应尽可能迅速达成调解方案,保障账户内资金有效运转起来,这是企业对自身商业利益最大限度的保护。

◇ **思考题**
1. 美国 TRO 会对跨境电商企业产生哪些方面的影响?
2. 什么叫侵权?跨境电商中常见的侵权类型有哪些?
3. 跨境电商企业开展业务时如何避免侵权?
4. 跨境电商企业遭遇国外知识产权侵权诉讼时,应该怎么做?

◇ **参考文献**
[1] 陈建松,袁思涵. 出口跨境电商知识产权侵权 TRO 禁令典型案例分析[J]. 商业经济,2021(1):155-157,177.
[2] 牟群月. 由一则案例看跨境电商出口中专利侵权的风险及防范[J]. 对外经贸实务,2020(4):75-78.

案例 19　跨境电商出海模式的选择：第三方平台 vs 独立站

一、引言

2020 年疫情暴发后，许多行业遭遇了危机，但也有许多行业被疫情催化获得巨大曝光量，从圈内火到圈外，跨境电商就是其中之一。对于跨境电商第三方平台的老卖家来说，这是机遇也是挑战：直线上升的销量是机遇，但数量剧增的竞争者也是挑战。

在疫情的助推下，各行各业的人士争相涌入跨境电商市场，仅 2021 上半年亚马逊北美站就新增约 170 万个卖家，相当于每天新增 9 000 多个，每小时 300 多个。

然而从 2021 年 4 月开始，亚马逊平台掀起了"封号潮"。亚马逊平台上因为违规被封店或扣押款项的中国卖家超过 5 万家，有传统意义上跨境电商中小卖家，更有深圳头部品牌大卖家帕拓逊、傲基、有棵树等，企业损失超过 1 000 亿元人民币。

一方面，跨境电商第三方平台上激烈的竞争和亚马逊的"封号潮"促使不少老卖家开始往独立站的方向拓展业务；另一方面，亚马逊"封号事件"给行业带来了更多的变数，不少企业看到了新机会，更多新卖家涌入，行业竞争加剧。

究竟是选择跨境电商第三方平台还是独立站，网上出现了很多争论，支持独立站者列举了跨境电商第三方平台的种种弊端和独立站的诸多好处，劝说新进入者选择独立站。独立站真的是新进入者们的最优选择吗？答案是否定的。跨境电商第三方平台和独立站是跨境电商两种不同的销售渠道，除此之外，许多国际流行的社交媒体，如脸书、抖音海外版，也开始挂购物车，逐渐成为跨境电商新的营销模式。卖家究竟应选择哪种方式开展跨境之旅，让我们一起来进行分析。

二、跨境电商第三方平台的销售模式——以亚马逊为例

最初的中国卖家大部分会选择跨境电商第三方平台销售自己的商品。大部分国家或地区都有可以选择的跨境电商销售平台，如亚马逊、速卖通、虾皮、购物趣、Ozon（俄罗斯著名电商平台）等。各个平台的铺货模式和运营模式都有自己的特色，亚马逊是全球最大的网络零售商之一，也是目前市面上使用较多的跨境电子商务平台之一，我们以亚马逊为例来分析跨境电商第三方平台的特点。

（一）跨境电商第三方平台的销售模式

一般来说，根据货品上架的方式，跨境电商第三方平台可以分为四种销售模式，这四种

销售模式对应的运营手段、选品模式都有很大的不同。

1. 垂直类目铺货模式

垂直类目铺货模式就是在店铺大量上传各种商品,通过大量链接提高店铺的流量和转化率,是一种广撒网模式。

这种模式存在于早期的亚马逊,与自发货配合,达到减少成本快速测品、提高爆品概率的效果,比较适合刚入场的新手卖家。

优点:出单概率较高。

缺点:店铺产品杂乱,产品质量没法保证,店铺没有自己的特色与风格,不利于商家的长久发展。

2. 垂直类目精品模式

垂直类目精品模式主要走的是小而美的路线,卖家专注于某个细分领域,拥有自主研发技术。一般工厂或者大卖家较多采用这种模式,典型的品牌有 Anker(安克)。

精品的产品不会很多,商家会做细分垂直类目,就是能在单一品类中深耕形成自己的产品系列,打造类目"护城河"。

优点:精品模式下大量的工作是精细化管理。精品模式更便于监控产品数据信息,例如销售量数据信息、点评数据信息等,也便于保证产品、服务项目更加完美。当前,亚马逊就是一个倡导精品模式的平台。

缺点:如果选择精品模式,那么就要舍弃铺货模式,卖家必须花费大量的时间去研究产品并统计分析产品数据等,例如产品的生命周期、预估周销售量等。资金投入比较大。如果供应链不够强大,就很容易出问题。精品模式下卖家承担的压力要比铺货模式下的压力大许多,库存量、产品生命周期、产品质量这些方面都必须考虑到。

3. 精铺模式

精铺模式,又叫"热卖产品铺货模式",即选择前期铺货中表现较好的产品,以精品的模式继续推广,这种模式近年来受到中小卖家的欢迎。

优点:通过精铺运营,卖家可以树立自己的品牌形象和品牌声誉,获得持久的竞争优势,提高店铺的稳定性。

缺点:多链接运营工作繁重,而且前期测评出的款在加大推广后表现不一定如预期,或者受到竞品恶意竞争,而导致货物积压。

4. 多品类主导模式

多品类主导模式是指在同一个平台上经营多种不同品类的商品,满足消费者多方面的需求。

优点:多品类运营可以满足不同用户的多方面需求,提供更多的商品选择,增加销售量;在同一个平台上购物,用户不用来回切换不同的网站,节省了时间,可增加用户的黏性;多品类运营可以利用同一个平台进行复合式促销,降低营销成本,例如搭配销售、满减活动等,可以提高整体的销售额。

缺点：多品类运营需要同时管理多种不同的商品，对商品的管理和货物的仓储都提出了更高的要求，商品管理难度大；不同品类的商品可能需要不同的售后服务，因此需要建立更加完善的售后服务体系，提高客户服务的质量；不同品类的商品可能会涉及不同的物流问题，因此需要建立更加完善的物流配送系统，物流配送难度大；需要投入更多的资金建设平台，不同品类的营销需求也会带来更大的资金压力。

（二）跨境电商第三方平台的物流模式

越来越多的跨境电商第三方平台开始建立自己的转运仓和海外仓，这样做不仅可以帮助卖家销售产品，还可以降低跨境物流成本。亚马逊的跨境物流模式相对比较成熟，为其他跨境电商平台所效仿。亚马逊的物流模式分为FBA、FBM、FBM无货源技术和海外仓四种模式。

1. FBA模式

FBA即亚马逊物流服务，即亚马逊将自身平台开放给第三方卖家，将卖家库存纳入亚马逊全球的物流网络中，为卖家提供拣货、包装以及终端配送服务，亚马逊则收取服务费用。在亚马逊，FBA的主要目的是提升亚马逊用户的体验，提高用户黏性。使用这个模式时，要将囤货放在FBA仓库，虽然不能保证产品完全无损，但可保证快递速度（图1）。

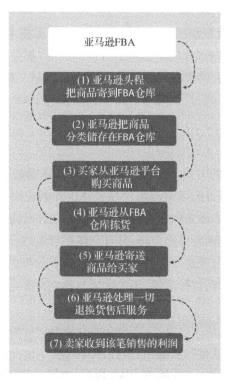

图1　FBA操作流程

优点：操作简单，使用FBA，亚马逊会提供从存储到分拣派送至客户手上的服务，并根据收集到的反馈给予商品相应的流量；电商卖家可将更多精力专注于平台运营，节省选择仓储物流的时间。使用亚马逊的系统进行末端的配送，可以在平台上获得信誉的提升，从而使客户更加信任卖家。不是亚马逊平台的卖家也可以使用FBA。

缺点:价格高,FBA需要卖家自己进行清关并将货品送到仓库,卖家可以跟踪库存情况,但是对物流过程没有话语权;退货率高,使用FBA买家可以无理由退货,这很容易导致退货率上升,而且卖家并不能了解是否为恶意退货;调控性差,卖家产品长期积压在仓库会产生积压费,由此引起官方的调查,如产品为什么会积压、产品是否符合品质要求等,卖家会被要求整改甚至限制销售。

2. FBM模式

FBM是指卖家仅将亚马逊作为销售平台,货源和物流渠道由卖家负责解决,店铺有客户下单,通过国际快件将包裹送到国外客户的手中,一般10~20天客户才能收到商品,这种模式为自发货模式。

优点:投资少,无需囤货,无需仓库,适合新手操作并积累经验;无库存压力,可以根据情况控制库存,减轻资金压力;发货渠道多,可控制物流费用。

缺点:卖家需亲自处理商品包装、运输、客户服务和退换货问题,需要花费一定的时间和精力;物流时效性不可控,物流太慢,消费者会催促甚至还会给予差评。

3. FBM无货源技术模式

无货源技术是亚马逊店群常用的模式。最新的无货源技术采集商品的范围已经从淘宝、1688扩大到整个互联网平台,只要是网上有售的商品,都是可以选择的货源,而且可以用软件选出可能畅销的商品,供卖家一键上传到亚马逊店铺。新手卖家或是测试款商品都可以选择FBM无货源技术,通过"跨境电商多平台全流程ERP系统"软件完成从商品采集到销售的全流程。

4. 海外仓模式

当卖家选择FBM模式的时候,可以通过海外仓模式来销售商品。海外仓是在国外建立或租赁的仓库。电商卖家通过跨境物流将产品发往国外的仓库进行预存,平台收到销售订单,将商品在委托仓库分拣后派送到终端消费者手上。在外贸商业活动中,国内的卖家通过跨境物流的方式将产品运到国外目标市场,并且存储在当地的仓库,再根据销售订单或者平台订单在仓库进行分拣、打包派送。目前很多跨境电商平台和企业都计划布局建立海外仓。海外仓不仅能够将产品存储到目标市场,还能优化与整合物流运输,能迅速根据订单做出反应,进行分拣派送。

优点:反应速度快,相比从国内直发,海外仓能有效减少订单从下单到派送的反应时间,提高终端客户的消费体验;节省物流成本,整体发货到海外仓,再由仓库进行末端的分拣派送能减少时间成本和物流成本;方便调控FBA库存,大部分卖家把货发到海外仓是为了解决FBA仓库库存积压的问题;可满足少量批发订单,从海外仓可以随时满足海外工厂的少量批发订单,并且能迅速地把货物运到客户手上。

缺点:仓租风险,使用海外仓有以天计费的存储费用,每个国家甚至企业的海外仓收费和运营条件都不一样,卖家需要根据自己的情况选择适合的海外仓;有滞销风险,卖家需要在海外仓存储一定量的产品作为备货,因此会产生滞销风险,对于销售定制产品的卖家而言是不适合的;对仓库的管理要求高,卖家要随时了解产品的出入库、上下架的详细信息,不然很容易丢失货物或者出现存储信息与实际库存对不上的问题。

三、独立站的销售模式

为什么许多跨境电商老卖家会转战独立站?独立站究竟有什么魅力?

独立站是指基于 SaaS 技术平台建立的拥有独立域名,内容、数据、权益私有,具备独立经营主权和经营主体责任,由云计算支撑,可以自主、自由对接第三方软件工具、宣传推广媒体与渠道的新型官网(网站)。独立站是由第三方云计算服务提供基础支持,而入口、数据、权益属于卖家的私有网站。独立站最早出现在 2004 年左右,建站后可借助第三方媒体的流量平台,帮助中小跨境电商卖家以品牌官网的形式实现"在线销售"(图 2)。

图 2 独立站销售模式

(一)独立站的运营模式

独立站的运营主要有 5 种模式。

1. 垂直站模式

垂直站模式在某个行业或细分市场深化运营,垂直意为垂直领域,这类电商的针对性很强,仅限于一个行业或一个领域。垂直站模式的优势在于专注和专业,能够提供更加符合目标客户需求的特定类型产品,深耕于某个领域,更容易赢得顾客的信任,加深顾客的印象,利于品牌传播。

2. 品牌站模式(图 3)

垂直站模式的店铺本身就具有在垂直领域的专业性和黏性较高的客户群体,如果更进一步,就可以发展为品牌站模式。产品是品牌打造的核心,品牌站模式对产品的要求更加严格,商家需要具备产品的设计、研发能力,同时也要具备品牌打造规划和相应的营销手段。

3. 铺货模式

铺货模式是指在独立站中大批量地上传商品的模式,包括爆品模式和杂货铺模式(多品类)。铺货模式主要通过社交媒体进行广告投放,从而获得独立站的订单转化。爆品模式就是沿着这个模式测试不同商品,针对高转化的商品加大投放预算从而打造爆品。杂货铺模式就是什么产品都卖,涉及多种品类,主打一个"杂"。铺货模式的复制难度不大,它的推广主要靠广告投放,所以广告投放的经验和数据积累对铺货模式来说是至关重要的一环。

4. 一件代发模式

一件代发是指卖家在国内平台选品后,将商品上架到独立站中,然后引流到独立站,待

图 3　Yoga Mandala 品牌独立站首页

(资料来源:Yoga Mandala 官网,2023 年 3 月 3 日)

消费者下单后,将商品的制造、物流等环节外包给供应商,由供应商将货物直接发送给终端消费者。一件代发没有资金与库存压力,不用提前囤货。

5. COD 单页电商模式

COD 是指货到付款。COD 单页电商模式在东南亚、中东地区比较流行。COD 单页的快速构建类似淘宝详情页面的单独产品页,卖家在社交媒体或搜索引擎上投放广告,消费者则以货到付款方式实现交易。

不同的运营模式间存在差异,卖家可以根据实际情况和发展阶段选择适合自己的模式。不过需注意运营模式间不是完全割裂的,在一定的条件下可以融合或转型。

(二) 独立站的物流模式

独立站的物流模式一般有以下3种。

1. 自发货模式

商家自己找物流公司,并在独立站后台进行运费设置。一般自发货以轻小件为主,体积小,客单价高,可以选择邮政小包、国际快递、专线物流等方式。

优点:库存可控,可直接沟通买家,没有囤货压力。

缺点:单量大无法处理而导致订单积压,仓储管理难度大,容易出现发货纰漏。

2. 无货源模式

有订单时,直接由第三方渠道发货,即让供应商直接发给客户。还有很多卖家是跟国外的供应商平台合作,从国外直接发货给客户,这样做客户体验会更好。

优点:没有库存压力,资金周转轻松,无需囤货。

缺点:产品质量不好把控,物流信息不好跟踪,不是一手货源利润偏低。

3. 海外仓模式

适合大卖家。卖家批量把货物预先送到海外仓库,买家有需求时,海外仓实现本地销售,可以缩短交货时间,降低物流成本,快速地处理退换货,提升客户满意度。

优点:配送快,物流成本低,买家体验好。

缺点:囤货压力大,仓储费用高,资金压力大。

四、跨境电商第三方平台与独立站的比较(表1)

独立站的运营模式和物流模式与跨境电商第三方平台是非常相似的,但是相对来说,独立站有着许多跨境电商第三方平台没有的优势,更加有发展潜力。

1. 定位区别

从定义上看,独立站是拥有独立域名,自主、自由宣传推广媒体与渠道的新型网站;跨境电商第三方平台则是跨境企业或个人进行网上交易洽谈的平台,比如亚马逊、易趣等。由定义可得两者在定位上的区别,独立站是卖家负责制定运营规则,更侧重于培养买家,打造品牌,相当于个体经营专卖店;平台是卖家遵守平台规则,更侧重于卖货,相当于在卖场经营店铺。

2. 买家区别

拿线下购物平台来类比,跨境电商第三方平台就像超市等大卖场,有品牌知名度,对用户有一定吸引力,用户自己就会慕名前往购物。例如亚马逊就是知名购物平台,每天都有很多用户去上面逛逛。进驻卖场,所有商家当然要遵守卖场的规矩。同样,卖场有权利随时调整卖场规矩。卖场里商家、产品以及竞品不止一家,受众是所有想消费的群体。面对琳琅满目的商品,受众购物行为偏向于货比三家,不一定购买某特定卖家的商品,购物随意性强。对平台来说,入驻的卖家就是它的供应商。

而独立站就像街边一个个独立的商店,卖家只需租下一个门面,卖什么、怎么卖,都是自己说了算。独立站如专营店,受众基本是对品牌有认知的群体,购买行为是针对该品牌的,用户购物主动性强。

3. 商品排列不同

跨境电商第三方平台等大卖场的排列都是有讲究的,日化、酒水、生鲜等等,分门别类,以吸引不同的商家进驻。独立站卖货就不同了,不管卖什么商品,商品如何排列都由卖家自己做主。

4. 流量区别

跨境电商第三方平台和独立站的流量也有所差异。平台自身名气带来自然流量,平台卖家不需要自己引流,但流量会被稀释给其他卖家。而独立站本身并没有流量,需要通过某些渠道把流量引入网站,如通过站内优化,社交媒体、搜索引擎等站外引流的方式,吸引来的流量都是自家的。如果独立站不做引流,那么"酒香也怕巷子深"。

5. 运营模式区别

独立站和跨境电商第三方平台上卖家的最终目的都是卖货,因为流量上的差异,两者在运营模式上会有所区别。卖家既然进入平台,就需要在遵循平台规则和用户属性的前提下,考虑平台内的市场容量和竞争对手,运营的重点在评论、listing、排名上以拿到平台的推广资源。

独立站则从零开始,需要使用建站系统建站,比如SaaS系统,具有代表性的有Shopify、Ueeshop,快速简单。独立站不需要遵守各种规则,它们直接面向消费群体,自主性强,但需要运营平台以及产品,需要考虑引流、物流、服务、营销等。独立站运营的重点为流量、精细化和再营销。它们所有的运营都是以服务、沉淀客户、打造品牌为目的。

6. 运营成本不同

对于卖家来说,两种平台还有一个很重要的区别,就是运营成本不同。以亚马逊为例,亚马逊已经是很成熟的市场,在亚马逊开店起码需要5~10万元的启动资金。而个人做独立站所需启动资金不到1万元,主要包括两大部分费用:建站和引流。开始的投入资金大概为几千元,主要包括一些工具的付费(如选品等)、Shopify店铺的月租、广告预算等。

7. 自由度不同

两种平台最大的不同就是在自由度方面,在亚马逊"封号潮"中,大批卖家被封号,严重影响了卖家的利益,卖家之前的努力也付诸东流。独立站就不存在这样的问题,因为网站完全属于自己,没有条条框框的限制,更不用担心封号问题,自由度和灵活度大大提高。

表1 跨境电商第三方平台与独立站的比较

维度	跨境电商第三方平台	独立站
定位	侧重于卖货	培养买家,打造品牌
买家	任何想消费的群体	品牌偏好者
商品排列	按平台要求分门别类	无要求,自主决定
流量	平台自带流量	无流量,需要引流
运营重点	评论、listing、排名	建站、引流、物流、服务、营销
运营成本	平台年费、佣金、手续费、广告费用,费用较高	建站、引流、广告费用,费用较低
自由度	有封号风险	没有规则限制

五、独立站发展的痛点

显而易见,独立站的生命力和潜力是远远高于跨境电商第三方平台的。发展独立站可以拥有更多的控制权,不用害怕刷单、删评、侵权,或者平台突然给黄牌警告,不用担心卖家之间的恶性竞争、利润大幅度缩水,不需要支付平台费,不用把部分利润分给平台,可以树立品牌形象。

尽管建立独立站是大势所趋,但对于现阶段想要做独立站的卖家而言,摆在面前的还有许多业务痛点。

(1) 站外引流难。有经验的卖家说做独立站的"坑"不比亚马逊少,最直观的就是流量问题,独自站自己在站外引流比较困难。

(2) 网站流量大,转化却不多。许多时候,广告可以将用户引入独立站,但能不能转换,取决于独立站本身的运营的好坏。比如用户通过广告进入独立站后,能否搜索到心仪的产品,物流、支付等是否能支持下单,售后客服能否即时回应沟通,这些都会影响转化率,而不是完全看广告本身。

(3) 自建站的技术门槛较高。独立站要靠卖家自己去建,周期之长往往是卖家难以接受的。此外,运作逻辑都需要逐步落实,这对卖家的技巧要求和资金投入要求无疑很高。对于卖家来说,许多专业问题还不知道怎么解决,比如哪种独立站更符合国外买家的习惯,怎样能增进转化率。

(4) 缺少独立站运营的经验。由于独立站运营模式与亚马逊的不同,卖家难以借鉴亚马逊的运营经验。若卖家想尝试独立站运营,由于缺乏经验,其尝试的成本也是难以预估的。

(5) 需要充分的资金支撑。对于独立站本身而言,一味地寻求渠道布局,没有长期的品牌建设和投资,获得有效流量和客流量的成本将非常高,从而导致独立站投资本身的周期延伸,收益率降低。因此,建设独立站需要充分的资金支撑。

(6) 不同的社交平台规则不同,不同的国家法规不同,不同的种族文化不同,对选择独立站的出海企业来说,以上这些均是挑战。

◇ **案例小结:中国视角**

2021年,商务部发布《"十四五"对外贸易高质量发展规划》,指出要积极扩大进口来源、优化出口结构,推动对外贸易高质量发展,加快发展跨境电商,支持加快发展贸易新业态,促进跨境电商持续健康发展,发挥外贸综合服务企业带动作用,加快海外仓发展,保障外贸产业供应链运转,跨境电商出口成为中国"稳外贸"新动力。

我国政策对行业的支持、跨境物流的完善、互联网电商平台的发展等因素使得出口跨境电商行业的发展走上了快车道,为中国企业出海新模式的探索奠定了基础。

对于刚刚做跨境电商的中国企业来说,只要选择好目标市场,确定合适的跨境电商第三方平台,完成注册,就可以上架商品进行销售,因此,跨境电商第三方平台是新手卖家的首选。而不可否认的是,独立站的生命力和潜力是远远高于跨境电商第三方平台的。但是,无论是做跨境电商第三方平台,还是独立站,都有各自的痛点。比如说,亚马逊对其"封店潮"的官方解释是,部分卖家"不当操纵评论""商品中放礼品卡索评""社交媒体使用现金等方式索取虚假评论"。各种规则的限制和激烈的竞争,是跨境电商第三方平台的痛点。独立站虽然没有规则限制,但站外引流难、网站转化率低、自建站的技术门槛高、缺乏独立站运营经验等均是选择独立站的品牌卖家的切肤之痛。

在海外市场蓬勃发展、国内电商内卷严重、平台规则限制多、独立站运营困难等多重因素的作用下,寻求新的商业发展模式成为越来越多的中国企业和品牌出海亟须解决的问题。据了解,安克创新已形成"线上+线下"立体式销售模式,2021年,其线下收入占主营业务收入比例为36.38%,同比增长4.48个百分点,并将继续实施渠道拓展计划,完善多渠道、多层次的销售体系,向全球消费者销售自有品牌的消费电子类产品。越来越多的中国企业开始出海布局"多平台+多渠道+自有平台"立体式销售模式。

从大环境来看,跨境电商已经告别了暴力增长阶段,并从流量时代进入专业时代,无论是在平台还是独立站,都需要精细化运营,在市场分析、产品启动、销售、用户服务、流量管理等多个方面深耕,实现产品技术创新、服务模式创新、运营管理创新和营销模式创新。

◇ 思考题

1. 跨境电商第三方平台和独立站各自的优劣势是什么?
2. 亚马逊的销售模式有哪些?
3. 中国企业出海应如何布局?

◇ 参考文献

[1] 丁硕,张永庆. 我国跨境电商企业品牌出海模式研究:基于对独立站的分析[J]. 对外经贸实务,2023(5):61-65.

[2] 蒋建华. 跨境电商独立站建设探讨[J]. 科技经济市场,2022(8):145-147.

[3] 何波玲. 浅析跨境电商品牌独立站营销的优势与难点[J]. 商场现代化,2022(9):38-40.

[4] 黄琼. 亚马逊"封店潮"之下,深圳召开企业座谈会 独立站或成新领地[N]. 第一财经日报,2021-08-16(A6).

[5] 周偑. 亚马逊封店潮背景下出口跨境电商应对策略[J]. 企业管理,2022(1):120-123.

案例 20　跨境电商物流通四海——智慧物流变革

一、引言

物流作为供应链管理的重要组成部分,是对商品、服务以及相关信息从产地到消费地的高效、低成本流动和储存进行的规划、实施与控制的过程,目的是满足消费者的需求。电商与物流相伴共生,电商物流是利用互联网技术,尽可能把世界范围内有物流需求的货主企业和提供物流服务的物流公司联系在一起,提供中立、诚信、自由的网上物流交易市场,促进供需双方高效达成交易,创造性地推动物流行业发展的新商业模式。

跨境物流就是把货物从一个国家或地区通过海运、空运或陆运的方式送到另一个国家或地区。而跨境电商物流则特指在跨境电商运营模式下,为通过跨境电商平台达成的线上交易提供实体商品跨境运输和配送服务的活动。由于跨境电商的交易双方分属不同的国家或地区,商品需要从供应方所在的国家或地区通过跨境物流的方式实现空间位置的转移,在需求方所在的国家或地区内实现最后阶段的物流运输与配送,因此跨境电商物流是跨境物流的一部分,随着跨境电商的迅速发展,其占跨境物流的比重也越来越大。

跨境电商物流作为国际贸易的载体,在全球生产要素流动方面起着重要作用。当前俄乌冲突显然已经对全球经济造成了巨大的冲击,加剧了供应链的不稳定性,随着冲突的演进,冲击和影响还会继续加剧。另外前几年的疫情也对跨境电商物流造成了一定的影响。可见,国际社会的诸多不确定因素使得跨境电商物流的发展面临诸多风险。在全球化趋势中,跨境电商面临百年未有之大变局,这也对跨境电商物流的发展提出了更高要求。

2021年8月6日,商务部、发展改革委、财政部等九部门联合印发了《关于印发〈商贸物流高质量发展专项行动计划(2021—2025年)〉的通知》,进一步强调了跨境电商物流畅通的重要性。跨境电商物流作为连接不同国家或地区商贸的媒介,在物流发展中具有相当重要的地位。同时,在"一带一路"倡议提出后,我国对外开放的进程逐步发展成海陆联动、东西双向互济的开放性格局。可见,我国正在进入一个全新的转型时期,新业态、个性化、智能制造等方面呼唤着我国物流产业的创新与重构,包括资源与信息共享、服务化、组织变革、横向集成、纵向集成等。新一代数字技术正在加快赋能物流产业的变革性发展,物流产业数字经济热潮涌动,数字化已成为物流产业支撑国民经济发展战略性、基础性、先导性产业的必由之路。因此,下文将以跨境电商物流为研究对象,对跨境电商目前的发展趋势之一——智慧物流变革进行分析。

二、智慧物流变革提速在即

跨境物流对跨境电商的发展起着至关重要的作用。首先,跨境电商物流是跨境电商的重要组成部分。物流在跨境电商业务中承载着货物转移和交付功能,离开了物流,跨境电商交易将无法实现。其次,跨境电商物流是跨境电商的核心环节之一。在跨境电商贸易过程中,物流发挥着重要的作用,是跨境电商发展的核心链条。最后,跨境电商物流是跨境电商成功的关键因素之一。安全、高效的跨境电商物流将大大改善跨境电商买家的消费体验。在跨境电商业务流程中,跨境物流使将跨越关境的买卖双方实现有效"连接"。

随着我国数字经济的快速发展,大数据、人工智能等新型数字技术赋能各个行业成为驱动我国经济发展的新引擎。在数字经济与实体经济融合的趋势下,跨境物流行业也开启了数字化探索之旅,以"互联网+物流"为特征的智慧物流正在为物流企业赋能,并有望重构伙伴关系,促进跨境物流行业的转型升级。

如今,随着国货品牌加速出海,国内跨境物流企业也迎来了较好的发展前景,国内物流企业应抓住发展机遇,积极开拓新赛道,将互联网、大数据与跨境物流服务相结合,用智慧物流赋能合作伙伴,助力我国从贸易大国迈向贸易强国。

三、智慧物流的变革之路分析

跨境电商平台自2015年起飞速发展,至今跨境电商的数字化技术也趋于成熟,跨境电商产业逐步成为我国进出口贸易的支柱产业。但与此同时,我国跨境电商物流仍与欧美物流巨头存在明显的差距。面对新时代、新机遇,我国跨境电商物流企业应主动抓住机遇,在政策的帮扶下,积极改变现状,紧跟时代潮流,进一步实现物流模式的重构与优化。当前,菜鸟物流等电商自营物流公司开启了智慧物流的新时代。

(一)菜鸟智慧物流变革之路

从国内走向国际,从匹配制造业出海到品牌出海的物流需求,并不是容易的事,作为跨境物流的深度参与者——菜鸟,也有着自己深刻的思考。

如何帮助客户实现海内外市场覆盖,打造全链路门到门服务?菜鸟国际快递是一张数据驱动网络,以菜鸟为核心,聚合各合作方能力,将货物运达全球200多个国家和地区,并由菜鸟强控,提供快递、无忧标准、无忧经济、超级经济等各层次端到端物流服务(图1)。

为更好地服务消费者和商家,菜鸟国际快递建立了以协同共赢、数据技术赋能为核心的平台,将更多的合作伙伴纳入其中。截至2022年,菜鸟国际快递的跨境物流合作伙伴已经有89家,包括燕文、递四方、新加坡邮政、英国邮政、中通、圆通、EMS、IC、斑马等,其物流覆盖224个国家和地区,跨境仓库数量达到231个,搭建起一张真正具有全球配送能力的跨境物流骨干网。

菜鸟智慧物流模式建设主要包括以下举措:

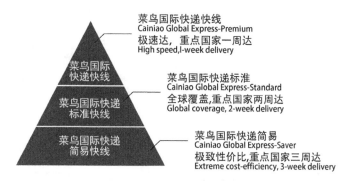

图 1 菜鸟国际快递不同模块

(资料来源:菜鸟官网,2023 年 3 月 2 日)

1. 变身全球"基建狂魔"

菜鸟在全球网络的基建上做了大量的投入,将自身的服务范围拓展到海外。目前来看,不管是干线资源还是海外枢纽海外仓和末端配送,这些海外地面基建都已处于行业内领先地位。

菜鸟整体物流资产规模已经超过 800 亿元,其中包括大量的物流园、航空枢纽、产业园等各种物流设施。公开数据显示,截至 2023 年 2 月 3 日,菜鸟已在全球布局 6 大智慧物流枢纽,服务于进出口外贸的跨境仓库的数量已突破 100 个,面积超 300 万平方米,每月有 240 多架包机用于干线运输,并和全球超过 100 个港口合作建立智能清关系统,搭建了一张高质量的全球物流网络。

特别是海外枢纽和海外仓的布局,这些大大小小的核心节点的搭建,通过自动化升级、调拨优化等措施,能够尽量地减少跨境的难点以及节点。比如,菜鸟在香港以及列日、吉隆坡等地建立了 eHub(电子集散中心),当商品进入这些节点后,不管是解决关务问题,还是解决运输、盘货问题,甚至逆向物流问题,都能极大地促进整个国际供应链网络效能的提高。

2. 打开中国工厂到海外消费者的"大门"

以往,中国出口的商品更多是卖给海外的经销商、大卖场以及大零售商,以泛供应链铺货的模式为主。众所周知,任何品牌与消费者之间的环节越多,消费者的满足感和体验感就会越差,甚至出现中间商赚差价、打着品牌的幌子"招摇撞骗"等问题。因此,在交易过程中需要尽可能减少中间商,尽可能直达消费者,这是当下出海企业的新需求。那么,对于物流服务商而言,面对新的需求,挑战也来了,他们必须重新搭建品牌商和消费者之间的跨境物流体系。

目前,菜鸟的出海,就是在向"连接"品牌商和消费者的方向努力,特别是配合跨境电商平台,包括速卖通、来赞达、阿里巴巴国际站等的业务走向全球。菜鸟作为阿里巴巴整体物流的基础设施,始终坚持搭建从国内工厂到海外末端配送的全链路门到门服务体系,把物流网络延伸至全球(图 2)。

在菜鸟的网络覆盖下,不仅买卖双方履约的确定性增加,门到门的履约效率提高,消费

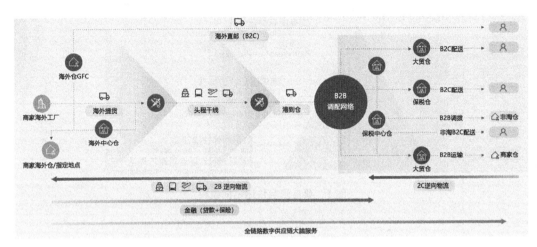

图 2　2023 年菜鸟国际供应链出口全链路

（资料来源：菜鸟官网，2023 年 3 月 2 日）

者也获得了更好的购物体验。比如，菜鸟借助海外仓、分拨中心、卡班线路、出口优选仓等的能力，在韩国部分地区已经实现 3 个工作日内送达。

3. 发力海外本地化

物流技术出海需要解决的难题包括但不限于物流场景多样化、需求差异化、地缘政治不稳定等因素。尽管难点诸多，但菜鸟的海外本地化物流业务依然在稳步推进。例如，菜鸟已在法国、西班牙等国发展本地快递业务。

在推进海外物流业务本地化方面，菜鸟的首要优势在于其产品具备较强的灵活配置能力。依托于一系列数智化能力，面对不同国家和地区的差异化需求，菜鸟物流产品的配置能力可以支撑特定的诉求，且不一定需要重新研发、升级。

相较于国内，一些国家和地区对技术出海的容错率极低，这对物流企业提出了更高的技术要求。因此，技术团队的重要性不言而喻。菜鸟整体员工中技术人员占比在 40% 以上，目前在海外多个国家和地区部署了产品技术团队，重点支持本地化物流业务的研发。

4. 用数字化打造高效的跨境物流网络

菜鸟与得尔达的合作就是一个很好的案例。在菜鸟国际物流科技的加持下，得尔达出口海外的每个物流环节都能实现可追踪。开发完成后的智能系统，全程物流效率可以提升 30% 以上。出口企业还能通过该系统实时掌握货物状态、库存和市场等情况，也可进一步精减中间环节。如只需输入发货地和海外收货地等信息，企业就能获取跨境运输和存储的最优配置，有效降低物流成本。此外，菜鸟也在大力构建可跟踪、可调节、可视化的逆向链长。

实际上，不仅仅是可视化，在跨境物流领域，库存管理、协同、决策、投诉等问题都可以通过数字化来解决。如菜鸟海外仓智慧供应链系统——"货运参谋"，该系统由菜鸟自主研发，集海外仓的价格测算、备货指导、库存管理、优品建议等功能于一身。简单来说，菜鸟"货运参谋"如同跨境商家的线上"智囊团"，可以随时对海外仓进行全方面指导。与此同时，菜鸟在精细化管理方面也不遗余力地加大了投入。

5. 菜鸟全球物流提速

"国货出海"持续提速。在民营企业中,菜鸟物流是少数具有全球物流服务能力的公司之一。2021年,"5美元10日达"等产品的推出、优选仓的建设、"双十一"期间吉隆坡和列日eHub相继投入使用、多个海外分拨中心的启用,以及引来网红打卡的近5000组海外自提柜的部署,都为国货出海和跨境中小型电商商家发展带来有力支持。2022年世界杯期间,菜鸟出口物流方案使得义乌商家足不出户卖全球,使"义乌制造"出海全面提速。

"希望通过遍及全球的物流服务,让义乌制造出海能够再快一点。"菜鸟国际供应链运输团队高级物流专家胡斐日曾向《中国物流与采购》杂志记者这样表示。2022年9月,菜鸟在义乌宣布开通"世界杯"海运专线。足球、串旗等"球迷产品"经由宁波港和上海港出发,时效可以提高10%~20%,20~25天就能直达卡塔尔哈马德港。除此之外,菜鸟还为义乌商家开通舱位预订"绿色通道",提前10天预订可保舱保柜,世界杯相关货物也可以享受专属特别优惠。

一批批"中国制造"高效跨境送达的背后,离不开物流公司的海外布局。"长期以来,菜鸟致力于在全球范围内促进普惠式发展,助力发展中国家实现物流升级,共享互联网发展成果。"菜鸟CEO万霖在2022年世界互联网大会案例发布现场表示,自2018年启动"国际物流大通道"建设以来,菜鸟已建成覆盖全球200多个国家和地区的智慧物流网络,日均处理超450万件跨境包裹,跻身全球四大跨境物流网络之一。

"一方面,我们建设物流设施促进货通全球;另一方面,我们也通过数字技术提升全球物流效率。"万霖介绍。比如,菜鸟在航空货站、分拨中心广泛应用无人叉车、数字通关等技术,让重点国家端到端物流从60天缩短到10天。

当下,中国产业带正处于高质量发展阶段,国内有大量优质产品在海外市场得到认可,未来中国很多产业带、工厂、工贸一体的企业都会进入出海领域,而出海领域的物流市场还有很多需求没有被满足,也有很多待优化的地方,市场潜力和发展空间足够大,未来也会促使行业中出现中国自己的国际物流巨头。目前来看,立足于中国市场全球织网的菜鸟,已经"飞"在前面。

(二)新锐企业汝域跨境智慧变革之路

跨境物流是典型的TOB(面向企业客户)行业,专业化程度高,端到端的链条相当长,从国内上门揽收到集货、转运、海运装柜,再到出口报关、目的国进口清关,最后到消费者手中,每个物流节点之间由或大或小的运输车辆去转运,各个环节转运的信息传递都是依靠物流操作人员通过电话、邮件甚至传真和纸质文件达成的,效率低下,人工成本高。据测算,产值1亿元的跨境物流公司人数通常百人左右,产值10亿元的跨境物流公司人数甚至上千,在人工成本快速上升的现实背景下,企业稍有不慎就会亏损。

物流公司的数字化转型已经不是"选择题"而是"必修课"。如何跨越数字鸿沟,搭建数字桥梁?——物流系统是关键。物流公司可以通过物流系统打通内部流程和物流节点,规范操作提高效率;通过系统连接外部上下游的航运公司、海关、报关行、车行,用数据交换替代人工沟通;通过系统连接仓储设施等硬件,实现物流仓储的自动化,甚至不远的将来物流系统能连接上无人驾驶的卡车,形成一张基于数字技术的端到端智慧物流网。

汝域跨境(全球FBA数字物流平台)就打造了线下智慧物流网,被称为"地网",在这张地网的基础上汝域跨境进一步运用互联网技术搭建了针对电商卖家的线上物流平台,被称为"天网"。"天网+地网"就是线上线下结合的数字物流平台。

汝域跨境为亚马逊卖家提供端到端、线上线下结合的一站式数字化运收服务。业务涵盖线上查价、线上下单、线上轨迹查询、FBA空派、FBA海派、FBA卡派、上门揽收等。汝域跨境秉承"五星时效,一键到门"的服务宗旨,为国货出海保驾护航,运送到门。

汝域跨境是全行业首家推出自营数字物流的平台,基于近20年线下端到端的物流运营经验以及国内集货仓、清关、海外仓、配送的全链条数字化管理能力,结合线上的互联网技术,运用区块链、大数据、云计算、仓储自动化、互联网、物联网等各项前沿技术打造的数字物流平台,为客户提供线上的智能查价、线上下单、一键查轨迹等可视化与智能化的极致简洁用户体验和线下端到端智慧物流服务。

1. 汝域跨境智慧物流的优势

汝域跨境整合行业物流资源,以"五星时效,一键到门"为服务宗旨。亚马逊卖家一直受到的困扰是:由于物流商不能按时交货到亚马逊仓,卖家白白蒙受损失。选择靠谱的物流商是亚马逊卖家的当务之急。汝域跨境抓住行业痛点,整合行业物流资源,根据实际情况调配最快的干线运输、高效清关派送确保货物按承诺时效被签收,例如美国海卡,最快9个工作日到达,同时对每一票运输都免费赠送超时险,超出承诺时效一次赔付最高金额。汝域跨境的主要优势如下:

第一,降低物流沟通成本,助力卖家快速开辟海外市场。传统物流公司只能提供几个国家范围内的物流产品,且无法提供完整物流服务,导致卖家分别与不同线路的服务商对接,沟通成本增加导致用人成本增加,同时也很难在大量物流公司中挑选出满足业务需求的供应商。汝域跨境将提供18个FBA国家空派、海派、铁派、卡派完整物流产品,2021年9月1日上线了欧洲国家线路,12月1日上线了其他部分国家线路,同时提供"上门揽收、干线运输、清关、配送"一站式物流服务,全程线上化让卖家足不出户一键查询全球线路,一键下单寄往全球。

第二,提升服务新体验,提供"7×12小时"在线服务,免费上门揽收。传统货物代理公司在线时间不固定,客户在下单之后出现问题找不到人的情况。汝域跨境秉承着"客户至上"的服务理念,为卖家提供"7×12小时"在线服务,同时提供免费上门揽收服务,大大降低了运输成本,提升了客户的体验感受。

第三,全方位推行价格和轨迹双透明,"点击仓库,智能查价"再创新。物流价格不透明、收费明细不清晰带给亚马逊卖家不好的用户体验。中小卖家在选择物流时,常常因为货量小、价格不透明而需要承担高昂的物流费用。更令卖家痛苦的是,下单之后不能真实、全面、一目了然地知晓各物流环节信息。汝域跨境大大优化了卖家的物流体验,价格收费全程透明，对中小卖家也给予协议价，一键可查亚马逊分区到仓库的准确价格，与运力服务商成功实现 API 对接，可提供全程物流节点实时线上查询，实现价格、轨迹双透明。

2. 汍域跨境数字化升级之路

由于物流成本占跨境商品卖价的 20%~30%，物流安全与时效对卖家的供应链和资金效率而言至关重要，卖家能够选出靠谱物流商是其杀出重围、脱颖而出的重要先决条件。但好的物流商的资源却已被现有大卖家占用，物流商无余力也无动力为新进入卖家提供优质物流服务。在此重要关头，汍域跨境全球 FBA 数字物流平台横空出世，为亚马逊卖家提供端到端、O2O（线上线下结合）一站式数字化物流服务，价格透明，线上查价，线上下单一单到底，全程轨迹可视化。汍域跨境为中小卖家提供线上化可视化的一站式运收服务，赋能新进卖家，帮助新卖家与资深大卖家站在同一起跑线上，为国货出海保驾护航。

截至 2022 年，汍域跨境拥有近 50 人的 IT 团队，成员来自互联网电商及跨境物流行业，他们将互联网与物流领域的技术经验相互融合，自主研发了基于 Spring Cloud 微服务架构技术的互联网数字物流平台，该平台集合了商城、支付、结算、查轨迹等项目在 PC 端及移动端操作的功能，为客户提供全方位互联网线上化服务，此为"前台"。汍域跨境联合第三方头部物流软件公司唯智，研发了集 OMS（订单管理系统）、WMS（仓储管理系统）、TMS（运输管理系统）、FMS（货代管理系统）、BMS（计费管理系统）于一体的智能物流管理系统，用于全球各地线下物流业务营运的精细化管理，此为"后台"。又自主研发了汍域跨境运营管理"中台"，涵盖预警中心、营销中心、BI（商业智能）数据中心、库存中心、会员中心等多个模块，作为汍域跨境整个平台体系的"中枢大脑"，使"前台"业务和"后台"支持更加灵动、敏捷。

汍域跨境打造的"三台样板"（"前台"+"中台"+"后台"），极大地提高了运营效率，减少了用人数量。据行业的不完全统计，线下 10 亿元产值的跨境物流公司，需要 100~200 名销售人员、100~200 名客服人员、50~100 名操作员、50 名财务人员，而对于汍域跨境，10 亿元产值只需要 5~8 名客户维护、20 名线上客服、10 名航线操作员、10 名财务人员。

数字化进程必会将跨境物流引入全新赛道，汍域跨境作为跨境物流领域数字化产业升级的引领者，运用互联网、区块链、大数据、云计算、仓储自动化、物联网等前沿技术打造了线上线下为一体的物流平台，连通产业上下游，围绕平台造就了跨境物流生态体系。汍域跨境秉承"五星时效，一键到门"的服务宗旨，为国货出海保驾护航。

四、智慧物流发展面临的挑战

（一）物流成本较高

我国物流业现处于规模快速扩张的阶段，运营成本不断攀升，物流成本偏高。物流的主要环节仍延续了传统的人工模式，物流产业结构尚不完备，物流资源管理成本较高。自主配送设备还未实现大规模应用，其主要原因在于智能配送设备需要定期维护、修理，生产成本与盈利之间难以维持平衡。

(二) 物流效率较低

物流系统运转效率主要反映在货物在途时间、储存时间、基础设施劳动生产率等三个方面。自动化阶段我国提升物流效率的方式是加大车队、人力、仓储方面的投资力度。由于边际效应的存在,效率提升效果并不理想,目前我国物流网络化、集约化、资源共享的程度仍然较低。

(三) 数字化水平参差不齐

智能化物流设备的运用可以为我们的企业带来高效的运营结果,也可以为我们的用户带来高质量的服务体验。但是从目前来看,也就意味着企业要花更多的成本,目前大多数物流企业在物流装备这一块,还停留在"小米加步枪"的时代,智能化设备还没有得到大范围的普及应用。我国物流相关企业数量众多,物流企业的相关软硬件等基础设施水平参差不齐,导致信息共享的效率不高,难以发挥大数据、人工智能等尖端技术的优势,无法建立数字化、智能化的物流体系。同时物流AR/VR、区块链等新技术的融合创新应用程度不高,企业对尖端科技应用的接受度亟待提升。

(四) 末端智能服务水平亟待提高

物流企业相关软硬件等基础设施水平参差不齐,导致信息共享的效率不高,因此配套的软硬件设施需要共同改进。目前,末端智能服务尚未形成常态化,协同能力较差,"最后一公里"还十分依赖人工,收发货环节的智能服务水平也比较低。

◇ 案例小结:中国视角

跨境电商物流在电商发展的支持下也随着电商新需求不断变更迭代,跨境电商物流的商业模式不仅仅是运输下游的简单一环,更需要实现供应商到消费者的全程物流重构与优化。在跨境电商物流通四海的过程中,不少跨境电商物流企业也加入数字化进程。在国家大力发展"数字经济"的大背景下,以大数据、云计算、物联网技术和人工智能技术为代表的新一代信息技术在物流行业中的应用场景层出不穷,越来越多的物流企业加快了自身数字化转型的步伐,精通物流运营工艺、自动化装备技术、数据挖掘技术、信息通信技术的复合型人才日益受到市场的青睐。跨境电商物流升级、智慧物流变革需要一大批技能水平精湛、工作态度精益求精且具有强烈职业责任感和使命担当的工匠型人才。

虽然智慧物流模式已取得了一定的进展,但其在发展过程中仍存在诸如成本高、水平参差不齐等问题。物流连着生产和消费,是现代经济社会发展不可缺少的中间链条,是国民经济发展的基础性产业。生产物流的智慧化升级可以推动生产性服务业更加专业化并迈向价值链高端,消费物流的智慧化升级可以推进生活型服务业向精细化和高品质转变。国家非常重视物流业的发展,针对有效降低物流成本、提高物流作业效率,出台了一系列引导和促进行业升级的措施与政策。

◈ 思考题

1. 目前国家政策的调整及跨境物流企业的发展现状反映出了跨境电商物流及跨境电商发展的哪些趋势?

2. 菜鸟国际快递进行了哪些方面的数字化改革?与改革之前的模式相比存在哪些不同之处?

3. 以汶域跨境为例,分析跨境物流企业在智慧物流改革中存在哪些问题,应采取什么对策。

◈ 参考文献

[1] 周庭芳,周娜,赵国庆.跨境电子商务实务[M].重庆:重庆大学出版社,2022.
[2] 周志丹,徐方.跨境电商概论[M].2版.北京:机械工业出版社,2022.6.
[3] 余飞.菜鸟已经成为全球第四大跨境物流商[J].中国储运,2023(1):21-22.
[4] 吴茜.跨境物流为"义乌制造"出海提速[J].中国物流与采购,2022(22):15-16.
[5] 谢兰星.跨境电商视角下的智慧物流变革及走向:以京东和菜鸟物流为例[J].武汉商学院学报,2022,36(5):58-63.
[6] 李益帆,陈娟.数字经济背景下跨境电商物流的现状及发展策略[J].全国流通经济,2022(27):14-16.

案例 21　数字化技术赋能跨境电商

一、引言

2022年8月9日,第六届全球跨境电子商务大会在河南郑州开幕(图1)。3.8万平方米的展厅内,来自200多家跨境电商的进出口商品,吸引不少参观者驻足、购买。近年来,随着跨境电商贸易机制的逐步完善、国际物流网络的持续疏通,跨境电商渠道加快拓宽,越来越多的市场主体正通过这一渠道实现"买全球、卖全球"。在全球疫情反复的大背景下,跨境电商也经历了物流运费暴涨、原材料价格持续走高等事件。

图1　第六届全球跨境电商大会
(资料来源:河南省人民政府门户网站,2023年10月)

降低国际贸易专业化门槛,激发大众热情。时代发展,打造机遇风口。跨境电商是时代风口,一大批"不会做、做不起、不能做"的小微主体成为新型贸易的经营者,保留传统经营模式,迎接新模式洗礼,通过速卖通、阿里巴巴国际站、亚马逊等互联网销售渠道,扶摇直上。商务部数据显示我国跨境电商综试区线上综合服务平台备案企业超过3万家。

第六届全球跨境电子商务大会展示了跨境电商新业态、新模式、新渠道,涵盖跨境＋直播、跨境＋医药、跨境＋数字化、跨境＋智能化……参展企业涉及物流技术与装备、新能源技术与车辆、综合物流服务、多式联运等，涵盖国际物流、跨境物流、物流管理技术、物流机器人等物流行业的新理念、新产品、新技术、新模式，一站式展示仓、运、配物流全产业链，充分展现了国际物流的标准化、规范化、智能化、数字化。

二、数字化赋能跨境电商业务

数字化技术依托于大数据库应用于跨境电商企业运营的诸多方面，基于用户浏览记录、收藏信息和购买情况生成精准的用户画像并反馈至后台，从而帮助平台开展智慧选品与生产、精准站内外营销、快捷物流搭建、供应链升级以及服务优化等方面的工作，赋能跨境电商向高层次高水平方向发展。

(一) 数字化技术赋能智慧选品

1. 传统选品面临的挑战

跨境电商商家运营的地区不同于国内电商，国内电商仅需考虑国内某区域的消费者需求，面对不同地区间存在较大差异的消费者需求，企业产品定位和销售策略难以界定，对跨境电商企业开展目标市场经营形成了较大的挑战，而选品作为跨境电商的盈利核心，其重要性不言而喻。

跨境电商平台入驻门槛较低，良莠不齐的产品在跨境电商平台共存，无法清晰定位消费者需求导致了商家无法"摆脱"铺货模式，产品同质化趋势愈发明显，消费者购物体验差。消费者对产品的诉求千变万化，不同年龄阶段、不同受教育背景、不同使用场景等导致消费者的需求不尽相同，一个商家不可能生产出满足所有消费者需求的商品，大数据能够帮助商家找到选品的核心要素。

2. 数字化技术选品策略

跨境电商 D2C 模式距离消费者更近，对消费者身份的解析和勾勒精准度更高。商家在运营过程中往往会沉淀海量的全流程运营数据，例如消费浏览数据、订单交易量、商品搜索记录、产品评价等，企业利用平台后台和第三方大数据分析工具对原始数据进行清洗、挖掘、储存，形成有效的企业数据库，并将其作为企业选品的科学依据，为预测爆款提供数据支撑，还可将分析的数据信息反馈给产品研发部门，助力智慧选品。

例如，通过大数据分析出一款电动牙刷的核心购买要素，商家可以通过行业、产品搜索的组合词，以及自有产品或竞品的商品评价等探寻电动牙刷的核心购买要素——可能是外观、使用舒适度、续航时间等等，进而预测爆款电动牙刷的"长相"和功能，变被动追寻消费者潜在需求为主动引导消费者需求。

数字化选品颠覆传统的凭"灵感"选品路径，如安克创新在创立之初，就把在销售过程中得到的大量用户反馈收集起来，列在一个表格里，然后对所有的用户反馈分门别类打标签，最后集中解决。安克创新几乎每年都会沉淀上百万个客户的电话和电邮。到今天，用户反馈收集已经不再是一张张表格，而是一套强大的系统，它会抓取、翻译、自动打标，为企业发展提供很多数据(图 2)。

跨境电子商务案例

图 2　安克创新官网截图(部分)

(资料来源:安克创新官网,2023 年 10 月)

安克创新高级副总裁、全球销售与营销负责人张山峰在回忆早年创业历程时说:"我们内部有个词叫 VOC,voice of customer,基于用户声音的产品开发生命周期管理。"这是帮助安克创新从成千上万家跨境电商群体中脱颖而出的"关键动作"。

关于 VOC 系统,张山峰说:"它能海量地关注亚马逊上客户评论的信息,那些产品信息不光是我们的,还有竞争对手的。亚马逊的生态系统有自己的逻辑,更好的产品就会有更好的评价和更高的星级,因此品牌卖家才会有不断优化产品的动力。我们的很多产品,用户给了上万条评价,甚至十几万条评价,有的评价还是几千字,你能想象这是一个多么巨大的价值。而且有时候这些评价是 real time,是实时的,也就是说,用户今天买了,明天你就能收到评价。这在传统的贸易时代是不可想象的。"安克创新公司通过 VOC 系统,使用大数据工具对海量客户评价进行洞察分析,赋能智慧选品。

(二) 数字化技术赋能精准营销

数据的价值在营销中所起的作用愈发明显,当前的时代是信息爆炸的时代,花费巨额广告投入,收获的效果不一定尽如人意。安克创新中国区品牌总监谭静提道:"现在依然是信息爆炸的时代,信息碎片化的程度已经远超我们的预想,数字营销在不断进步,广告对消费者的影响周期缩短了,因此我们也在适应这种变化,越来越多的品牌也都在讲'全链路的数字化营销',建立在以消费者为核心的数字化营销方式上,从原先的产品为王、流量为王到用户为王,这背后其实就是消费行业数据价值的最大化历程。"

"酒香也怕巷子深",全球各区域消费者产品选择多,接触各类商品信息的渠道广,往往打开搜索框搜索后,会出现海量相关产品的购买链接,这些产品外观、功能、使用方法基本一致。近年来,随着各类社交平台营销的兴起,数字化营销逐渐成为跨境电商发展的重要助力,如何更好地利用数字化技术进行精准营销,成为"必答题"。与此同时,商家面临着商品不知道卖给什么样的消费者,以及如何选择合适的营销推广工具的问题。对于大部分跨境电商企业来说,营销数字化已是企业寻找营收增长的必经之路。

无论是依靠第三方平台开店还是通过自建站开店的跨境电商商家,都需要进行推广引流,常见的引流方式包括搜索引擎营销、产品测评、EDM 营销推广、社交媒体营销推广、KOL(网红)推广等。不管通过哪种方式开展营销引流工作,运用大数据工具分析消费者数据,提炼出消费者画像,提高营销精准度,降低营销成本,都是跨境电商商家优选之举。

许多中国出海品牌在精准营销方面有凭借数据做决策的习惯,SHEIN 就是代表性企业之一。SHEIN 通过谷歌趋势了解行业动态,凭借消费者在 SHEIN 官方平台上的搜索频率、购物习惯,以及社交媒体上的浏览记录、社交点赞数据,分析消费者的购物需求,消费者刚刚在脸书、抖音海外版浏览和点赞的商品,不久就能够在其他软件看到该商品的广告推送,通过精准广告投放不断触达消费者终端,刺激购物需求(图 3)。

图 3　SHEIN 官网首页截图(部分)

(资料来源:SHEIN 官网,2023 年 10 月)

早在 2012 年,SHEIN 就开始合作各种类型的 KOL,主要是时尚、风格、美容、化妆等类型,从粉丝量不足 1 万的 KOC(关键意见消费者),到拥有几百万上千万粉丝的高量级红人,形成了小网红做流量和外链、中部网红带货、头部大网红做品牌传播的有机流量生态环境。这种方式确实有效,2016 年,时任 SHEIN 移动总经理的裴暘曾在一场论坛中提到,2011 年的时候,SHEIN 的流量 100% 来自网红。同时,SHEIN 在销售地通过明星代言增加知名度,打造热点事项,提升品牌影响力。

(三) 数字化技术赋能快捷物流

传统的跨境电商物流环节不同于国内电商,涉及到多国间的海关、运输等环节,物流链路和环节更多。因此商家和买家常常面临物流订单确认过程烦琐,沟通成本高的问题,且商家通常选用的是第三方物流服务,数据难以打通物流全渠道,更难以实现物流信息的实时更新,导致商家和消费者无法跟踪物流到货情况。而利用云计算、大数据技术与物流服务的业务流程深入融合后,形成全流程的信息化、无人化,保证运输服务的时效性、透明可视化,为跨境电商物流带来巨大的发展空间和挑战。

数字化硬件设备和数字化程序的介入降低了物流管控的难度。例如数字化硬件配置降低了包裹处理的差错率;入库贴标一体化方案(PAIS方案)彻底解决了跨境物流作业难题,减少了包裹经手环节,降低了仓库设计难度和用工成本。数字化技术协助物流决策,快速统计商品类别与其比例,预测商品物流需求的趋势,预先定制包装、转运和仓库选址及面积。数字化技术助力实现揽收环节监控链路;从下单、揽收、装车、发运、配送、签收等全流程监控跟踪,包括车辆轨迹、运输线路等,物流全程可视化监控。

例如阿里巴巴国际站,搭建全球"海陆空快"体系,包括:海运,涵盖海运整柜、拼箱、船东直采、货代 SaaS 等;陆运,全国 7 个大区,覆盖 28 个港口,近 26 000 条线路;空运,与全球优质空运服务商合作,覆盖 170 个国家和地区;快递,支持全球 200 多个国家和地区,50 多个仓库服务。阿里巴巴国际站推出不同产品的全球专线,打造集成跨境货运全链路(客户下单、货代接单、货代内部管理、货代运力采购,资金结算)于一体的数字化软件即服务(SaaS)操作系统,提供可智选、可服务、可视化的一站式跨境货运服务,提高全链路效率,让买卖双方都实现数字化货运履约。从而提升客户体验感,跨境物流逐步迈向成熟,实现物流全流程精细化运营。

(四) 数字化技术赋能客服提质

跨境电商企业在运营过程中经常需要同时运营多个跨境电商平台店铺,比如一家跨境电商中小企业基本上同时运营着 Amazon、eBay、AliExpress、Wish、Lazada 等第三方跨境电商平台店铺,还可能要加上独立站运营,客服人员需要同线处理多条业务的情况,难以全面提升服务质量,这阻碍了跨境电商中小企业运营质量和效率的提升。

随着科技的飞速发展,数字化技术已经渗透到各行各业,客服行业也不例外。首先,数字化技术通过自动化和智能化手段,减轻了客服人员的工作负担。聊天机器人和智能语音应答系统的应用,使得客户的常见问题能够得到快速响应和解决,减少了人工干预的需要。这不仅提高了响应速度,也保证了服务的准确性。

其次,数字化技术通过数据分析和预测功能,为客服人员提供了更精准的客户信息和需求预测。客服系统能够实时收集和分析客户数据,帮助客服人员深入了解客户喜好、需求和问题,从而提供更有针对性的服务。同时,基于历史数据的预测分析,能够提前发现潜在问题,为客服团队制定预防措施提供参考。

数字化技术为客服行业带来了革命性的变革。通过自动化、智能化、数据化等手段,数字化技术不仅提高了客服效率和质量,也为企业创造了更多的价值。未来,随着技术的不断进步和应用场景的拓展,数字化技术将继续为客服行业注入新的活力。

（五）数字化技术赋能跨境电商金融支付

随着数字技术的快速发展，金融支付领域也迎来了数字化转型，数字化技术为跨境电商金融支付领域带来了深刻的变革，提高了支付效率，降低了交易成本，并增强了交易的安全性。

首先，数字化技术提高了跨境电商金融支付效率。数字化技术通过自动化和智能化手段，提高了跨境电商金融支付的效率。例如，区块链技术的应用使得跨境支付实现去中心化、实时结算，大大缩短了支付周期。根据麦肯锡的报告，采用区块链技术的跨境支付可以将交易时间从几天缩短到几分钟，提高了支付效率。

其次，数字化技术降低了跨境电商金融交易成本。传统跨境支付往往需要经过多个中介机构，导致交易成本高昂。而数字化技术通过减少中间环节，降低了交易成本。以加密货币为例，由于其去中心化的特点，可以避免传统支付中的银行手续费和汇率损失。据统计，使用加密货币进行跨境支付可以降低约30%至40%的交易成本。

最后，数字化技术增强了跨境电商金融交易的安全性。数字化技术通过先进的加密技术和安全措施，增强了跨境电商金融支付的安全性。例如，数字签名技术可以确保交易信息的完整性和真实性，防止信息被篡改或伪造。此外，区块链技术还具有不可篡改和可追溯的特点，可以确保交易的透明度和安全性。

例如，阿里巴巴的区块链跨境支付解决方案。阿里巴巴作为全球领先的电商平台，在跨境电商金融支付领域也积极探索数字化技术的应用。阿里巴巴推出了基于区块链技术的跨境支付解决方案，该方案可以实现去中心化、实时结算，并降低交易成本。据悉，该方案已经成功应用于阿里巴巴国际站等多个跨境电商平台，为商家和消费者提供了更加便捷、高效的支付体验。

京东同样在数字化技术中有所突破。京东数字科技作为京东集团旗下的金融科技子公司，也在跨境电商金融支付领域进行了积极探索。京东数字科技利用大数据和人工智能技术，构建了一套智能风控模型，用于识别跨境交易中的欺诈风险。该模型通过分析用户的交易行为、历史记录等多维度信息，实现对欺诈风险的精准识别和防控。

2022年12月，跨境贸易数字化服务商PingPong宣布与浙江农村商业联合银行股份有限公司达成合作，共同为中小微跨境电商企业提供低成本、高效的跨境结算服务。具体而言，双方将通过API（应用程序接口）实现系统对接，为用户提供境外资金清算相关服务，包括全球本地化账户体系、主流跨境电商平台的接入、跨境资金收付清算、货币兑换、全球运维体系、数字化信息系统、创新型线上化融资产品等。这次合作，是PingPong把数字化技术输出、创新应用于银行跨境金融服务场景的又一次落地实践。

数字化技术为跨境电商金融支付领域带来了深刻的变革和机遇。通过提高支付效率、降低交易成本、增强交易安全性等，数字化技术为跨境电商的发展注入了新的动力。未来，随着技术的不断进步和应用场景的拓展，数字化技术将在跨境电商金融支付领域发挥更加重要的作用。同时，企业也需要积极拥抱数字化技术，加强技术研发和应用创新，以适应跨境电商发展的新趋势和新需求。

三、数字化技术赋能跨境电商行业的展望

我国大数据技术维持高速发展,并逐渐应用于各行业,产业规模增长趋势明显。2022年,我国大数据产业规模达1.57万亿元,同比增长18%,成为推动数字经济发展的重要力量,数字基础设施实现跨越式发展。2022年底,我国已建成全球最大的光纤网络,光纤总里程近6 000万千米,数据中心总机架近600万标准机架,全国5G基站超过230万个,均位居世界前列。

(一)数字化赋能跨境电商转型

数字化技术解决方案被一些传统跨境电商企业运用,并在出海实践中取得了好成绩,但中小跨境电商企业数字化转型起步晚,数字化转型意识不足,仍旧主要依靠人力解决供货、运营、物流等各环节业务,因而电商行业全员转变运营意识、数字化D2C运营能力建设、管理流程数字化和生产柔性化转型仍具有加速空间。

(二)新数字化技术赋能跨境电商运营

除了传统的数据化分析工具,AI技术伴随着软件的开发,被更多地运用在跨境电商领域。2023年,智能聊天机器人ChatGPT(Chat Generative Pre-trained Transformer)的"横空降世"掀起讨论热潮,一些跨境电商企业已经尝试将ChatGPT最新的技术融入各环节业务。2023年3月1日,ChatGPT开发商OpenAI宣布开放API,允许第三方开发者通过API将ChatGPT集成至他们的应用程序和服务中。已有多家电商相关企业开始接入ChatGPT的API接口,从而提升运营效率,跨境电商SaaS服务商Shopify率先集成ChatGPT。ChatGPT在跨境电商选品、广告投放、翻译、智能客服等方面实现了技术落地,将内部IT技术与ChatGPT融合以提高产品经理、设计师、客户等业务人员的工作效率,进而提升跨境电商运营水平。

(三)数据风险合规管理仍面临挑战

海内外国家对消费者数据的隐私性要求日渐严格,海外主流社交媒体平台如Google、Facebook等也纷纷针对广告投放、隐私追踪等平台政策进行了一系列更新,在加强对用户个人信息保护的同时,对广告主的限制明显进一步加大。目前隐私计算等数据流通关键技术应用还不够成熟,跨境电商行业的数据安全流通的技术方案仍需持续探索。数据合规大时代要求跨境电商企业数据治理从静态提升为动态。地方各级政府也加强了对数据运用的合规管理,例如:广东建设数据要素流通交易规则体系,并将在全国率先探索成立数据合规委员会;上海市出台《企业数据合规指引》,对企业的数据合规管理架构与风险识别处理规范作出了规定,督促企业对数据进行合规管理,有效惩治预防数据违法犯罪。

◇ **案例小结:中国视角**

2022年,《要素市场化配置综合改革试点总体方案》《中共中央 国务院关于加快建设

全国统一大市场的意见》《中共中央 国务院关于构建数据基础制度更好发挥数据要素作用的意见》等文件相继出台,文件中多次强调了释放数据要素价值对于我国发展的必要性、紧迫性,为我国大数据发展提供了良好的政策环境和明确的发展目标。

在数字化浪潮的推动下,中国跨境电商行业蓬勃发展,成为全球经济的新亮点。数字化技术不仅极大地提升了跨境电商的运营效率和交易便利性,更在深层次上改变了人们的消费习惯和生活方式。

数字化技术通过自动化、智能化等手段,大幅提升了跨境电商的运营效率。例如,大数据分析可以帮助企业精准定位市场需求,实现个性化推荐;云计算技术则能够支持海量的数据处理和存储需求,提高系统的稳定性和可扩展性。这些技术的应用不仅降低了企业的运营成本,也提升了消费者体验。

跨境电商打破了地域限制,实现了全球市场的无缝连接。通过电子支付、物流追踪等数字化技术,消费者可以随时随地购买全球商品,享受便捷的购物体验。同时,企业也能够快速进入国际市场,拓展销售渠道,提升品牌知名度。

在跨境电商领域,诚信经营是企业的生命线。数字化技术的应用使得交易信息更加透明、可追溯,有助于企业建立诚信体系,保护消费者权益。例如,区块链技术可以确保交易数据的真实性和完整性,防止欺诈行为的发生;人工智能风控系统则能够实时识别并拦截异常交易,保障交易安全。同时,跨境电商企业也应积极履行社会责任,加强自律管理,确保产品质量和售后服务质量。只有真正关心消费者利益、尊重消费者权益的企业才能在激烈的市场竞争中立于不败之地。

跨境电商的发展离不开全球合作与互利共赢。数字化技术打破了信息壁垒和地域限制,使得各国企业能够平等参与市场竞争、共享发展成果。在这一过程中,中国企业应秉持开放合作的精神,加强与国际合作伙伴的沟通与交流,共同推动跨境电商行业的健康发展。同时,中国企业还应注重文化交流与融合,尊重不同国家和地区的文化差异和消费习惯,以开放包容的心态推动跨境电商的多元化发展。

展望未来,数字化技术为跨境电商带来了无限的创新空间和发展机遇。中国企业应坚持创新驱动的发展战略,加强技术研发和应用创新,不断提升自身的核心竞争力。同时,还应注重可持续发展理念的落实和实践,通过绿色物流、环保包装等方式减小物流对环境的不良影响,实现经济效益与社会效益的双赢。

数字化技术为跨境电商带来了革命性的变革和发展机遇。在这一进程中,我们应关注企业的社会责任和道德责任,推动跨境电商行业健康、可持续地发展。同时,也应加强国际合作与交流,共同推动全球跨境电商行业的繁荣发展。

◇ **思考题**
1. 谈谈你对数字化技术赋能跨境电商的理解。
2. 你认为跨境电商各运营环节中,哪个环节最需要进行数字化技术赋能?
3. 对于数字化技术赋能跨境电商,你有什么建议?

◇ 参考文献

[1] 王晓红,夏友仁,梅冠群,等.基于全链路跨境电商的数字化新外贸研究:以阿里巴巴国际站为例[J].全球化,2021,110(3):35-54,135.
[2] 周庭芳,周娜,赵国庆.跨境电子商务实务[M].重庆:重庆大学出版社,2022.
[3] 周志丹,徐方.跨境电商概论[M].北京:机械工业出版社,2019.
[4] 朱秋城.跨境电商3.0时代[M].北京:中国海关出版社,2016.
[5] 冯晓鹏.跨境电商大监管 底层逻辑、合规运营与案例主板[M].北京:中国海关出版社,2022.
[6] 韩鑫.2022年我国大数据产业规模达1.57万亿元[N].人民日报,2023-02-22.

◇ 参考资料

[1] 湘湘带你看社会,殷建光:《跨境电商踏浪而来 数字赋能见证云端精彩》。
[2] 和讯网,刘文正、郑紫舟、解慧新等:《零售周观点:ChatGPT的API接口开放 有助于提高电商服务商的运营效率》。
[3] 中国信通院:《大数据白皮书(2022年)》。

第五篇

05

跨境电商沟通篇

案例 22　跨境电商直播助力东海水晶走向海外

一、引言

2022年3月,位于江苏连云港东海县一隅的兴西村突然登上了《新闻联播》,同时"♯村民一次直播向英国卖出上千万美元产品♯"的话题空降微博热搜,让更多国人认识了该地的水晶和跨境直播电商产业(图1)。

图 1　央视新闻介绍东海县

(资料来源:央视新闻,2022年3月27日)

江苏连云港东海县是闻名中外的世界水晶之都,东海县水晶总储量约30万吨,天然水晶销售量占全国水晶市场的90%以上,是中国最大的水晶集散地和水晶交易市场。2013年,"东海水晶"入选"江苏符号"。2016年,世界手工艺理事会授予东海县"世界水晶之都"称号①。

---

① 连云港市统计局.连云港市地方特色文化产业(水晶产业)统计调查制度方法研究[EB/OL].(2020-12-11)[2023-06-30]. http://www.lyg.gov.cn/zglygzfmhwz/sjjd/content/f12dff36-8e01-4b06-8fb8-53bcbb41371e.html.

跨境电子商务案例

党的十八大以来,东海县水晶产业的发展更是出现"量"和"质"的变化。2023年,东海县水晶产业交易额突破400亿元,其中电商网络零售额增长15.6%,快递发件量增长35%。据连云港市人民政府公开消息,江苏省人社厅公布2023年度省级劳务品牌,东海"水晶直播电商"成功入选,截至2024年1月,东海县现已建成1个国家级电子商务示范基地、2个省级电子商务示范基地,相继获批"2019年电子商务进农村综合示范县"(商务部颁发)、"2022年江苏省首批县域电商产业聚集区",现有12个淘宝镇和21个淘宝村。2023年,东海县开展电商直播技能培训7 000余人次,帮助群众更好地提升了从业技能,其中400多人取得电子商务师和水晶饰品营销合格证等资质证书。东海县现有电商经营主体达1.5万家,跨境电商有5 200多家,带动就业超过30万人。特别是"跨境电商+直播"模式的快速崛起,热度持续攀升,变成炙手可热的流量新风口,吸引了更多人加入创业热潮,其作为对外贸易的新业态,日渐成为东海县经济发展的一个新"增长极"。

本案例对东海县跨境直播的模式、东海县跨境直播成功的原因进行分析,并分析跨境直播沟通的技巧及跨境直播所面临的问题。无论是中国境内还是境外,直播都已成为当下炙手可热的流量新风口。在直播热风吹向跨境电商的当下,希望本案例的分析能为想要从事跨境直播的企业或个人商家提供参考。

二、东海水晶跨境直播生态圈

艾媒咨询分析师认为,随着TikTok等电商平台的迅速发展,各大平台也将发力跨境电商直播,中国跨境电商直播潮流势不可挡。

与国内注重C端消费者端的直播销售策略不同,跨境电商平台根据客户特性形成了ToB(面向企业客户)直播和ToC(面向个人消费者)直播两种模式。阿里巴巴国际站的"探厂直播"和"品牌直播"属于跨境B2B直播模式,而AliExpress、Lazada等平台主要采用跨境B2C直播模式。东海水晶是抓住B2C跨境直播风口的先锋行业。东海早在2016年就着手通过Facebook、Instagram等社交平台软件进行跨境直播销售水晶的贸易交易活动,而2022年才被称为"中国跨境直播电商元年"。出口类跨境电商B2C平台最早开启跨境直播功能服务的AliExpress于2017年才涉足跨境直播领域,所以东海水晶市场的商业销售模式的灵敏度、前卫性是可以肯定的。

2019年10月,东海水晶跨境电商中心正式对外营业,与阿里巴巴国际站、Amazon、AliExpress等平台签约,走出了一条具有地方特色的"大众创业,万众创新"之路。以东海水晶跨境电商产业带为基础,连云港市加强了与TikTok、Instagram、Facebook等国际社交媒体的合作,创新跨境电商产业带直播模式,着力打造江苏跨境直播第一市,独树一帜推动水晶产业带动跨境电商品牌出海。截至2023年6月,东海县已有跨境主播约5 000名,其中水晶跨境电商交易中心签约跨境主播1 455人。东海县的跨境电商直播能有这样迅速的发展与它的全渠道、全产业链布局是分不开的。

1. 东海县水晶产业现状

据专业部门测算,东海县三分之二的地域面积储有约30万吨水晶和3亿吨石英,水晶储量和质量均居全国之首，全国70%的天然水晶制品来自东海，东海素有"东海水晶甲天下"之美誉。东海水晶含硅量高达99.99%，居全球之首。现存于国家地质博物馆重达4.35吨的"中国水晶大王"，就出自东海。

东海水晶以无色透明晶体为主，也有紫晶、烟晶、乳白晶体及粉晶等，主要品种有无色水晶、茶晶、紫水晶、发晶、绿幽灵和粉晶。随着消费者消费水平的提高，水晶原石已经满足不了市场的需求。因此，改革开放以后，东海人民充分利用水晶及硅资源优势，积极发展水晶及硅系列产品加工业，水晶及硅系列产品加工业也逐步成为东海工业经济的支柱。特别是20世纪90年代初，国营企业、集体、家庭、个人包括外资企业纷纷兴办水晶饰品厂，掀起了生产、经营水晶产品的热潮。

经过30多年的发展，东海县已形成涵盖原石采购、水晶加工、创意研发、市场销售、文化展示、仓储物流等功能于一体的现代产业链。截至2023年，东海拥有各类水晶加工企业3 000多家，从事水晶贩运、加工、营销及配套服务的产业从业者达30余万人，形成年产3 000万件水晶首饰、500万件水晶工艺品的生产规模，年交易额突破400亿元。东海县已形成在国内具有相当影响和较高技术水平的石英玻璃管、硅微粉、石英玻璃原料、压电石英晶体、石英灯具五大系列产品群，成为全国最大的石英玻璃开发基地、优质石英玻璃原料加工基地、硅微粉生产基地、优质压电石英晶体开发基地、水晶石英制品交易中心。产品方面则形成了水晶雕刻艺术品、水晶观赏石、水晶工艺品、水晶珠宝首饰四类拳头产品，东海县已经成为世界水晶的集散地和加工地。如今，世界上只要有水晶开采的地方，就有东海人的足迹；只要有水晶交易的场所，就有东海水晶的身影。如今东海已形成一支2万人规模海外采购大军，长年奔波在马达加斯加、巴西、南非、俄罗斯等地区的水晶产地，进行团体性"淘晶"，或采购，或直接开矿，构成了东海与国际携手的"世界水晶经济圈"。

2. 东海水晶跨境直播平台

早在2016年，直播风在中国内地刚刚兴起时，东海就通过Facebook、Instagram等社交平台软件进行跨境直播销售水晶的贸易交易活动。随着TikTok在海外接连获得佳绩，TikTok短视频也成为东海水晶产品在海外获得成功的又一渠道。与欧美地区相比，东南亚地区的消费习惯和跨境直播购物更契合。2020年，东南亚社交电商市场规模已占电商市场总规模的44%，而2021年上半年，东南亚社交电商订单数量同比增长102%，GMV增长了91%，平均每个订单收入增长88%。TikTok、Facebook、Instagram、WhatsApp及Twitter等社交媒体也纷纷构建或逐步优化电商直播业务，社交媒体购物受欢迎程度已接近电商平台。

在西方国家，水晶被赋予转运、招财的寓意，同时很多人还相信"水晶疗法"，因此水晶在欧美国家一直很受欢迎，特别是疫情防控期间，水晶被更多人青睐。截至2021年1月，在TikTok上，"#crystalhealing"（水晶疗法）标签已经累积了6.222亿次浏览量。标签下，是外国用户分享的各种有关水晶的视频，视频内容包括展示各式各样的产品、展示打磨产品的过程，还有展示采用水晶进行治疗的过程等。观看量最高的一条视频介绍的是一个可以变换颜色的水晶瓶，目前已经累积了240万的浏览量。

跨境电子商务案例

Tichoo(全球视频电商一站式数据分析服务平台)的数据表明,2022年1月某周英国TikTok周榜单显示,销量前10的商品中,水晶制品就占了3款。2021年,水晶疗法帖子年观看量高达33.3亿次,英国最受欢迎的37种水晶的月平均搜索量为57.04万次。

除社交平台外,Amazon、AliExpress、Shopee、Lazada等电子商务平台也已经赶上了直播的浪潮。而对于东海从事水晶销售的商家或个人,阿里巴巴国际站、AliExpress等国内跨境平台的直播操作相对更加友好,也有部分资深跨境电商商家会在Amazon等国外跨境平台进行直播。

3. 东海水晶跨境直播模式

直播带货模式主要有6种:达人直播、商家自播、机构直播、产地实地直播、平台型专业内容直播、秒杀(抢购)直播。达人直播:通过平台寻找的明星达人或拥有庞大粉丝群体的主播进行直播。商家自播:商家雇佣员工或者自己进行直播。机构直播:以直播平台为中介,和国外电子商务机构进行合作,以品牌专场为核心进行直播或者以多元化品牌为主进行混播。产地实地直播:走进产品、商品、服务的原产地或提供机构进行现场实时直播,避免被中间商赚取差价,让消费者购买到物美价廉的产品。平台型专业内容直播:在特殊的节日,平台为TOP商家提供专业的直播服务,直播的主题与内容由平台官方提供,各个零售商、供应商只需要在直播进行的过程中提供商品、产品的样品或者服务案例以供消费者进行判断。秒杀(抢购)直播:限时低价促销或者饥饿营销,优惠有限,使消费者感受到时间上的紧迫感。

目前东海水晶带货跨境直播以商家自播、产地实地直播为主。商家一般会雇用几个英语口语较好的员工作为主播进行线上直播。主播在直播的过程中,可以坐播、走播。坐播指在工作室内,利用事先准备好产品样品进行直播。走播指在东海水晶城内,流动于各个商铺进行实况直播,或者在水晶加工场所直播水晶加工的过程。

不论是坐播还是走播,东海水晶的直播多以手播这种独特的形式出现。手播直播间不需要主播露脸,只用手来展示水晶,这样客户可以更近距离地看见水晶的形状和成色。主播在直播过程中不断把产品展示出来,通过画外音讲解好产品,同时加入"oh my god""wow""come on"等语言增强互动性,直播间氛围忙碌且生动。

据主播介绍,他们的商品直播主要针对北美、大洋洲、欧洲及东南亚一些国家和地区。一般来说,针对东南亚地区的直播是全天直播,因为东南亚地区和中国时差不大。而针对欧美地区的直播,则主要集中于凌晨或者早上,这是因为两地存在时差。

4. 政策支持

一直以来,东海县委、县政府坚持以搭台补位的方式推动当地水晶产业的发展,不断拓展产业发展空间。例如出台了《东海县水晶产业人才培养工作方案》《东海县电子商务发展规划(2017—2020)》《东海县水晶跨境电商"一件事一次办"实施方案》《东海县就业创业培训补贴操作办法》《东海县电子商务进农村综合示范项目奖补实施细则》等系列政策文件,打造了产学研一体化的公共创业服务平台,先后建立了包括东海水晶城、中国东海水晶博物馆、中国水晶文化创意产业园在内的"一城一馆一园",形成了涵盖原料采购、文化创意、设计加工、展示收藏、专业市场、电商平台、包装物流的水晶产业链(图2)。

图2　东海直播电商产业园

(资料来源:引用日期:2023年2月6日)

为助力更多年轻人通过聚焦"小屏"实现自主创业,除通过东海电商直播中心为直播人员提供直播场地、直播技术培训外,东海县还于2021年会同当地金融办联合多家金融机构,面向在主流电商平台实名认证的电商创业者,依据年销售额、芝麻信用分等授信额度信息,给予最高30万元的信用额度贷款。此外,还积极促使中宝协云平台·红巢直播入驻东海水晶城,与淘宝网合作共同打造东海水晶直播基地,建设水晶直播电商产业园,水晶电商双创基地、创客空间、淘宝直播基地、天猫"东海水晶"旗舰店等一批新兴业态、创意平台建成运营(图3)。

跨境直播的顺利进行离不开技术的支持,东海专门开通了直达国际通信出口的专用线路,提供境外网站、App接入服务。截至2022年,东海县已打造了2家省级跨境电商产业园、1家省级公共海外仓,建成了2家市级跨境电商孵化基地,为创业者提供集信息交互、孵化培训、研发设计、跨境物流、运营销售于一体的水晶行业跨境电商生态圈;引进了阿里巴巴国际站、Amazon、eBay、TikTok等第三方跨境电商平台,并给予跨境电商经营主体平台费用支持。

此外,东海县政府为克服跨境直播支付难的困境,鼓励业态创新发展,推出了"收款行家"外汇工具,截至2022年,已帮助600余家小微跨境电商经营主体代收汇800多万美元;开设VPN专线,为跨境直播提供合规通道;与常熟"市采通"平台合作,打造"市场采购+跨境电商"模式,推进外贸新业态融合发展。

为打造东海特色的水晶品牌,构建"一节一会一奖"文化品牌,1991—2023年,东海县政

图3 某主播在进行水晶跨境直播

（资料来源：东海县委宣传部，2023年2月6日）

府已连续成功举办了16届水晶节，发展成为具有东海风格、江苏特色的知名国际性水晶类专业会展，并成功举办了3届中国天然水晶"晶华奖"，使得东海水晶的美名在国内外广泛传播。

三、东海水晶跨境直播沟通

主播在直播带货的过程中发挥着"桥梁作用"，是连接商家与用户的纽带。由于直播带货在国际上持续升温，东海县的直播主体也呈现多元化的发展趋势，既有网红带货达人的展示推荐，又有回乡大学生的创业尝试、普通村民的学以致用、多国友人的热情参与等。每到夜幕降临，东海县的许多村庄就会出现热播的场景，主播们或在自己家里，或在直播间，或在水晶展览厅，用流利的英语、日语、法语等通过小小的屏幕向来自世界各地的水晶爱好者、商家介绍水晶饰品的颜色、材料及价格。

1. 跨境直播沟通对象

东海水晶的直播对象为来自北美洲、大洋洲、欧洲及东南亚地区的消费者或商家，由于来自不同地区的消费者文化背景的差异，同样的直播模式难以满足不同受众的需求，有的个体商家的直播对象有一定的针对性。对于东南亚地区的客户，主要集中于水晶首饰以及精加工的水晶制品直播。对于欧美客户，主要集中于天然水晶、原石水晶、未加工水晶或者半成品水晶的直播。对于来自美国、加拿大、澳大利亚等国家的客户，水晶被赋予转运、治愈、能量等寓意，带有东方神秘的色彩。针对初次了解水晶的客户，主播们会介绍各种水晶的功用和寓意。

TikTok、Facebook、Instagram上的个人用户，除了解水晶的寓意外，还想了解价格方面的信息,所以"free shipping"(包邮)等词语对他们而言比较具有吸引力。

同时,东海县的主播们对不同平台的消费者的特点也做了深入的研究。Facebook更适合常规直播;Instagram则更适合主播通过分享自己的生活、个人观点等增加观众对主播的了解,且Instagram用户群以年轻女性群体为多,Instagram直播可精准辐射到目标用户,因此水晶类的产品更适合在Instagram直播。而目前在海外下载量一骑绝尘的TikTok的用户以年轻群体为主,而且涨粉速度快,零粉丝也能进行流量冲级。因为TikTok的算法和国内的抖音类似,所以东海很多主播都会选择TikTok平台,而且很多直播的玩法也和国内类似。

2. 跨境直播沟通流程

东海水晶跨境直播的流程和国内直播类似,对于国内已经看惯直播的人来说没有太多新奇之处,但是对于很多海外用户来说,这种购物方式仍然是新鲜且不适应的。尽管流程类似,但跨境直播沟通的对象是海外用户,因此在沟通内容和沟通模式上主播们还需尽量适应当地的语言习惯和习俗。

(1) 欢迎进入直播间

主播们往往不会一直播就开始卖货,也需要和进入直播间的用户进行互动,如果是机械式的"hello, everyone""welcome to my livestream""hi, friends"并不能达到良好的沟通效果。

主播们一般会选择解读账号昵称,例如:

Lucy, welcome to my LIVE, I really like your name, your name reminds me…

或者聊聊天气、食物这类非隐私的话题,这是西方人对话时比较喜欢采用的开场白,例如:

It's a lovely day and I love sunshine a lot, how is the weather there?

I have visited one of my friends who just got a new tiger baby boy. I love babies, they are so cute…

Welcome! Can you tell me what is your favorite food?

(2) 宣传店铺

为了将观看直播的用户留在直播间,或者是增加订阅量,主播们会适时地穿插宣传自己直播的时间、直播的内容。

Welcome to my LIVE! We broadcast at 9:00 p.m. everyday on time, I'm so thankful that you come here everyday, I feel so happy.

I'm Lucy, let me show you some beautiful crystals and don't forget to follow me!

(3) 刺激下单

很多购买水晶的客户认为水晶上带有能量,因此有些主播会结合消费场景提出消费的需求点,给客户思考购买的理由,重点在于引起话题和共鸣。常见的带货方式还有饥饿营销,营造出时间的紧迫感。

直播间的产品虽然都是水晶,但品类众多,有粉水晶、蓝砂岩柱、翡翠尖塔、水晶虎眼球、花玛瑙尖等,商品琳琅满目,让人应接不暇。据一位主播描述,水晶直播的活动大概分三个阶段,起初是水晶平播,展示各种单品,后来演变成铲水晶[lucky scoop(幸运挖宝),铲水晶碎石和成品],再后来升级成水晶转筒,一边旋转,主播一边筛选。铲水晶和水晶转筒都颇有些盲盒意味,这也促使卖家进货种类越来越多,最多时水晶种类可达到三五百种,这也令直播卖家的资金压力急速上升。

(4) 直播间互动

在水晶直播间中,主播会展示盲盒中有些什么形状的水晶,也会不停地用热情的语气和肢体语言与直播间留言的用户进行互动,为直播营造良好的氛围(表1)。

表1 跨境直播间常用话术(水晶类)

中文	英文	中文	英文
秒杀	Flash sale	形状	shape
抽奖	Lucky draw	大小	size
包邮	Free-shipping	质量	quality
折扣	discount	纯净透明,闪亮的	pure and transparent, glistering
关注	follow		
点赞	like		
分享	share	白水晶,粉晶,猫眼石,紫晶,幻影水晶等	white crystal, rose quartz, cat's eye, amethyst, pha-ntom quartz, etc.
评论	comment		
购物车	Shopping cart		

四、东海水晶跨境直播面临的挑战

国内电商直播的造富神话也许会在海外上演,但是离真正的大爆发还有段距离。直播间观众数量少、卖货效率低、技术不到位以及物流交付难题是直播带货在海外"水土不服"的主要表现。

海外用户的宗教文化、社会习俗、价值观等都与我国不同,消费习惯自然存在巨大差异,这也使得国内的直播内容体系不适合跨境电商直播。要通过跨境直播拓展海外市场就必须深刻了解当地国情和民情,适应当地社会和经济发展的特点。首先需要明确的是不同平台直播所吸引的人群是不一样的。TikTok用户的年龄大多在17~22岁之间,所以推荐的产品单价和款式存在一定的限制;Instagram的用户则以年轻女性群体为多,因此适合受众以年轻女性为主的品牌或是经常分享日常生活的个人卖家;YouTube具有平台用户群庞大、用户黏性高、直播功能突出的优势,适合粉丝规模大且稳定的卖家。其次,国内直播带货的重点是快速地销售产品,主播实际上就是一个超级推销员。国外的品牌商也会邀请网红当主播,但重要的是推广宣传品牌,而不是以推销产品为先。作为主播的网红通常也不会将自己定位为产品推销员,而是为产品赋予更多的品牌价值,因此只有当他们觉得这个产品确实好时才会去推荐,而不仅仅是为了盈利和带货。

此前外媒曾爆出 TikTok Shop(TikTok 电商)在英国市场碰壁后,已暂停了在欧洲及美国市场的拓疆行动。而社交巨头 Facebook 自 2022 年 10 月 1 日起停止了其直播带货功能服务,用户仍能使用 Facebook Live 进行直播活动,但不能在其中创建产品列表或标记产品。相比 Amazon 等成熟的平台,东南亚跨境平台 Shopee 和 Lazada 在直播带货上显然更加游刃有余。一方面,这些平台主要面向新兴市场,引流难度更低,而在欧美主流市场,直至疫情后,线上零售才被更多人接受。另一方面,中国电商基因也使这几家平台在直播带货上逐渐向国内电商平台看齐,国内电商直播主打的"主播折扣价"等卖点得到了很好的复制。目前来看,复制国内的直播模式尚未取得预期的效果。

东海县的跨境直播主播的构成有当地的村民、回乡创业的大学生、慕名而来的外国主播,但是大多数主播仍然是经过简单培训后的当地村民,因此在当地跨境直播的视频中不难发现,很多主播的沟通模式仍然是简单复制国内直播,所使用的语言也更多是中文的简单翻译,语言表述并不地道。这些卖家与境外消费者进行简单交流不难,但是通常很难理解境外消费者的文化内核,也难以对境外消费者进行细微洞察,导致企业直播带货的时候无法达到国内直播时吸引消费者当场购买的效果。对于跨境电商卖家来说,直播的在线人数就意味着流量。为了达到更好的跨境直播带货效果,卖家通常需要与网红进行合作。Amazon 等平台能够提供网红签约服务,但是网红的费用与观众人数有关,如果想要获得较高流量就要支付较高的费用,东海县当地的中小企业很难长期支付这笔费用,这种网红带货模式不具备可持续性。因此,跨境直播主播不但要具备较好的外语沟通能力,也要懂得电商平台的业务操作和营销知识,还要了解直播对象国家的宗教文化、社会习俗、价值观等,这些都对主播跨文化理解能力和跨领域综合能力提出了挑战。尽管目前东海县也会对当地村民进行跨境电商直播内容方面的培训,但是由于跨境电商直播领域的专业 MCN(多频道网络)机构还比较稀缺,要形成完整且成熟的跨境直播人才培养链还需要一定的时间。

◇ 案例小结:中国视角

东海水晶跨境电商中心是在国家倡导"大众创业,万众创新"的背景下应运而生的。双创的要义在"众",人人都有创造力,双创就是要聚众智汇众力,进一步激发市场主体活力和社会创造力。

东海县跨境电商的成功很大程度上得益于当地政府、企业和村民同心协力,利用自身优势推动本地水晶产业的发展。例如,东海县政府通过"党组织+公司+合作社+村户"等利益联结方式,依托当地的水晶特色产业,确保在致富的路上一个都不少。2019 年,兴西村党总支书记赵中刚抢抓互联网直播风口,率先在村里建起了电商直播基地,组建创业团队,开启水晶直播带货之路。2020 年,赵中刚又领头筹建了"水晶电商产业园",并以兴西村和曲阳水晶街党支部为引领,先后领办了 6 个跨境电商产业园,带领村民向全球卖水晶。又如,江苏捷晶水晶产业发展有限公司(简称"捷晶公司")的负责人表示,疫情防控期间很多跨境物流受到影响,但阿里巴巴国际站的物流服务则一直保持畅通,给他们解决了大问题。随着电商直播的兴起,捷晶公司还通过此方式,向外国客户推荐东海优质的水晶。尝到跨境电商

跨境电子商务案例

直播甜头后,捷晶公司联合村民、电商主播创设了东海水晶跨境交易中心(简称"中心")。中心不仅为本地水晶电商直播从业者提供免费的直播场地,还为村民们提供免费的英语培训。

东海县的地理位置、资源条件为东海水晶走向国际奠定了良好的基础,而当地政府、企业在产品的研发、跨境支付、跨境物流、跨境直播人才的培养及引进等方面所提供的政策优惠和作出的贡献,为东海水晶的跨境直播搭好了舞台,助推东海水晶走向海外市场。

直播在国内电商市场已达饱和状态,而在海外却是方兴未艾。国外很多消费者,尤其是欧美的消费者对直播购物依然持观望态度,这恰好也意味着直播在海外市场还有很大的发展空间。而相比于普通的平台展示,跨境直播有着更多的优势。但是,在东海县跨境直播蓬勃发展的同时,也应看到"文化背景差异""跨境直播人才缺乏""跨境直播野蛮生长""水晶质量参差不齐"等制约因素。东海县政府及企业显然也意识到了这些问题的存在。近年来,东海跨境电商直播中心为当地的主播提供了直播话术、跨境直播运营方面的免费培训。另外,为在国际水晶市场上获得更持久的竞争力,东海县政府联合企业升级水晶产业链,打造高品质、多品种的水晶产品。

东海县的水晶跨境直播产业目前虽然取得了一些成绩,但水晶跨境直播市场走上规范、集约、专业、可持续发展的道路依然任重道远。希望本案例能为计划进入跨境直播的其他行业和地方特色产业提供借鉴。

◇ 思考题

1. 东海县水晶跨境直播取得成功的因素有哪些?
2. 在 Facebook 和 TikTok 平台,主播的直播方式有什么区别?
3. 跨境直播沟通的特点是什么?主播在进行跨境直播时应注意哪些问题?
4. 请在 TikTok 上观看一个其他品类的直播,并总结该主播直播间的语言特点。

◇ 参考文献

[1] 连云港市人民政府. 连云港市地方特色文化产业(水晶产业)统计调查制度方法研究[EB/OL].(2020 - 12 - 11)[2023 - 06 - 30]. http://www.lyg.gov.cn/zglygzfmhwz/sjjd/content/f12dff36-8e01-4b06-8fb8-53bcbb41371e.html.

[2] 艾媒咨询. 2022 年中国跨境直播电商产业趋势研究报告[EB/OL].(2022 - 2 - 15)[2023 - 06 - 30]. https://www.iimedia.cn/c400/83505.html.

[3] 王文岩. 江苏东海:"晶"艳世界[J]. 华人时刊,2021(5):53 - 55.

[4] 张守忠,胡利民. 世界水晶之都:东海[J]. 江苏地方志,2019(6):87 - 92.

[5] 宋洁. B2C 跨境直播模式商业生态系统形成机理研究:以中国东海水晶为例[D]. 连云港:江苏海洋大学,2022.

[6] 鲍磊,李子庆,滕刚业. 后疫情时代跨境直播带货的发展动因、问题及对策[J]. 时代经贸,2022(8):72 - 75.

案例 23　Shopee 平台售后纠纷处理

一、引言

2022年1月1日,《区域全面经济伙伴关系协定》(RCEP)正式生效,相关产品将会享受大幅关税减让等优惠待遇,一些跨境电商卖家的出海成本也因此降低。除此之外,市场的需求也带动了东南亚地区包括物流及仓储在内的电商基础设施建设,拉动了中国卖家销量的大幅增长。

浙江省电子商务促进会于2022年发布的《东南亚跨境电商发展研究报告》表明,在过去5年(2017—2021年),东南亚一直是全球电子商务增长最快的地区之一。2020年,东南亚日均电商订单数超过500万单,电商活跃用户增长至1.5亿人,电商规模达740亿美元;2021年,电商规模超1 200亿美元,同比增长62%。截至2021年底,东南亚(除新加坡)零售电商渗透率均低于5%,其中最大电商市场印尼的渗透率相对较高,达到4.26%,但对标中国(24.9%)和英国(19.3%)等成熟电商市场,东南亚电商市场潜力巨大,仍存在8~10倍的提升空间。据Bain(贝恩)咨询预测,2025年,东南亚地区电商市场规模将达到2 340亿美元。

在数字经济和疫情的双重影响下,Shopee(虾皮)异军突起,成为东南亚发展最快的电商平台之一,是国货出海东南亚的首选平台。但2022年1月以来,大股东腾讯的撤资、深圳被曝大规模裁员,加之商家普遍反映Shopee跨境店难做,让素有"东南亚小腾讯"之称的Shopee负面消息缠身。本案例将通过Shopee经营模式的简单介绍、平台关于退款退货的政策的分析,以及售后纠纷的沟通给读者带来一些关于Shopee未来之路的思考。

二、Shopee 的简介

1. Shopee 的发展历程

Shopee是东南亚互联网公司Sea(冬海集团)旗下的电子商务平台,2015年在印度尼西亚、越南、泰国、菲律宾、马来西亚和新加坡等地区陆续推出Shopee App,以C2C模式起家;后于2016年上线Shopee网页端并推出首个Shopee"9.9超级购物节",开启自建物流体系;2017年推出品牌商城Shopee Mall,拓展B2C模式;2018年与义乌签订战略合作协议;2019年推出直播功能,东南亚直播带货模式兴起;2020年上线Shopee Feed卖家引流平台,打造线上购物社区。

在东南亚开展电商,Shopee和中国的关系密不可分——不仅腾讯持股一度超过39%,稳居最大股东地位,而且Shopee在深圳成立中国跨境总部,深挖供应端的"中国优势",通过一站式跨境解决方案持续重塑出海生态:提供卖家孵化顾问服务、创新机器翻译突破语言难题、搭建自建SLS(Shopee Logistics Sercice,虾皮物流服务)和金流链路,打通中国与东南亚蓝海市场。

自成立以来,Shopee的各项业绩都突飞猛进。数据显示,2021年,Shopee总订单量达61亿单,同比增长116.5%;2022年第一季度,Shopee总订单量达19亿单,同比增长71.3%(表1)。2021年市场研究机构Apptopia的数据显示,2021年全球购物App下载量排名第一的为Shopee。2022年第二季度,Shopee荣登谷歌应用商店用户使用总时长第一及平均月活数第二,囊括东南亚及巴西市场购物App平均月活数、用户使用总时长第一(图1)。

表1　2018—2022年Shopee业绩

年份	总订单数/亿单	同比增长/%	GMV/亿美元	同比增长/%
2018	6	146	103	150
2019	12	100	176	71
2020	28	133	354	101
2021	61	118	625	77
2022	76	25	735	18

资料来源:笔者根据公开资料整理。

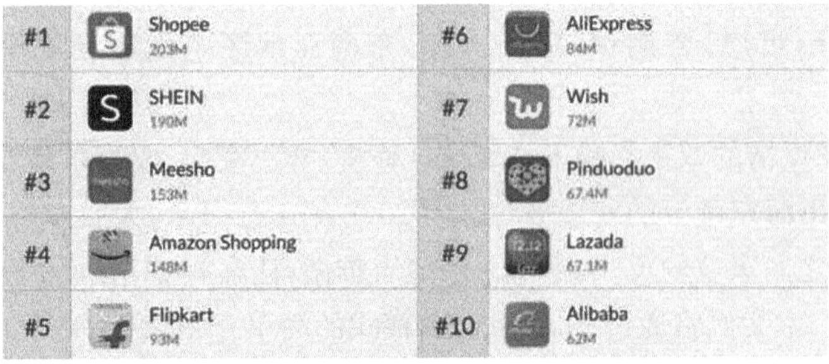

图1　2021年全球购物App下载量排行

(资料来源:Apptopia,2022年1月4日)

目前Shopee持续开拓新商机,已覆盖新加坡、马来西亚、菲律宾、泰国、越南、巴西、墨西哥、哥伦比亚、智利等十余个市场,在东南亚及拉美电商增长蓝海均有布局。

2. Shopee的运营模式

(1)一站式购物

面向跨境新卖家,Shopee提供一站式专业跨境解决方案,高效助力卖家出海。在流量层面,Shopee构建了站内外引流矩阵,为卖家多渠道引流。在站内,Shopee每个月都为消费者提供3～4个促销节点,并在每年下半年设立"9.9超级购物日""10.10超级品牌节""11.11超级大促"及"12.12生日大促"等旺季购物节点,打造爆单旺季。而在站外,卖家则可以借助 Shopee 官方代投的 Shopee X Facebook 广告(CPAS)不断积累粉丝,进行"种草",帮助店铺积累站外流量,形成"营销拉新,产品复购"的闭环,一步步巩固品牌"护城河"。

为了解决地区物流,Shopee 构建了自己的跨境物流产品 SLS,以支持各个地区之间的物流互通。例如中国的 Shopee 卖家只要把货发到 Shopee 在中国的仓库,后面所有的事情都由 SLS 来接手,把物流风险和成本降到最低。目前 Shopee 在深圳、上海、义乌、泉州等地建立了中转仓(图 2)。

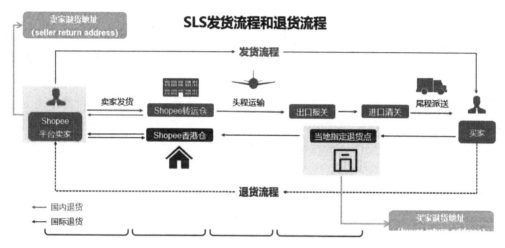

图 2　SLS 流程示意图

(资料来源:客优云,《Shopee 虾皮 SLS 发货和退货流程(包含国内退货和国际退货)》,2022 年 3 月 3 日)

支付层面,"Shopee 官方钱包"是 Shopee 联合第三方支付合作商为中国跨境卖家推出的一站式官方跨境收款服务,为中国跨境卖家带来便捷优惠、安全合规的收款体验。卖家可以直接在 Shopee 中国卖家中心后台进行开通钱包、管理余额、提现等操作。

语言在跨境电商中的重要性不言而喻,Shopee 所覆盖市场中有很多都是多语种站点,包括泰语、越南语等,为了降低卖家的沟通成本,提升客服效率,平台提供聊聊中文自动翻译功能,卖家可以直接通过已嵌入人工智能系统的 Shopee 聊聊工具,完成买卖期间的沟通翻译。

(2) 高度本土化

Shopee 发展模式的最大特点之一是高度本土化,包括本土化的团队、本土化的 App 应用设计以及本土化的营销方式。

针对东南亚绝大多数消费者使用移动端上网消费的特点,Shopee 在成立之初就确立以移动端为主要发展方向,而事实证明这种发展模式选择的正确性,现在 Shopee 95% 的订单均来自移动端。因东南亚诸国之间也存在极大的差异,Shopee 针对东南亚各国消费者的不同喜好和习惯,都推出了独立 App,而 Lazada 只有一个 App,通过切换语言服务不同国家的消费者,Shopee 则先后在 7 个东南亚站点搭建本土团队,分别运营 7 个专属独立 App。

Shopee 投入重金优化其 App,让消费者购物从选品、下单到支付整个流程可以在 30 秒内完成,优化消费者的购物体验。同时根据不同国家的消费者的习惯推出相应的应用内活动。如在印度尼西亚,推出 Shopee Shake 摇金币游戏,消费者可在活动时间段摇到金币兑换折扣;在马来西亚推出斋月生活用品专区,在应用内开放祈祷闹铃提醒、线上古兰经阅读、斋月红包分享(斋月有募捐习俗)等活动。

同时,根据东南亚消费者的年龄结构和消费习性,Shopee 借鉴并运用母公司游戏部门的发展模式,获得了东南亚广大年轻用户的喜爱。运营模式具体表现为对社交电商领域的探索,以此提升客户黏性,如直播途径 Shopee Live、资讯渠道 Shopee Feed、内推游戏 Shopee Quiz 等旨在提升用户购物体验的互动社交化服务。

在营销方面,Shopee 的本土化则体现在明星营销及社交媒体营销上。Shopee 在 Instagram、Facebook、Twitter 等平台开设多个相对应的社交媒体账号,使用不同语言通过不同活动、不同代言人进行宣传。

从 Shopee 的财报可以看出,Shopee 的客单价在 17 美元左右。低客单价和东南亚地区的收入水平相关,但是过低的客单价给 Shopee 的盈利带来了困难,也给平台商家造成困扰。根据一些 Shopee 卖家的反馈,Shopee 走的低价策略基本不赚钱,甚至还要补贴顾客,赔本赚吆喝。

(3)社交化

社交媒体在东南亚市场扮演着重要的角色,东南亚的年轻人每天都花费大量时间在 Facebook 等社交媒体上,要与这些潜在购物者建立良好关系,就必须用新颖、流行、有趣的内容引得他们的关注。如果说移动是 Shopee 与生俱来的一个基因,那么社交则是它的另一个基因。以"社交"作为切入点,Shopee 结合了本地元素、流量明星、互动游戏、社交网络齐上阵,获取高黏性的年轻用户(表2)。

表2 马来西亚 2020 年社交媒体使用情况

社交媒体用户渗透率	主流平台 TOP5	日均使用时长
81%	Youtube	2 小时 45 分钟
	WhatsApp	
	Facebook	
	Instagram	
	FB Messenger	

资料来源:浙江省电子商务促进会,《东南亚跨境电商发展研究报告》,2022 年 1 月 18 日。

同时,为了带给用户新鲜有趣的购物体验,Shopee 还推出多项互动游戏强力引流,如"Shopee Quiz"答题游戏,还有风靡东南亚的"Shopee Shake 摇金币"游戏,吸引用户持续关注。

另外,随时与消费者保持近距离接触,也让 Shopee 能在第一时间了解到用户的需求,更好地培养客户忠诚度。

三、Shopee 售后纠纷处理规则

Shopee 在东南亚各地区通过自建仓、境外采购、就近发货的方式提升快递的服务水平和运营效率,但自身的实践和服务水平却没有得到改善:卖家服务器和后台体验感较差,物流丢包时常发生且难以追踪和索赔,运费机制混乱。

除新加坡外,东南亚大部分地区物流基础设施落后,印度尼西亚、菲律宾的群岛地形,以及越南、泰国的山区地形使得交通不便,加之大城市拥堵严重等问题,导致 Shopee 制订的"首里追踪"计划执行情况大打折扣,降低了用户对平台的信任感。拥挤的公路、稀疏的铁路和拥堵的港口大大拉长了电商交货时间,也推高了卖家的运输成本。因此,用户常因物流慢、商品问题等申请退货退款,而用户的取货率、平台偏向用户的退货退款政策也常常遭到商家的诟病。

在 Shopee 平台上,下面这两种情况常会导致退货/退款:

① 买家在收到商品后,发现商品有破损,或商品为次品、仿冒品及不合格商品,买家将会与 Shopee 平台联系要求退款或退回商品。

② 买家收到货物较晚,或收到的货物不完整,在此情况下,买家也可以提出退货要求。

1. 退货退款流程(图3)

(1) 货物已寄出,买家未收到

如果已经出货且在正常物流时效内,卖家可以先与买家沟通,确认配送状况并安抚买家,劝说买家在预设的期限取消退款退货申请。如果商品已寄出并已提醒买家取消退款退货申请,对方仍未于预设的期限取消申请,卖家可以在规定时限内提出争议,否则系统将自动进行退款。

如果出货超过 15 天,物流信息一直没有更新,卖家可以联系 Shopee 客服进行处理。

(2) 买家已收到货

如果退款金额小于 20 美元,买家仅能发起退款申请,卖家可以直接同意退款,或者向 Shopee 提出争议。

如果退款金额大于或等于 20 美元,买家可以选择发起仅退款申请,或者退货退款申请。卖家有 3 种回应方式:

① 同意买家申请:进入退货流程。

② 反驳并提出解决方案:"仅退款申请"可以提议为"退货退款"。

③ 向 Shopee 提出争议:如果最终的方案需要退货,那么则进入退货流程。

(3) 派送失败

对于派送失败的包裹,例如买家拒收,或者派送不成功,将按照 Shopee 的退货政策进行处理。

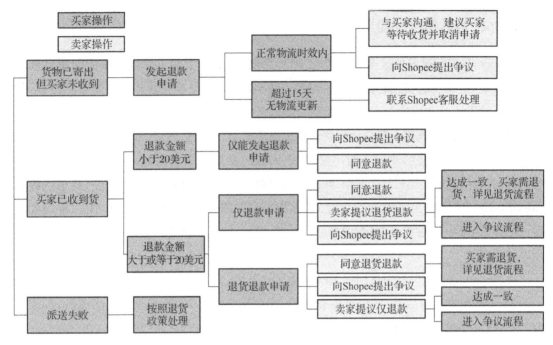

图 3　Shopee 退货退款流程

(资料来源：Shopee 中国官网，2023 年 2 月 16 日)

2. 退货退款相关费用

(1) 已出库但未到达的物流运输费用

对于已经出库发往目的地站点但未成功完成的订单，卖家都需支付运费，除此以外，买家退货运费将依据不同场景进行处理(表 3)：

表 3　退货退款场景下买家运费的处理方式

退货/退款场景	站点	买家运费处理方式
当订单全部退货/退款后	所有站点所有卖家	卖家支付运费
当订单部分退货/退款或经过争议处理流程的退货/退款	菲律宾商城卖家和泰国卖家	卖家支付运费
	除菲律宾商城卖家和泰国卖家以外的卖家	买卖双方协商支付运费

资料来源：Shopee 中国官网，2023 年 2 月 16 日。

(2) 买家收到货物后退货运费

Shopee 上的买家退货可以分为两个部分，从买家到 Shopee 当地的仓库分为一部分，从仓库到退回到卖家当地为另一部分。

不论是卖家原因还是顾客原因导致的退货，从买家到 Shopee 当地的仓库的一部分运费由 Shopee 平台来承担，从买家当地 Shopee 仓库到退回到卖家当地的运费需要卖家来承担，一般来说一订单为 8 美元，平台会在卖家的打款金额中扣除，一月结算一次。

涉及国际退货的，金额小于 100 美元会直接在当地销毁，金额大于或等于 100 美元的退货商品会退回到 Shopee 的香港仓库,卖家 30 天之内如果未进行提货,该包裹会在香港直接被销毁。

当订单是货到付款但买家超时未取造成退货时,订单金额小于 20 美元的不予退回,订单金额大于或等于 20 美元的由 Shopee 平台承担运费,退回给卖家,卖家不用承担任何费用。

因此当卖家需要承担退货运费时,卖家需要根据货物的价值和自身情况来选择是否需要顾客退回,如果退货费用超过了商品本身的价值卖家仍选择退货的话,对卖家来说是得不偿失的。卖家根据自身的情况选择,才能最大限度地节省花费在物流上的成本。

3. 卖家处理退货退款时间限制

卖家需在规定时限内回复买家的退货退款申请,若卖家超时未处理,系统将自动退款给买家。

四、Shopee 商家售后纠纷沟通技巧

所有成功发起的退货退款订单,都会被计入未完成订单,从而影响卖家的账户表现,一旦未完成订单率过高,则会导致罚分,严重者会影响销售权限。

而对于发生退款的订单,卖家将会损失这部分订单金额。同时如果产生退货的话,还可能导致退货费用的发生,这也是 Shopee 卖家诟病平台的原因之一。

东南亚国家消费水平较低,商品客单价低,商家盈利空间小。根据 shopee 印度尼西亚和泰国网站相关销售数据,电商各品类产品价格低廉。由于商品客单价低,物流费用高,商家遭遇退货时甚至要支付比商品成本更高的运费,这大大降低了商家的盈利空间。

对于商家而言,除在上架产品之前做好选品外,还应把握顾客退货申请的处理时间,和顾客做好沟通工作,尽量避免产生退货的问题(表 4)。

表 4 Shopee 卖家处理退货退款争议时间

退货退款原因	卖家处理时间	
	商城卖家	其他卖家
买家未收到货物	• 新加坡/越南/菲律宾站点: 2 天 • 其他站点: 3 天	• 新加坡/越南/菲律宾站点: 2 天 • 其他站点: 3 天
未完成订单	• 越南/菲律宾站点: 2 天 • 印度尼西亚站点: 3 天 • 其他站点:无时间限制	• 新加坡/越南/菲律宾站点: 2 天 • 其他站点: 3 天
其他原因	无时间限制	• 新加坡/越南/菲律宾站点: 2 天 • 其他站点: 3 天

资料来源:Shopee 中国官网,2023 年 3 月 6 日。

1. 处理商品质量纠纷沟通技巧

客服人员收到投诉后,首先要查看投诉原因,再根据投诉原因搜集详情,最后判定是拒绝投诉还是接受投诉。如果拒绝,第一步与客户联系,第二步向平台提起申诉并提供相应证

据,以备裁决。

(1) 收集证据

客服人员若收到客户发过来的投诉,应第一时间回复客户,询问商品具体的质量问题,并要求客户提供证据。下列范文可供参考。

Dear ×××,

We are so sorry to hear from you. Could you tell us what the problem is? In line with our company policy, we need some clear photos or video to proceed your complaint.

Please send them to us ASAP so that we would be able to solve it sooner. Thank you for your time.

(2) 提供解决方案

卖家可根据平台规则为客户提供相应的解决方案,例如买家退货卖家全额退款(运费由买家承担)、买家不退货卖家退还部分货款。下列范文可供参考。

Dear ×××,

We would like to inform you that Shopee provides two solutions against your claim.

(1) Return the goods for full refund (Buyers bear the return shipping fees).

(2) Refund amount: $××× (without returning goods).

Please let us know which solution you prefer ASAP so that we can proceed your claim. Thank you! Best wishes!

(3) 退换货

如果客户提出想退货或换货,若同意,客服人员应在邮件中提示如何退换货,提供退货地址。当然,一定要提醒客户退回的货物是不能影响二次销售,以保护卖家的权益。可以参考下列范文给予回复。

Dear ×××,

We would like to inform you that we just made a final decision that you should return the goods back to us for a full refund, please kindly check the following return address.

Address: ××××

Please kindly be noted:

(1) Please make sure that the return goods are under the good condition and with original labels.

(2) Please write Order Number and the words of "Return Goods" on the parcel, which will be much helpful for our warehouse staff to identity your return.

(3) Please kindly provide us with tracking number once available, we will trace it at our end.

Thanks for your kindly cooperation in advance. We are looking forward to your next shopping.

Best regards!

2. 处理物流纠纷沟通模板

（1）处理包裹退回投诉

包裹被退件的原因有很多，有的是包裹已经到达目的地但因为地址错误、需要缴纳关税或者未联系到投递人等而未投妥成功；还有一部分可能是海关问题引起的，如所寄送的货物不符合海关清关规定（出口地或进口目的地海关），货物没办法清关而被境内或境外海关退回。对于这些情况的投诉，客服人员应给予充分的解释，并提出一些解决方案让买家选择，以期买家能取消投诉申请。具体回复可参考下列范文。

Dear ×××,

　　Hello! Thank you for your order.

　　Regarding the parcel with tracking number RC8623569026HK, I regret to inform you that according to the current tracking information your package is undergoing an unusual condition. It is returning back to us. The possible reason for returning will be written on the package. (Incorrect/illegible/incomplete address, expired retention period; the addressee failed to collect the item; the addressee does not reside at the given address; refused to accept by addressee; etc.)

　　We are willing to solve this problem by making full refund or replace one and send the goods to you.

　　Again, please accept my sincere apologies and let us know which solution you prefer.

（2）处理包裹延误投诉

包裹延误造成客户投诉是常见情况之一。造成物流延误的原因一般为海关审查、物流高峰期、恶劣天气以及节假日休息等。客服人员应及时与买家沟通，解释延误的原因。具体回复可以参考下列范文。

Dear ×××,

　　Thank you for your order.

　　As regard to your order with tracking number RC867773406HK, I'm very sorry to inform you that your item is still lack of tracking information right now. If you got a tracking result as "not found", it's telling you that your tracking information is unavailable, it doesn't mean that we haven't delivered your item.

　　(Note: There may be a delay between scanning events and the availability of tracking information about the parcel. The tracking information may not appear online immediately. Normally it takes a few days for tracking details to be available from the shipping carrier.)

　　Therefore, please hold on for a few more days and try to check your tracking information later.

　　Thanks for your shopping again!

　　Have a nice day!

　　Best regards!

Dear ×××,

I am glad to be of service to you.

About your parcel with tracking number RC867773406HK, here is a link for you to check your package status:

×××××

As the information indicates your item has been shipped and dispatched by the shipping carrier of (HK Post) on date 2014-09-21. It is still in normal transportation and it hasn't arrived in your destination country as yet. I would be very thankful if you could be more patient with the overseas shipment. From our experience, for this kind of parcel, the shipping time highly depends on the postal carrier and local customs. It usually takes a few weeks from the departure country to overseas destination country after dispatching. I would be very grateful if you can wait for your order patiently.

Thanks for your order again!

Have a nice day!

Best regards!

2020年以来,疫情改变了很多人的生活,很多跨境卖家看着后台的订单干着急,因为工厂没有办法给出准确的交货时间。

对此,各大跨境平台也纷纷出台政策,整体来说就是延长备货期/交货期,对于因物流原因造成的扣分进行豁免保护,此外就是提供运营建议和回复相关投诉的模板,尽可能给卖家一些支持。例如:

Dear ×××,

Affected by COVID 19, our government announced all enterprises would remain closed till February 9th. We regret to inform you that the delivery will be delayed due to the novel coronavirus. The latest delivery time will be ×××, We'll try our best to expedite the delivery. We apologize for any inconvenience caused and thank you for your patience and understanding.

If you have any other questions, please contact me without hesitation. Thank you!

Best Wishes!

若客户即买方进行投诉,表明对物流或收到的商品不满意,那么在和客户沟通时,应注意安抚客户的情绪。因此在邮件中,商家或客服人员可以保证立即调查该事件,并对客户的遭遇表示理解与同情,表明自身为客户着想的立场。而对于不合理的投诉,态度要坚定,但要有礼貌,尽量避免冒犯对方。如果错在己方,应承认错误,并表示歉意,说明为纠正错误将要或者已经采取的措施。绝不要在信中指责和怪罪客户。条件允许的话,可以进一步为客户提供额外的帮助、信息或补偿。在邮件结尾处应再次感谢客户的来信,向客户承诺今后将提供更优质的服务,以保证客户感到满意。另外,如果不是十分复杂的情况,应尽量使邮件内容简洁明了,冗长的回复无助于纠纷的解决。

◇ 案例小结：中国视角

诚信是中华民族的传统美德，也是市场经济的基本原则，更是社会文明进步的重要标志。诚信经营既是所有企业的经营之道、立足之本，也是使广大消费者放心安全消费、构建和谐消费环境、推动经济平稳发展、维护社会和谐稳定的必然要求。诚信是商业经营与管理的核心，是企业赖以生存的土壤，能让卖家打开市场，扩大经营份额。在 Shopee 跨境电商客户的投诉中，有很大一部分比例是因为商品货不对板，或者商品与商家的描述有出入，客户收到货物后对货物不满意，提出退款的要求，甚至最终发展为纠纷。如果商家在商品展示初期，能够做到诚信经营，不做虚假宣传，保证商品质量，那么这些纠纷也许就不会产生。

然而在与客户的纠纷中，也不排除会有一些恶意投诉的情况，商家在处理纠纷时，一般原则是让客户提供一定的证据证明所投诉的问题确实存在，例如提供图片或者视频，这样做的目的也是防止某些客户恶意投诉。商家还应了解所在平台的规则，适当的时候可以利用平台的规则来保护自己的合法权益。

跨境电商平台往往也有具体的措施来保护商家的权益，对于恶意投诉的客户，平台也会降低其信用评级。平台只有在规范经营、有法可依、有清晰的规则可依的前提下，才有可能获得商家和客户的长久支持。Shopee 遭到卖家诟病的原因之一就是它在保护消费者利益的前提下，制定了对商家不太友好的退换货政策，因此损害了部分商家的利益。

Shopee 虽然目前在东南亚电商市场上占据了领先地位，但它的发展并非高枕无忧，商场如战场，稍有懈怠 Shopee 就有可能被淘汰掉，Sea 以及 Shopee 未来还有很多挑战要面对。

2023 年 3 月，Lazada 母公司阿里巴巴和 Shopee 母公司冬海集团相继发布了截至 2022 年 12 月 31 日的财务报告。Shopee 的 GMV 和订单数量不增反降(同比、环比)，有萎缩迹象，连续两个季度超越阿里巴巴海外零售营收总和的纪录也被打破。综合两家财务报告数据，截至 2022 年 12 月 31 日，阿里巴巴海外零售总和为 21.23 亿美元，略高于 Shopee 的 21.027 亿美元。随着 Shopee 陆续退出拉美和欧洲站点，阿里巴巴海外零售业务下的 AliExpress 又大力推广"全托管"服务，两者之间的差距可能会重新拉开。

目前 Shopee 面临的不仅有 Lazada 的市场挤压，更有每个国家本国市场的原生竞争者，例如印度尼西亚的 Tokopedia、越南的 Tiki、泰国的 Central，还有许多不知名的电商平台正在涌入和发展。随着东南亚的物流、支付、通信等基础设施的完善，会有更多竞争者加入这场电商战争中。

商品选品问题、东南亚物流基础设施不完善、Shopee 各站点粗放式的管理常常会导致退货退款纠纷。对于致力于跨境出海，希望享受东南亚电商增长红利的商家来说，在跨境电商行业竞争日益激烈的背景下，如何妥善地处理用户的投诉是每一个商家都必须要解决的难题。显然，Shopee 要面临的将不仅仅是如何处理和用户的纠纷问题。

◇ 思考题

1. Shopee 本土化运营体现在哪些方面？

2. Shopee 发展面临的挑战是什么？

3. 查阅资料，比较 Shopee 和 Lazada 在处理售后纠纷的规则上有何区别。

4. Shopee 的沟通语言有什么特点？如果客户说"I have received a wrong/damaged product"，你会如何回复对方？

◇ **参考资料**

[1] 浙江省电子商务促进会:《东南亚跨境电商发展研究报告》。

[2] 跨境知道:《2022年东南亚电商平台分析报告》。

[3] 张敏、茹宝:《跨境电商客服》，中国人民大学出版社。

[4] Shopee 中国官网:《退货退款政策》。

[5] 招商证券，丁浙川、李秀敏、潘威全:《东南亚消费互联网巨头 Sea 专题研究:电商业务发展空间仍广》。

[6] 长江证券，李锦、陈亮、罗祎:《电商行业专题研究报告:Shopee 的制胜之道》。

案例 24　亚马逊平台卖家应对差评之道

一、引言

评论,尤其是带图带视频的评论,让消费者更愿意在平台停留并挑选和购买产品,买家评论可以增强产品质量的可信度,提高客户的黏性。对于卖家而言,好评有利于提高用户的点击率和购买率,而差评则有可能严重影响产品的曝光率和店铺的竞争力。

亚马逊作为全球规模最大的跨境零售平台之一,虽然它在中国市场表现欠佳,并于2019年开始逐步退出中国市场,但它对商品评论的管理一直是备受关注的。为营造公平透明的营商环境,亚马逊特别重视真实买家的评论数据,并开发了两个重要的评论系统,即Reveiw(评论)和Feedback(反馈)。对于在亚马逊运营店铺的卖家而言,无论是Reveiw还是Feedback,差评的影响都是严重的。有远见的卖家有必要高度重视店铺和产品的好评率。

二、亚马逊售后评论规则

1. 亚马逊卖家行为准则

为维护买卖双方的利益,保证平台卖家良性竞争和规范化运营,亚马逊明确了一系列卖家行为准则,所有卖家都必须遵守。卖家若违反行为准则或任何其他亚马逊政策,则亚马逊可能会对其账户采取相应措施,例如取消、暂停或没收付款以及撤销销售权限。

亚马逊卖家行为准则[1]:
(1) 始终向亚马逊和我们的买家提供准确的信息。
(2) 公平行事,且不得滥用亚马逊的功能或服务。
(3) 不得试图损害其他卖家及其商品/评分或者加以滥用。
(4) 不得试图影响买家评分、反馈和评论。
(5) 不得发送未经请求或不恰当的沟通信息。
(6) 只通过买家与卖家消息服务联系买家。
(7) 不得试图绕过亚马逊销售流程。
(8) 在没有合理业务需求情况下,不得在亚马逊商城经营多个卖家账户。
(9) 不得做出违反价格固定法律(价格垄断法律)的行为。

---

[1] Amazon 亚马逊全球开店官网. 政策红线:亚马逊销售政策和卖家行为准则[EB/OL]. (2022-07-28)[2023-06-20]. https://gs.amazon.cn/news/news-notices-220728.

2. 卖家售后评论处理规则

在卖家行为规则中,针对售后评论,亚马逊平台明确规定不得试图损害其他卖家及其商品/评分,不得试图影响买家评分、反馈和评论。

"操纵评论""恶意差评"等违规行为也一直是亚马逊销售准则中明确禁止的行为,针对这些行为,亚马逊始终强调卖家不得试图影响或夸大买家的评分、反馈和评论。卖家可以采用中立的态度请求买家提供反馈和评论,但不能:

(1) 通过亚马逊买家与卖家消息服务直接联系买家,提供买家报酬(返现)以换取评论。

(2) 卖家自行或雇用第三方服务商,通过网站或任何社交平台(如微信、Facebook 等),以退款、返现、回购折扣、礼物卡为补偿换取评论。

(3) 创建多个虚假买家账号来发布虚假评论(包括好评和差评)。

(4) 安排家人、好友或员工等对自己或竞争对手的商品发布不实评论。

(5) 在商品或商品包装中夹带插页、传单、优惠券、宣传册或类似物品来要求给予好评或提供发表评论的奖励。

(6) 通过亚马逊买家与卖家消息服务直接联络买家,并要求其对商品发表正面评论或删除/修改负面评论。

索评邮件可能会被亚马逊认为是在操控评论,因为邮件中明确要求消费者不要留差评。像"If you love your new…,leave a product review here"(如果你喜欢新买的……,那么留下评论)或者"If you're happy, click here. If you need help, click here"(如果你满意产品,那么点击此处;如果你需要帮助,请点击此处)等,都是在引导顾客对产品满意时留下好评,这种行为会让卖家陷入不必要的麻烦。留下好评会返购物券的行为更是会受到亚马逊的警告,严重者甚至会被封号。对于此类行为,亚马逊平台有明确的规定:

(1) 立即并永久撤销卖家在亚马逊平台的销售权限,同时扣留资金。

(2) 移除商品的所有评论,并阻止商品日后收到评论或评级。

(3) 从亚马逊平台永久下架商品。

(4) 对卖家采取法律行动,包括诉讼和移交民事和刑事执法机构。

(5) 公开披露卖家的名称和其他相关信息。

2021 年 9 月的亚马逊电商封号事件,涉及全球约 1 000 家企业,5 万多个账号,预估损失超过 1 000 亿元,其中电商账户被冻结金额从数千万美元至数亿美元不等。其中有约 600 个中国品牌的销售权限被关闭,涉及这些品牌的卖家账号约 3 000 个,商品品类包括消费电子、日用、家居和运动等。在这次封号事件中,亚马逊给出的理由主要是商家的违规操作,包括"操纵评论""刷单"和"违规账号关联"等。

3. 买家售后评论管理

为了平台营商环境的透明性和公正性,亚马逊平台对买家的评论有一套完善的管理系统。

顾客在亚马逊平台的评论分为三类:直评、VP(verified purchase,已确认购买)评论和

Vine 计划①。

直评就是买家不用购买产品就可以直接在 Listing 页面(即产品介绍页面)留下关于产品的评论。有些人会直接给某产品上多条好评或者是给竞争对手上差评,从而影响部分权重,甚至影响产品的销售。但因为乱刷直评的现象越来越严重,亚马逊也已经把直评的权重降低,并且严抓刷评,因此卖家不用太过担心这方面的恶意操作,同时也需注意避免刷评的行为(图 1)。

图 1　亚马逊卖家的索评邮件

(资料来源:雨果跨境,方小玲,《索要评价的邮件要怎么写才不会被亚马逊盯上惹出麻烦?(附模板)》,2020 年 5 月 18 日)

VP 评论就是亚马逊买家必须购买产品后才能留下的评价。VP 评论又分为三种,即文字评论、图片评论、视频评论,这类评论可信度更高、更有说服力,所占权重更高,所以 VP 评论经常会排在所有评论的前面(图 2)。

图 2　亚马逊买家的 VP 评论

(资料来源:https://gov.sohu.com/a/578318223_120532817,2022 年 8 月 20 日)

Vine 计划是亚马逊推出的一个计划,品牌卖家可邀请符合 Vine 资质的消费者免费使用品牌商品并留下评论。Vine 计划可以帮助商家快速获得可信评论,提高流量和转化率,并且在新品上线初期收到翔实的商品反馈。此功能目前对加拿大、德国、意大利等站点品牌卖家开放。参与 Vine 计划的产品是由卖家提供给亚马逊 Vine 评论人的,收到产品后评论人会撰写客观评价,这就对产品本身的质量提出了要求,因此 Vine 评论的权重更高(图 3)。

Reviews 允许用户对产品的价格或制造商的态度提出意见,但以下情况会被视为违规

---

① Amazon 亚马逊全球开店官网. 操纵、滥用评论后果有多严重?! 亚马逊商品评论政策官方详解![EB/OL]. (2022 - 06 - 30)[2023 - 06 - 20]. https://gs.amazon.cn/news/news-notices-220630.

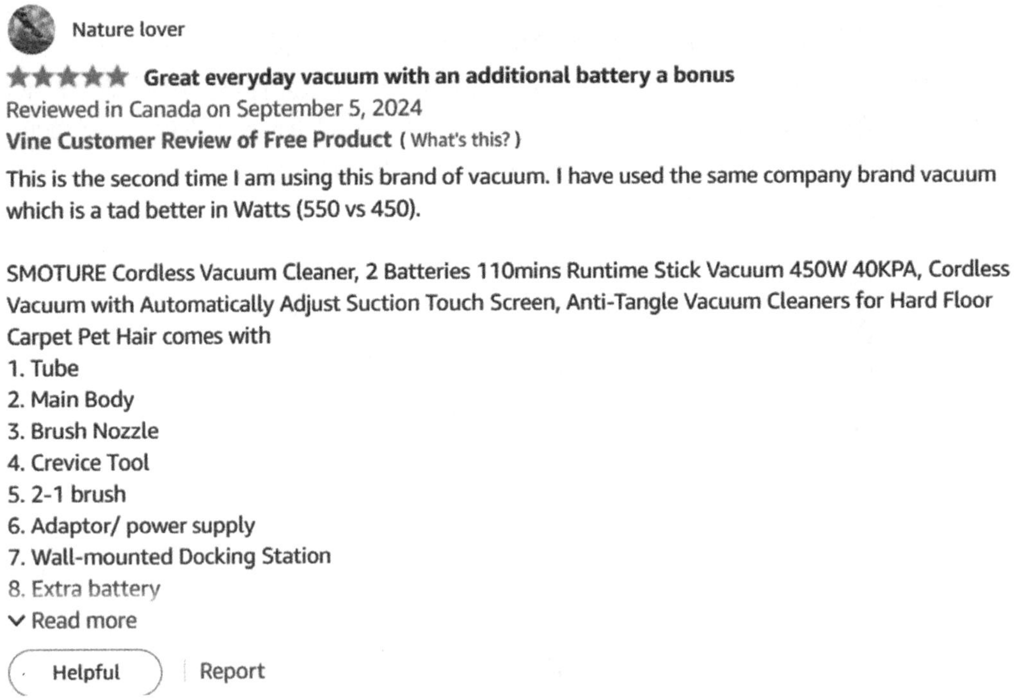
Nature lover
★★★★★ **Great everyday vacuum with an additional battery a bonus**
Reviewed in Canada on September 5, 2024
Vine Customer Review of Free Product (What's this?)
This is the second time I am using this brand of vacuum. I have used the same company brand vacuum which is a tad better in Watts (550 vs 450).

SMOTURE Cordless Vacuum Cleaner, 2 Batteries 110mins Runtime Stick Vacuum 450W 40KPA, Cordless Vacuum with Automatically Adjust Suction Touch Screen, Anti-Tangle Vacuum Cleaners for Hard Floor Carpet Pet Hair comes with
1. Tube
2. Main Body
3. Brush Nozzle
4. Crevice Tool
5. 2-1 brush
6. Adaptor/ power supply
7. Wall-mounted Docking Station
8. Extra battery
Read more
Helpful | Report

图 3　亚马逊买家 Vine 评论

（资料来源：亚马逊官网，2024 年 9 月 15 日）

评论[①]：

（1）不允许出现其他形式的价格信息、产品的可售性、替代品（竞品）的信息。

（2）不要发布任何诽谤、威胁、骚扰、煽动歧视和仇恨的内容。

（3）不要发布含有淫秽、色情告示等不良信息的文字和图片。

（4）不要发布侵犯他人隐私的内容（如曝光卖家住址、电话、邮箱等私人信息）。

（5）不要冒充其他人或组织。

（6）不要重复向他人发送消息或请求。

（7）不要试图掩盖他人的意见，包括通过多个账户发布消息或与他人合作。

（8）不要根据自己是否同意来攻击谩骂他人。

三、Feedback 和 Review 的区别

亚马逊的买家评价体系由两大块构成：订单评价（customer feedback）和产品评价（product review）。Feedback 与 Review 是独立但又相互影响的两个评价体系。

Feedback 是衡量店铺表现的指标之一，当一个顾客在一个店铺购买了产品之后，顾客

① Estella. 亚马逊 Review 和 Feedback 政策整理和解读[EB/OL]. (2022－08－10)[2023－06－20]. https://zhuanlan.zhihu.com/p/552027968.

可以根据自己的实际购物体验对该店铺做出评论,包括服务的好坏、到货快慢等内容。顾客的反馈意见直接影响店铺的销量。店铺必须对顾客的反馈进行检查,并进行逐一回复(图4)。

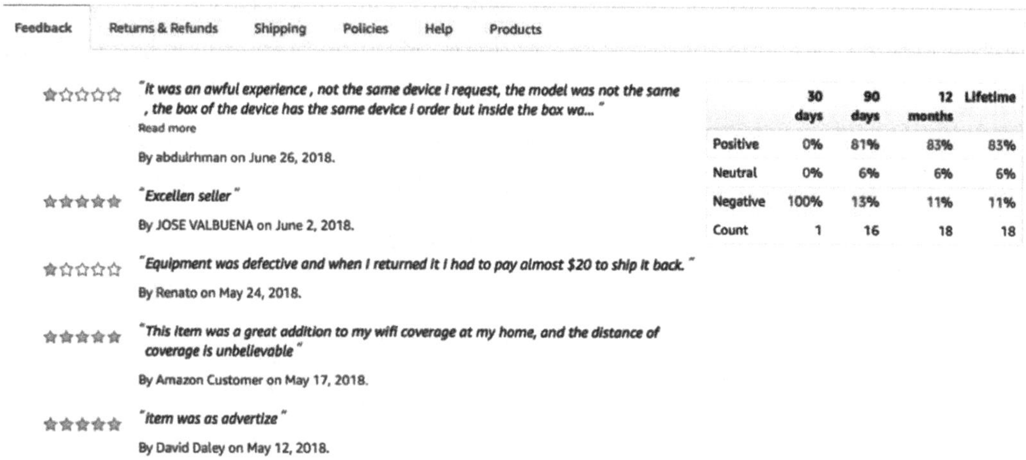

图 4　亚马逊买家的 Feedback

(资料来源:亚马逊官网,2023 年 3 月 14 日)

为了让卖家重视 Feedback 的重要性,亚马逊把 Feedback 和卖家账号表现的 ODR(order defect rate,订单缺陷率)直接挂钩,四星到五星可以增强店铺或 listing 的竞争力,三星为中评,不包括在评分情况中,但卖家需要注意,如果想要将其删除,可以与客户联系,一星和两星的 Feedback 直接计入 ODR,而 ODR 的好坏又直接决定着卖家账号的安危,账号 ODR 指标超过 1‰时,就岌岌可危了。如此一来,卖家必须努力做好服务让客户满意,降低收到低分 Feedback 的概率,维持账号的良好表现,才能在亚马逊平台长期经营。

Reveiw 用于 listing 本身,通常显示在产品页面的底部,并且直接影响 listing 的曝光率、访问量、排名和转化率。正因为 Review 是针对产品 listing 的评价,所以对产品的销量有着至关重要的影响(图5)。

图 5　亚马逊某产品的 Review

(资料来源:亚马逊官网,2023 年 3 月 1 日)

一个好的 Review 对产品的销量起到拉升作用,能够快速促进销量上升,是打造爆款必不可少的助力。而差的 Review，可以让产品的销量跌入谷底。就像消费者在淘宝购物时，如果看到店铺下方都是针对产品的差评，购物的念头瞬间就会被打消。

Reveiw 只能针对产品本身，与客户服务、物流和产品以外的其他因素无关。Feedback 是客户对所购买产品订单的评价，它包括一系列因素，例如产品质量、客户服务质量、物流速度等。Feedback 体现在对店铺的影响中，是卖家账号表现的一个考核指标。买家只有在进入卖家的店铺页面时才能看到店铺的 Feedback 情况。尚未购买产品的用户只能对 listing 发表评论。购买产品的买家可以对 listing 进行评论，也可以对订单做出反馈（表1）。

表 1 Feedback 和 Review 的区别

项目	发生条件	归属对象	评论内容	产生影响
Feedback	评价主体必须是购买产品的客户	直接是卖家店铺	针对产品品质、服务水平以及发货时效与货品描述一致性等方面	影响着卖家账号以及店铺 ODR 指标的变化
Review	任何客户，只要在亚马逊平台有过购物经历	直接是 listing 本身，直接展示在 listing 下面	只能针对产品本身	影响 listing 的曝光率和排名，从而导致产品订单增加或减少，不对店铺产生影响

资料来源：笔者根据网络资料整理。

通常在买卖双方没有干预的情况下，亚马逊不会主动移除 Feedback，但为了客观、真实地反映 listing 的信息，亚马逊平台有自检系统，会随机地对产品 Review 做检测，对于违规的 Review，系统会自动删除。

四、卖家应对 Feedback 和 Review 差评

1. 售后差评的原因

卖家收到客户差评是常见的现象，客户给予的差评对卖家可以起到督促和警示作用，但有时候，恶意差评也是存在的。在此过程中，卖家要客观对待客户所给的评价，明辨是非，尽可能消除差评带来的不利影响，积极创造好评。根据客户的中差评原因，及时发现并解决商品或服务上存在的问题，同时积极与客户沟通，树立客户对商品及卖家的信心。

有些中差评来自真实买家，即便质量再好的产品，也有可能遇到差评。产品收到后，一旦产品的款式、质量、尺寸、功能等并不是自己想要的样子，退货或差评是极有可能发生的事情。真实的反馈，有利于提高店铺产品质量和服务质量，卖家应真诚地与买家沟通。

在进行中差评处理前，卖家应对中差评进行分类，跨境电商平台上差评的原因一般有以下几种：

（1）商品图片与实物存在差异

有时候卖家为了使自己的产品看起来比较吸引眼球，在处理图片时或多或少地会添加一些产品本身没有的效果。这样买家会对产品有一个较高的心理预期，满怀期待地等待。然而，一旦收到实物后感觉与图片的差别过大，买家就会非常失望，他们通常会在第一时间询问，为什么在颜色或者形状上与图片有差别。

此时必须警惕,因为收到货物的 30 天内,买家可以进行评价,并且在未确认收货之前,买家还可以对自己不满意的订单发起退款。对于这类投诉,卖家要更加主动地进行解释。例如只是小部分的修图处理造成的色差,合理的解释还可以再次赢得买家的信任,而且在这个过程中卖家要多表现自己对买家的重视,适当对下次的订单给予优惠和折扣。真诚的道歉可以化解双方的矛盾,并有机会向买家争取好评。

卖家在上传产品图的时候可以上传一些多角度的细节图,或者可以放上一张没有处理过的图片,尽量让买家有全面的视觉印象,避免不必要的投诉和差评。

(2) 物流问题

众所周知,大部分卖家为了吸引买家下单会写上"Free Shipping",实际上大部分卖家也做到了免邮,但是有时会忽略一些国家的进口政策。一旦有关税产生,虽然货物免邮,但买家必须支付关税后才能拿到货物。还有一些比较极端的客户会因为需要支付额外的费用而拒绝签收。这些都是潜在的差评和纠纷,商家在发快递的时候,要注意填写的申报价值,对于货值很高的快递,要提前和客户沟通好。

除上述问题外,物流的延迟或者物流造成的商品损坏也会导致买家的差评。

(3) 服务问题

由于时差问题,或者由于客户咨询量过大等因素,跨境电商平台的卖家有时候不能对买家提出的质疑进行及时的回复。也由于跨境电商平台卖家和买家沟通时采用的是文字沟通方式,沟通的效果也许达不到买家的预期。以上种种由于服务产生的问题,往往也会导致买家给出差评。跨境电商平台的卖家也要意识到,在商品日趋同质化的当下,提供高质量的服务也是提升好评率的方法之一。而且来自买家的正常反馈,对提高店铺的服务水平也是有益的。

(4) 恶意差评(图 6)

在卖家所收到的差评中,也不排除会有一些恶意差评,或因竞争对手恶意竞争,或因恶意买家希望借机讹诈货款。

跨境电商平台的卖家首先要识别收到的差评是否是恶意差评。恶意差评的买家号质量大都很差,新账号和几百万排名比比皆是,留评很少或针对同类产品专门留差评,或者基本上只给同一店铺留好评,这种差评很有可能是竞争对手用小号或者水军进行的恶意差评。

图 6 亚马逊买家恶意差评示例

(资料来源:亚马逊官网,2024 年 9 月 15 日)

跨境电子商务案例

根据买家的行为，卖家可以换算买家下单的时间，如果都是在站点的凌晨，尤其是凌晨3—5点，那么很可能是恶意下单。如果多个买家号在很短时间内下单很多，尤其是卖家对该账号设置了购买限制买家还锲而不舍地换号下单，下单之后一段时间就取消订单的，或产品还未送达或刚送达买家就留下差评的，这类评论大概率就是恶意差评。

从评论的内容上看，评论的内容很短并且较笼统，评论内容都是对产品的负面评价，但又说不出具体的原因，这种很大概率也是恶意差评。或者内容虽然很长，但看起来跟产品的关系不大，很多内容看起来是复制粘贴的，这类评论一般也为恶意差评。

针对恶意差评，不同的跨境电商平台会有不同的措施来保护商家的利益。

2. 处理差评的方式

以亚马逊为例，处理差评的方式一般有以下2种。

(1) 移除差评

亚马逊平台规定买家评论不符合规则的情况下，商家可以向平台申请移除Feedback或者在Review下面点击"Report abuse"。

若Feedback只针对产品，没有提到卖家的服务或物流等其他维度的信息，这种差评申诉成功的概率依然很大；但是如果Feedback提到了其他服务信息，这样的差评就无法被移除了。

卖家向亚马逊申请移除差评成功以后，亚马逊会发邮件通知买卖双方，而买家有权利再一次留评。为了避免激怒客户，建议过几天再申请差评移除。

(2) 联系买家

亚马逊规定留差评后60天内买家可以移除该差评，因此在无法向平台申请移除差评的情况下，在买家留差评后卖家可以积极主动地和买家沟通，争取和买家达成一致，让买家把差评移除。

对于希望买家修改差评的卖家来说，能够第一时间"灭火"是非常重要的。正因如此，及时关注自己的商品评价，第一时间发现差评，是卖家首先要做的事情。除了找到这个差评，还要给予回应。否则，只有买家在单方面表述，卖家没有回应，很有可能让这个投诉的影响越来越大。亚马逊平台上，买家修改评论的时间是有限制的，如果超过了平台规定的时间限制，差评就无法修改了。

下图中，客户Welldell给出的差评是"Not delivered"（未交付），卖家第一时间回复：

Dear Wendell, we're sorry it was never delivered. We will check our system immediately and respond to you promptly.

简要地强调你已经在处理他的问题，即使这个问题可能是物流导致的，不是卖家本身的原因，但及时地回复买家的信息，可以更好地平复买家的负面情绪。

即使买家给予了差评，在回应差评时卖家也要保持礼貌和专业。即使不能从专业的角度解决客户的问题，礼貌和专业的行为也可赢得客户的信任。要及时与客户交流，问清楚客户给予差评的具体原因，是对商品本身不满意，还是物流或服务出现了问题。假如是对商品不满意，则要了解清楚客户不满意的地方是什么。这种情况下，一般出现的问题有商品破损、发错货或颜色误差、长时间未收到货等。对于这些问题,客服人员应先向客户道歉,求得客户谅解,再向客户进行进一步的解释:如果是商品外观问题,有可能是长途运输导致的损坏或物流刮痕;如果是发错货和客户长时间未收到货等问题,可以和客户协商退货或者退款。客服人员也可委婉表达让客户提供相关图片,方便卖家后续改进,以便给客户带来更好的购物体验(图7)。

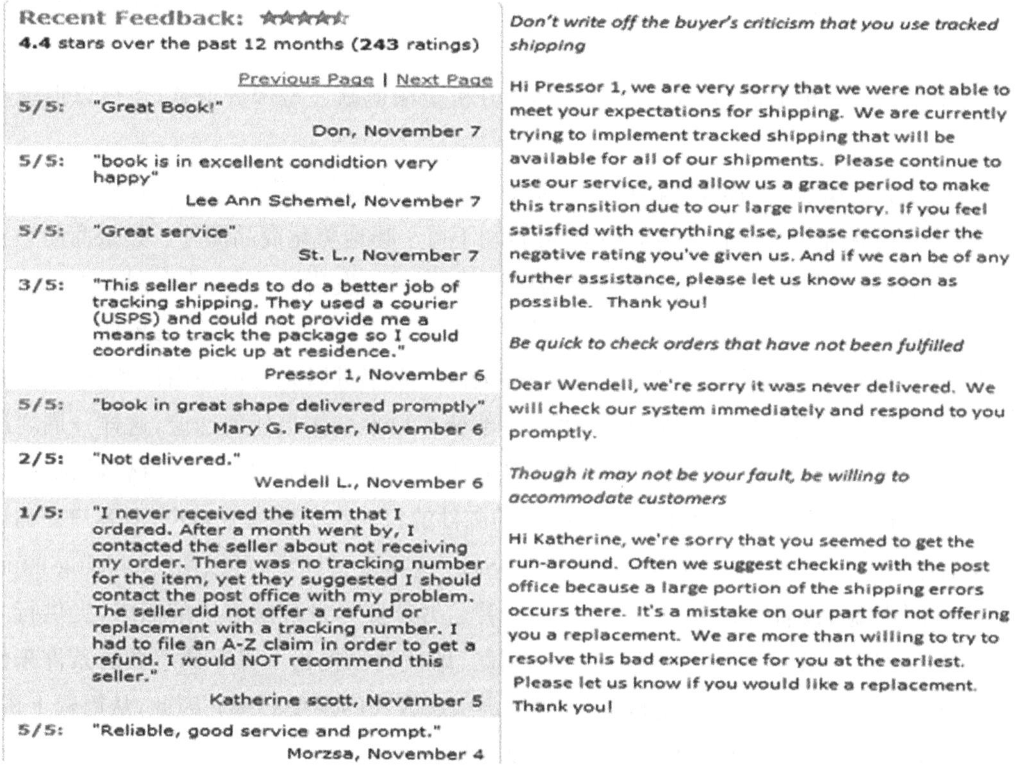

图 7 亚马逊卖家回复差评示例

(资料来源:亚马逊官网,2023 年 3 月 1 日)

买家 Pressor1(普雷瑟 1)在评论中给卖家的物流打了三星,三星不会对卖家的 Feedback 绩效产生太大影响,卖家也可以忽略这个评价者。然而,积极的回复也能体现卖家对用户的反馈非常重视。

Hi Pressor 1, we are very sorry that we were not able to meet your expectations for shipping. We are currently trying to implement tracked shipping that will be available for all of our shipments. Please continue to use our service, and allow us a grace period to make this transition due to our large inventory. If you feel satisfied with everything else please reconsider the negative rating you've given us. And if we can be of any further assistance, please let us know as soon as possible. Thank you!

在该邮件中,卖家使用了"sorry"而不是"apologize","apologize"是表示对做错的事表示抱歉,而在英文中"sorry"是表示遗憾。在回复中,卖家在言语中暗示很遗憾商品配送流程不如客户的期待,那么客户的意见就会被解读为是个人偏好。

在沟通信函中,除了及时回复和针对买家提出的问题表示理解和抱歉外,更重要的是解决问题,给出解决方案,这里要列出几种解决方案,让买家选择他满意的方案,买家选择了自己满意的方案以后才会回复卖家下一步的沟通。

解决方案一般有以下几种:

① 补发。对于损坏严重或者成本不高的商品,可以采取买家不退货而卖家直接补发的方式。

② 退款。可以根据商品价值、利润等具体分析全额退款还是部分退款,也可以退款不退货。

③ 送礼品。赠送礼品可以赢得用户的好感,适用于产品有一些小问题的情况。

另外,卖家在亚马逊平台上传商品资料时,切不可一味地美化商品图片。如果商品中某些地方有出现瑕疵的可能,要标注清楚;若遇到节假日延迟发货等,要提前在网页中说清楚实际运输状况。有时收到差评是因为客户没有注意到尺寸,收到货后觉得比预期大了或小了,不经过任何沟通直接给予差评。遇到这样的客户,卖家可以先通过站内信和邮件沟通,请求修改评价,一部分客户会直接修改,也有一部分客户不会作出任何回应,这样一周之后还有一次发送邮件的机会。卖家还可以通过赠送、打折、退货、换货等方式获得想要的结果。

无论是在哪个平台,联系客户修改中差评的邮件的目的都是要说服客户,而客户在沟通前都会有抵触心理,因此在信函中尽量避免"review"这类敏感词汇,可以用"shopping experience"(购物体验)或者"feedback"之类的词代替。另外要尽量理解客户的需求,提供行之有效的解决方案。如果没有解决客户提出的问题,即使商家提出了具有诱惑性的条件来促使客户修改差评,客户也不一定会修改,可能还会引起客户的逆反心理。因此,从篇幅上讲,此类沟通邮件可能会比一般的询问邮件的回复要长。

差评也不是非得用删除才能降低其带来的影响,也可以用增加好评的方法来稀释差评,从而降低影响。亚马逊跨境电商卖家想要在短时间内获取较多的Review,最快捷的方式就是与测评机构合作,而且建议选择真人测评,上评率较高,安全性也较强。

◇ 案例小结:中国视角

2021年,包括多个深圳头部卖家在内的数万个亚马逊中国卖家被平台施以注销品牌、封锁账号处罚的事件,成为跨境出口电商圈的"年度大爆雷"。此事在业内引发了一大波恐慌及各种猜测,对此,亚马逊官方于5月20日发布《致亚马逊全体卖家信》做出了公开回应,并明确要求卖家不可以滥用评论(尤其打击刷单等违规行为)。

此次爆炸性事件之后,许多卖家诚惶诚恐,不敢对测评再有所动作,甚至到了如履薄冰的地步,但亚马逊这一次"大扫荡"来势汹汹,账号大封杀的脚步仍在继续。

在亚马逊2021年大规模封号事件中,我们可以看到亚马逊对"操控评论、刷单"等违规行为要给予严厉打击的决心。这方面源于亚马逊希望提高平台所售产品的质量,尽量营造公平透明的销售环境,避免商家干扰消费者购物的决定,为消费者带来更好的购物体验;另一方面也源自美国国内对虚假评论、操纵评论零容忍的法律环境。美国著名媒体《华尔街日报》在 2021 年 6 月 13 日刊发的一篇报道直击亚马逊 Review 与 Rating 操纵问题,由于该媒体在美国分量不轻,亚马逊再度成为美国媒体众矢之的,之后亚马逊对卖家的管控也变得更加严格。

许多卖家对于国内购物平台的刷单、控评等行为可能已经司空见惯,但是在走出国门之后,尤其是面对欧美市场相对比较严格的营商制度和政策时,卖家应该增强自己的法律意识,尤其是要认识到各国法律间的差异性,在平台允许的规则内经营,否则就只能接受封号甚至更严厉的惩罚。

亚马逊上几乎所有的产品都有负面评论,所以一些负面反馈不会影响卖家的生意。如何回复买家评论更为重要——有效的回复可以提高客户满意度,并向潜在买家表明愿意与他们协商以解决任何问题。有的卖家看到客户的中差评第一时间想到的就是怎么通过合规甚至不合规的手段将其删掉,但是卖家应意识到,中肯的中差评对于监督卖家的商品质量、提高卖家的服务质量是大有裨益的,一味地删除中差评并不是解决问题的最优办法。积极地去面对客户的中差评可以提高卖家的服务质量、提高客户的黏性。在沟通过程中,情绪化地应对客户的中差评,对于问题的解决并无好处,相反,应抱着"双赢"的思想和顾客沟通,为客户反映的问题提供一个双方都能接受的解决方案,这样既能消除客户的不满情绪,也能避免中差评带来负面影响。

亚马逊是目前海外规模最大的跨境零售平台,因此对于许多卖家来说平台自带的流量是他们选择亚马逊平台经营的原因,但随着亚马逊平台退出中国市场以及亚马逊平台近年来越来越严厉的打击虚假评论的措施,也有很多卖家开始退出亚马逊平台,通过其他第三方平台或者自建独立站的方式跨境经营。但无论是移除差评还是转换经营平台,优质的产品、个性化的服务才是商家赢得好口碑的终极秘诀。

◇ **思考题**

1. 跨境电商卖家如何避免中差评?
2. 亚马逊和速卖通关于评论的管理有何差异?请利用互联网查找相关资料。
3. 联系客户修改中差评的邮件应注意哪些问题?
4. 假设你是跨境电商客服 Judy(朱迪),收到了来自美国客户 Jessica(杰茜卡)的中评,原因是 Jessica 认为所购买的假发颜色与图片不符。请你写封邮件与客户沟通,并争取使客户将中评改为好评。

◆ **参考资料**

[1] Amazon 亚马逊全球开店官网.政策红线:亚马逊销售政策和卖家行为准则[EB/OL].(2022-07-28)[2023-06-20]. https://gs.amazon.cn/news/news-notices-220728.

[2] Amazon 亚马逊全球开店官网.操纵、滥用评论后果有多严重?!亚马逊商品评论政策官方详解![EB/OL].(2022-06-30)[2023-06-20]. https://gs.amazon.cn/news/news-notices-220630.

[3] Estella.亚马逊 Review 和 Feedback 政策整理和解读[EB/OL].(2022-08-10)[2023-06-20]. https://zhuanlan.zhihu.com/p/552027968.

[4] 海猫荟.果断收藏!亚马逊差评回复模板案例,差评变好评原来这么简单![EB/OL].(2022-05-23)[2023-06-20]. https://zhuanlan.zhihu.com/p/518771653.

[5] 跨境老鸟 Mike.亚马逊卖家遇到差评该怎么办(全套解决方法)[EB/OL].(2020-06-11)[2023-06-20]. https://zhuanlan.zhihu.com/p/142283557.